CATHERINE HERMARY-VIEILLE

Le Siècle de Dieu

ROMAN

ALBIN MICHEL

ISBN : 978-2-253-01736-3 – 1re publication LGF

À Chantal Bouvier de Lamotte
qui m'a ouvert la route menant
à son ancêtre, Jeanne Guyon.

À la mémoire de Sylvie Genevoix, mon amie.

« Se peut-il qu'au Siècle de Dieu ait succédé celui des illusions ? »

Antonin Bonnel
De la controverse de Bossuet et de Fénelon sur le quiétisme

1

Paris, fin 1664

— Regardez, mademoiselle, n'est-ce pas Notre-Dame de Paris que nous apercevons là ?

Depuis que les deux voitures avaient franchi l'octroi, Anne-Sophie de Kerdélant surmontait peu à peu son chagrin. À son départ de Lannion, elle avait versé toutes les larmes de son corps. Entre Rennes et Alençon, insensible aux paroles affectueuses de sa cousine Viviane qui allait partager son exil parisien, elle s'était réfugiée dans le plus profond silence. Enfin, alors que sa voiture approchait de la capitale, elle s'était décidée à ouvrir les yeux, à poser quelques questions. Charles de Vieilleville l'aimait-il déjà un peu ? Allait-elle faire bonne figure à la Cour ? On disait que le jeune roi appréciait les femmes, aurait-il de l'amitié pour elle ? La jugerait-on assez élégante, assez spirituelle ?

À seize ans, elle n'avait connu que le château familial, l'entourage d'une famille aimante, la société des châtelains du voisinage, celle des fermiers qui vivaient sur leur domaine et la présence constante de Viviane qui, orpheline, avait été recueillie par les Kerdélant. Sa cousine, qui se destinait à Dieu, avait renoncé à entrer au couvent par affection pour elle. Et lorsque le projet de mariage avec Charles de Vieilleville s'était concrétisé, elle avait pris aussitôt la décision de l'accompagner, de demeurer à ses côtés dans l'hôtel de ses beaux-parents.

La morosité d'une fille de seize ans ne pouvait durer. En s'éloignant de sa Bretagne, Anne-Sophie avait constaté avec surprise que les culottes bouffantes et chapeaux ronds des paysans n'étaient plus de mise. Les laboureurs étaient vêtus de culottes longues assez informes recouvertes à moitié par des chemises de toile sur lesquelles ils enfilaient des gilets de peau retournée ou de laine bouillie. Leurs pieds pouvaient être chaussés de sabots ou de gros souliers sans lacets, portés pour les moins pauvres sur des guêtres de toile imperméables. Les femmes, quant à elles, ressemblaient aux Bretonnes, jupes larges de gros drap, sabots, chemises et bonnets. En dépit du froid, la plupart des enfants marchaient pieds nus.

Anne-Sophie se pencha par la portière pour mieux contempler la cathédrale de Paris. Les deux voitures où avaient pris place, dans l'une, son oncle et parrain venu l'accompagner, Viviane, une femme de chambre et elle-même, dans l'autre, les domestiques, progressaient lentement au milieu des piétons, cavaliers, tombereaux et charrettes. Se découpant sur le ciel bleu de décembre, Anne-Sophie apercevait les deux tours, l'archevêché et plus loin la flèche de la Sainte-Chapelle. Des barques, barges et légères embarcations à voile remontaient ou descendaient la Seine. Au premier plan, le long des berges, se pressaient une multitude de maisons, certaines hautes de quatre étages. Les mains dans l'eau glacée, des lavandières battaient du linge. Des palefreniers abreuvaient leurs chevaux. Toutes sortes de débris s'accumulaient le long des berges : cadavres gonflés de chiens et de chats, et même d'agneaux et de porcelets, branchages entremêlés, lambeaux d'étoffe, barils crevés. Anne-Sophie fronça les sourcils. Pourquoi tant de puanteur au pied d'une si belle église ? Était-ce cela la surprise que Paris lui réservait ? Au port Saint-Landry, des bateliers avaient allumé un grand feu autour duquel se pressaient des enfants.

— Comment peut-on, prononça Viviane d'une voix blanche, laisser des marmots dehors par un froid pareil ? Ne pourrait-on les garder à l'abri ? Y a-t-il des chrétiens dans cette ville ?

Depuis sa tendre enfance, la souffrance des faibles lui était insupportable. Était-ce pour s'en protéger qu'elle avait souhaité entrer au couvent ? Ou parce que, orpheline, peu dotée, cet asile lui semblait le seul possible ? Son oncle Kerdélant l'en avait dissuadée. Anne-Sophie lui étant très attachée, pourquoi ne pas être sa compagne, sa conseillère ? À Paris, la présence d'une cousine affectueuse et pieuse lui serait d'un grand secours. Viviane s'était inclinée. Elle aimait tendrement Anne-Sophie et consentait volontiers à vivre dans son ombre.

Les voitures avaient traversé la Seine et remontaient la rue du Temple. Entre la rue des Rosiers et celle des Francs-Bourgeois se dressait la façade un peu sévère d'un hôtel construit au temps d'Henri II qu'agrémentaient deux tourelles encadrant une massive porte d'entrée à double battant.

— Nous y voilà, ma nièce ! annonça le baron Le Pelletier.

Dans la cour se pressaient palefreniers et serviteurs. Des petits chiens de compagnie jappaient. Un vieil homme vêtu de velours lie-de-vin et portant perruque, une dame parée de bijoux, coiffée en bouclettes que dominait une haute aigrette, sortirent du vestibule tout sourire, les bras déjà ouverts, pour serrer contre eux leur future belle-fille. Les suivait à quelques pas un frêle jeune homme dont les jambes fines semblaient fichées dans des chaussures à petits talons parées de nœuds de rubans.

Prêts à répondre aux embrassades des Vieilleville, les voyageurs s'extirpaient du carrosse quand un cavalier surgit à vive allure dans la cour. Tout essoufflé, il sauta à terre.

— Une affreuse nouvelle ! clama-t-il sans attendre. Notre cher Fouquet a été condamné à l'exil. Sa Majesté n'a rien voulu entendre et on l'amène présentement à Pignerol où il restera prisonnier jusqu'à la fin de ses jours !

Les bras tendus retombèrent. Le teint fleuri du marquis devint livide. La marquise éclata en sanglots.

Sidérés, les voyageurs ne savaient que dire ni que faire. Ce fut le maître d'hôtel qui leur souhaita la bienvenue.

2

1665

— Si vous ne pouvez pas m'aimer, madame, tâchez au moins de me supporter.

Anne-Sophie ne savait plus où elle en était. Ce mariage hâtif dans le chagrin de la condamnation de Fouquet, surintendant des Finances, quelques nuits affreuses dans le lit conjugal, des jours où elle devait de midi à minuit recevoir ses visiteurs sous l'œil sévère de ses beaux-parents, prodiguer sourires et mots aimables, se contrôler sans cesse dans un corset qui l'étouffait, parée de robes qui la contraignaient, cet inconnu devenu son mari, ces domestiques pompeux dont elle devinait l'esprit critique, tout cela suscitait en elle une constante angoisse. Charles ne ressemblait en rien à ce qu'elle avait espéré.

Ni beau ni laid, réservé, un peu intimidant, il semblait jouer son personnage de fils unique et d'époux. Qui était-il vraiment et avait-elle envie de le découvrir ? À seize ans, plus encore que d'un amour physique, elle voulait une amitié, une connivence. Que s'était-elle imaginé en Bretagne ? Elle était désormais l'épouse d'un homme qui l'embarrassait et l'ennuyait.

Son mari la pressait : la contrariait-il, était-elle fâchée de le voir dans son lit, était-elle déçue par son mariage ? Elle répondait à peine. Il n'insistait pas, mais, jour après jour, Anne-Sophie savait qu'ils s'éloignaient l'un de l'autre.

En cette fin d'hiver 1665, on parlait toujours à Paris de l'affaire Fouquet, née, prétendait-on, de la jalousie du jeune Louis XIV à la vue des fastes de Vaux-le-Vicomte, le château du surintendant. Sa mère, madame de Maupeou, et sa fille, la duchesse de Béthune-Charost née d'un premier mariage, avaient trouvé refuge à Montargis. Sa femme, Marie-Madeleine, avait été séparée de ses enfants. Tous étaient exilés de Vaux-le-Vicomte. Cette jalousie n'était qu'un prétexte. Colbert prendrait sans doute prochainement le contrôle général des Finances. Travailleur acharné, soucieux des moindres détails, homme d'action mais aussi bon courtisan, partisan de la liberté des échanges, père de six fils et de trois filles, il avait toute la confiance du roi.

Fouquet gardait cependant des amis fidèles, madame de Sévigné, la veuve Scarron, le cercle de mademoiselle de Scudéry, dont l'amoureux transi, Pellisson, son ancien secrétaire, avait été incarcéré pour délit de fidélité.

Être introduite par une amie des Vieilleville dans le salon du célèbre écrivain avait été pour Anne-Sophie la promesse d'un avenir meilleur. Dès sa première visite rue de Beauce, elle avait été séduite par l'« incomparable Sapho », la « Calliope du Marais » qui régnait sur ses dévots à côté de son amie Ninon de Lenclos, et au milieu de ses chats, ses oiseaux, sa guenon. Anne-Sophie avait lu ses nombreux ouvrages qui l'avaient enthousiasmée. Nul mieux que cette femme ne savait exprimer les méandres de l'amour jalonnés d'épreuves et d'obstacles qui le fortifiaient jusqu'à la reddition finale, non pour bénéficier de jouissances physiques dont le cercle se méfiait (celles-ci faisaient perdre les cheveux et desséchaient le cerveau), ni pour avoir des enfants (« femme grosse a un pied dans la tombe »), mais pour se savoir adulées, admirées, obéies.

Meublé simplement mais avec goût, le salon, ni trop vaste ni trop exigu, accueillait ce que Paris comptait de plus spirituel, de plus cultivé. L'amitié de mademoiselle de Scudéry et de la belle Ninon qui avait accumulé d'innombrables amants surprenait, tant l'une prêchait une vertu que l'autre n'avait cessé d'ignorer. « Sapho » était de taille médiocre, majestueuse, sans grande beauté mais attrayante ; Ninon, petite et vive, le charme même, incapable de ne pas tenter de séduire un vieillard décrépit s'il avait de l'esprit et du goût pour les femmes.

Charles détestant les pédants et Viviane se plaisant dans la compagnie des dévots, Anne-Sophie se rendait seule rue de Beauce tous les samedis. On avait aussitôt accepté cette jeune femme fraîche, à l'esprit ouvert, toujours souriante, ni libertine ni bigote. Dans les jeux de bouts-rimés, dans la rédaction de poèmes composés à l'emporte-pièce sur des sujets imposés, elle se montrait amusante, impertinente même, et elle jouait finement au reversi. Cette bouffée d'air frais rendait plus supportables pour la jeune femme toutes les contraintes qu'elle subissait. Bientôt, lui avait appris son beau-père, elle serait présentée à la Cour.

Anne-Sophie écoutait beaucoup et fort attentivement. Même non clairement exprimées chez mademoiselle de Scudéry, les railleries n'épargnaient ni le jeune roi qui, du jour au lendemain, avait jeté Fouquet en prison, ni le pape qui venait de signer une bulle antijanséniste. Les religieuses réfractaires seraient internées à Port-Royal des Champs. Au lieutenant civil Dreux d'Aubray de maintenir l'ordre ! Si on respectait cet homme intègre, sa fille, la séduisante marquise de Brinvilliers, n'était pas reçue dans le cercle de la rue de Beauce. Si avoir un amant était parfaitement admis, le laisser la ruiner et déshonorer une famille ne l'était point. À cette compagnie, madame de Brinvilliers préférait les cercles de jeu et les laboratoires de chimistes perdus dans leurs rêves de transmutation des métaux.

La fenêtre de sa chambre ouverte sur les parterres où pointaient les premières tubéreuses, Anne-Sophie, en bonnet de dentelle du matin, écrivait à ses parents. Le paysage qu'elle avait contemplé depuis son enfance, leur château avec sa noble façade, ses antiques tourelles, la forêt de cheminées plantées sur le toit, le pavillon de plaisance où elle aimait se réfugier avec Viviane, l'allée des ormes prolongeant le chemin menant aux fermes restaient vifs dans sa mémoire, mais y penser ne lui procurait plus la même nostalgie. En moins de trois mois, elle avait intégré une nouvelle famille, découvert Paris, été appréciée par un cercle de lettrés exigeants, avait pris sa liberté et, si sa situation conjugale la décevait, elle était décidée à ne pas remâcher de culpabilité. Dans les romances, l'amant séduisait l'amante et point le contraire. Rue de Beauce, on se moquait sans cesse des transis, des fâcheux, des insipides. Elle pensait à Charles. Viviane affirmait qu'il était timide, mais que savait sa cousine de l'amour ? Elle passait ses journées dans l'oratoire qu'elle avait aménagé dans un coin de sa chambre ou à l'église Saint-Paul.

Quelques jours plus tôt, désireuse de prendre l'air, Viviane l'avait accompagnée jusqu'à la porte d'entrée de l'hôtel où logeait mademoiselle de Scudéry et avait découvert sur son chemin l'existence d'un hôpital pour enfants trouvés, l'hôpital des Enfants-Rouges, construit par Marguerite de Navarre. Sa visite l'avait transformée. Se mettre au service des faibles, des réprouvés, des humbles la séduisait. La communauté fondée par Vincent de Paul et Louise de Marillac, les Filles de la Charité, l'attirait.

Elle en avait parlé à Anne-Sophie, qui avait soupiré. N'était-ce pas suffisant d'ouvrir sa bourse ? Les dévots ne tournaient-ils pas le dos à la vie ? Que la Compagnie du Saint-Sacrement soit en passe d'être dissoute ne l'affectait pas. Elle avait rencontré chez ses beaux-parents certains survivants de cette société. Les « bons » pauvres jouissaient de leurs soins, de leur extrême générosité, les « mauvais », ceux qui juraient, buvaient, ne fréquentaient pas l'église, battaient femmes et enfants, étaient abandonnés à leur triste sort. Leurs ennemis jurés étaient les libres-penseurs, les Tziganes, les protestants.

Le marquis de Vieilleville, Anne-Sophie ne l'ignorait pas, avait appartenu à la Compagnie du Saint-Sacrement que Fouquet, désormais pestiféré, avait toujours soutenue et défendue. Calme, ordre, sécurité étaient les mots d'ordre des dévots. Leur inébranlable foi leur avait fait construire en Bretagne les enclos paroissiaux qu'Anne-Sophie connaissait bien. Ils faisaient pression sur les juges pour que les innocents soient libérés et les coupables sévèrement punis, rémunéraient un avocat pour les plus pauvres. Opposés à la torture, les membres de la Compagnie payaient l'inhumation des condamnés exécutés et faisaient dire des messes pour le repos de leur âme.

À voix basse, on évoquait la malheureuse famille Fouquet : la si vertueuse épouse de l'ancien surintendant des Finances qui visitait les malades, préparait pour eux des potions curatives, sa mère non moins édifiante, associée au père Olier pour civiliser, enseigner, baptiser les Indiens de la Nouvelle-France, financer la construction d'un hôtel-Dieu à Montréal.

Quant aux femmes mariées, ces messieurs affirmaient qu'elles faisaient leur salut en aimant mari et enfants, égales à leurs époux au sein de la famille. On donnait des exemples : madame de Miramion, la duchesse d'Aiguillon, qu'Anne-Sophie trouvait mortelles d'ennui mais pour lesquelles Viviane éprouvait une fervente admiration.

— Les dévots, ripostait-elle quand Anne-Sophie se moquait d'eux, rêvent d'une société humaine où les forts n'écrasent pas les faibles et où le roi se montre juste. Est-ce le cas ? Ouvrez les yeux, ma cousine, n'avez-vous pas vu la misère de nos paysans bretons ? Où est la justice quand une mère ne peut élever son propre enfant et doit l'abandonner au coin d'une rue ?

Quand des vieillards doivent mendier après une vie de labeur ?

Dans la lettre qu'elle s'apprêtait à écrire, Anne-Sophie savait les sujets qu'il lui fallait éviter : sa vie conjugale, le plaisir qu'elle éprouvait à briller dans le salon de mademoiselle de Scudéry, l'amitié que Ninon de Lenclos lui vouait et les quelques conseils qu'elle lui glissait à l'oreille – plaire, plaire et plaire encore ! Rire, se réjouir de la beauté sous toutes ses formes ! Se garder des méchants et ne pas achever une journée sans avoir éprouvé au moins un petit bonheur. Si Ninon tombait encore amoureuse, elle mettait moins de passion dans l'expression de ses sentiments et n'était plus désireuse de s'enterrer trois années durant dans un château provincial, aussi charmant fût-il, comme elle l'avait fait pour le beau Louis de Mornay, seigneur de Villarceaux, aux charmes duquel Françoise d'Aubigné, veuve Scarron, avait été, elle aussi, sensible. Introduite à la Cour par madame de Richelieu, Françoise Scarron y retrouvait mademoiselle de Scudéry, madame de Montespan, une beauté pleine de morgue et d'esprit, et une jeune femme fragile, pâle et douce, mademoiselle de La Vallière, la discrète maîtresse du roi.

Deux jardiniers élaguaient les buis, trois autres curaient le bassin que l'on allait bientôt remplir. Anne-Sophie soupira. Il fallait écrire.

Mes chers parents,

Depuis ma dernière lettre est arrivée la nouvelle de mon imminente présentation à la Cour. J'y porterai la robe que vous m'avez fait confectionner en Bretagne ainsi que les diamants offerts par mon beau-père le jour de mon mariage. Mes beaux-parents et Charles m'accompagneront et je ne vous cacherai pas qu'un peu d'émotion m'étreint quand je pense à ce jour. Le roi, la reine et ses demoiselles d'honneur seront à Saint-Germain où monsieur Le Nôtre agence de délicieux jardins.

Le regard de la jeune femme se perdit à nouveau dans la perspective des massifs. Un petit mensonge ne la tourmentait guère. Comment avouer à sa mère que la robe de cour taillée en Bretagne serait ridicule à Saint-Germain ? Comment un jeune roi si élégant, si gracieux pourrait-il accueillir avec bienveillance une jeune femme fagotée à la mode du roi son père ? Et les rieurs, les moqueurs qui pullulaient dans son entourage feraient assaut d'esprit pour l'anéantir. Conseillée par Ninon, elle avait fait faire un corps de jupe de satin nacré, un corsage à baleines rigides se terminant en pointe sur le ventre. D'amples manches aux poignets de dentelle seraient accrochées aux épaules, là où s'achevait l'ovale du décolleté qu'ourlait la dentelle au point d'Angleterre de sa chemise. Le manteau de cour en soie damassée de fils d'argent appartenait à sa belle-mère. Bouclée au fer, la lourde masse de ses cheveux blond roux tomberait sur ses épaules en anglaises laissant dégagé le front où le coiffeur arrangerait de légers friselis. Lorsqu'il l'avait vue ainsi parée lors de l'ultime essayage, Charles avait enfin prononcé quelques mots élogieux. Il était fier de la présenter au roi, fier d'être son époux. Sans doute avait-il dû faire effort pour dire ces mots car il était resté un long moment embarrassé. Parce qu'elle avait été un instant touchée, Anne-Sophie avait tendu une main que Charles avait baisée avec tendresse.

En dépit de mon chagrin de vous avoir quittés, je tire tous les avantages possibles de ma vie à Paris au sein d'une famille qui ne ménage aucun effort pour me rendre heureuse. J'ai le bonheur de compter des amies plus expérimentées que moi et dont les conseils me sont fort utiles. Je vais à la messe tous les dimanches et fais la charité, mais les pauvres ici ne sont pas aussi modestes que chez nous, ils me font peur parfois.

Paris vous étourdirait. On ne cesse de s'y activer, à pied, à cheval ou en voiture, et les embarras de circulation provoquent des impatiences qui dégénèrent souvent en insultes et même en rixes.

Quantité de personnes, faute de logis, vivent dans la rue, accumulant les immondices où pullulent les rats. On les chasse, on publie des édits contre eux, ils reviennent. Il faut se promener dans le quartier où je vis ou autour du Louvre pour découvrir de jolies boutiques. Là, point de gueux mais de beaux attelages, des hommes et des femmes de la dernière élégance que vous critiqueriez, ma chère mère, pour leur vanité.

En dépit de sa saleté et de sa violence, j'aime cette ville. Ce vacarme incessant rend la paresse matinale impossible. Par temps de pluie, la boue envahit tout et je m'amuse toujours à voir de beaux messieurs en bas blancs sauter de pavé en pavé, courir sur la pointe des pieds et ouvrir leurs parapluies pour ne point recevoir sur leurs perruques l'eau des gouttières ou le contenu d'un pot de chambre.

Vous me trouveriez un peu engraissée, la mode ici n'est pas à la maigreur, mais je fais fort attention à ne pas dépasser les limites séparant la beauté du déraisonnable, ayant pour terme le ridicule qui tue ici mieux qu'un coup de pistolet.

Voilà quelques observations faites par votre fille aimante qui vous reste toute dévouée.

Avec bonheur, Anne-Sophie posa sa plume. Si elle chérissait ses parents, écrire lui était fastidieux et les mots alertes qui lui venaient si facilement à l'esprit dans le monde se faisaient laborieux devant une feuille de papier. Tout ce qui l'intéressait désormais, la rendait heureuse, leur était inconnu, et parmi les mille anecdotes qui lui venaient à l'esprit, aucune ne pouvait leur être narrée.

On l'attendait l'après-midi chez madame de Sévigné où elle allait retrouver la plupart de ses amies. Elle sonna sa femme de chambre, se fit habiller, coiffer, avant de s'installer dans la voiture mise à sa seule disposition par son mari. Une attention charmante. Pourquoi était-elle aussi injuste envers lui ? Parler sans cesse d'amour et de soupirs la laissait-elle frustrée ? Elle haïssait cette supposition.

3

1665-1666

— Le roi m'a déçue.

Voyant mademoiselle de Scudéry froncer les sourcils, Anne-Sophie n'insista pas. Rue de Beauce, on ne proférait ouvertement aucune critique contre le souverain, on ne parlait pas de Fouquet, on ne défendait pas le jansénisme, on oubliait ce qui était triste, révoltant ou austère, non par désintérêt ou dureté de cœur, mais pour ne pas scier la branche sur laquelle tous et toutes étaient assis : la faveur royale. On jugeait les courtisans futiles, consumés par l'ardent désir d'être distingués par le roi, mais chacun souhaitait une invitation au Louvre, à Saint-Germain où Le Nôtre aménageait de fort beaux jardins. En son âme et conscience, on se révoltait contre l'infâme procès de Fouquet et on cajolait son instigateur, on estimait souvent les jansénistes et lisait avec exaltation les œuvres du défunt Pascal. À Paris, il fallait réussir la prouesse de réprouver sans être l'ennemi de personne.

Volontiers Anne-Sophie se mêla à la conversation qui roulait sur le remarquable *Journal des savants* nouvellement paru, et sur le *Dom Juan* de Molière qui, après un accueil chaleureux, avait été vertement attaqué et ôté de l'affiche pour impiété. Mettre Dieu entre les mains d'un athée dépassait l'entendement et même si la discrète intervention du roi pour faire cesser les représentations avait été jugée arbitraire, on tentait finalement de la justifier.

Chez mademoiselle de Scudéry, l'« incomparable Sapho », chez Ninon de Lenclos, la « divine », chez madame de Sévigné, la « belle Sophonie », chez Henriette de Coligny, comtesse de La Suze, « Lisimène », ou chez la duchesse de Saint-Simon, « Sinésis », on respectait la religion même si cette dernière était devenue trop souvent un devoir mondain parmi d'autres, une preuve de bonne éducation et de respect pour l'autorité. Fâché, Dieu pouvait certes vous précipiter en enfer, mais le roi avait le pouvoir de vous expédier dans un pays plus abominable encore, celui de la disgrâce. La régence, qui avait laissé le jeune Louis soumis à sa mère et au cardinal de Mazarin, était bien finie. Les affrontements avec les barons du royaume s'étaient éteints. Le souvenir de la Fronde s'estompait. Celui de Mazarin aussi. Le roi était le maître désormais.

— Ce qui est fâcheux avec Amérinthe[1], c'est que nous l'avons tous admirée avant de la mépriser. Nous ne la ferons pas citoyenne de Tendre. Elle nous dédaigne ? Laissons-la aux barbares.

Très vite, la conversation porta sur le malheureux « Acanthe », Pellisson, toujours embastillé. L'amoureux dévot de leur hôtesse parvenait à faire sortir quelques billets qu'on lisait avec émotion rue de Beauce, et avait

1. Mademoiselle de Montpensier.

même composé un long poème, *Eurymédon*, qu'il avait dédié à sa « Sapho » ! Sa verve, sa culture, sa drôlerie laissaient dans le cercle un vide irremplaçable. Mais on gardait espoir. Le roi allait pardonner son péché de fidélité à Fouquet et faire ouvrir les portes de la Bastille. Souvent approché à ce sujet, Louis restait silencieux. C'était plutôt bon signe, paraît-il.

En regagnant l'hôtel de Vieilleville après sa présentation à la Cour, Anne-Sophie avait été heureuse de livrer à Viviane son sentiment sur le jeune roi.

— Il ne faut pas te montrer sévère, lui avait-elle conseillé, notre souverain a subi une bien triste enfance, il a eu peur, il a été maltraité, asservi, a dû accepter toutes sortes de violences. À ses yeux, désormais, c'est le plus fort qui se fait obéir. Les armes de l'insensibilité et de la morgue qui l'ont blessé sont maintenant entre ses mains, il ne se laissera ni mener ni émouvoir. La Fronde, le cardinal et la reine sa mère lui ont forgé un cœur étranger à la compassion. Même Dieu ne lui fait pas courber la tête. Il Le visite dans sa chapelle par bienséance, avec la politesse d'un roi face à un autre souverain.

— Et nul ne lui résiste, avait soupiré Anne-Sophie. Les femmes le regardent toutes avec les yeux que les Grecques devaient avoir pour Zeus : quoi qu'il fasse ou dise, il est loué ! Même Charles, pourtant avare du moindre mot, a récité son compliment avec conviction.

— Et toi, ma chère cousine ?

— J'ai fait ma révérence. Il m'a adressé quelques mots flatteurs avant de prononcer les mêmes pour madame de Rabutin qui était derrière moi. À deux pas se tenait mademoiselle de La Vallière et à trois, une dame au regard volontaire et au sourire enjôleur, madame de Montespan, qui portait des plumes de paon dans ses cheveux. J'ai cru éclater de rire en pensant à la cage aux perruches de mademoiselle de Scudéry !

— Et cependant vous irez souvent à la Cour, ma cousine.

— Il le faut, mais pour ne point pleurer à ce spectacle, j'ai pris le parti de m'en amuser.

Les Vieilleville passaient les mois chauds de l'été dans leur château de Picardie. Point trop éloigné de Paris, on pouvait s'y rendre en une seule journée de voyage et recevoir les fréquentes visites de parents et d'amis.

Anne-Sophie retrouvait avec bonheur la vie simple à la campagne ; oubliés, les danses, les spectacles et les efforts quotidiens pour se montrer charmante. Comme en Bretagne, les domestiques rassemblés dans le fond du salon, on y disait en famille les prières du soir, se couchait tôt, se levait de bonne heure. Charles avait perdu un peu de sa rigidité. Il lui arrivait même de sourire en l'écoutant. Viviane, qui trouvait inapproprié de prendre ses aises quand la chaleur décimait nourrissons et vieillards, avait choisi de rester à Paris.

Les nouvelles reçues de Bretagne étaient bonnes. On avait rentré les foins, abattu quelques veaux pour accroître la production de lait et de beurre, procédé à des coupes dans les bois de Kerbabu. Le fils de leur vieux jardinier perclus de rhumatismes avait pris la relève et se montrait fort ingénieux. Il avait même tracé quelques plans pour améliorer la perspective du château. Hélas, avec les pluies quotidiennes, les massifs étaient sans éclat et la proche moisson du sarrasin était préoccupante. Les paysans s'alarmaient et madame de Kerdélant avait demandé au curé d'organiser une procession entre l'église et le château où l'on distribuerait galettes et pots de mélasse.

L'élan de la jeunesse détachait de plus en plus Anne-Sophie de son passé. Et cependant, au sein de sa famille, derrière les murs du château qui l'avaient vue naître et grandir, elle n'avait pas rêvé de cet avenir-là. La découverte de l'amour occupait son esprit. Son père la donnerait à un homme qu'elle chérirait. Quel visage aurait-il ? Elle ne pouvait l'imaginer, mais elle lui appartiendrait corps et âme pour toujours. Dans les salons de ses amies, beaucoup d'hommes lui faisaient les yeux doux. Mais la pensée de ses nuits avec Charles lui rendait odieuse toute caresse. S'imaginer dans les bras de l'un ou de l'autre, leur perruque posée sur la table de nuit, leur taille amoindrie sans les talons de leurs précieux souliers, leurs jambes blafardes dépouillées des bas de soie, émergeant de la chemise de nuit, lui procurait de la répulsion.

La façade du château côté parc était dotée d'une terrasse sur laquelle elle aimait s'attarder au coucher du soleil. Sous des nuages où se glissait une lumière déjà ténue autour de la vaste prairie, la nature ressemblait à un décor d'opéra.

Alors que les domestiques remplissaient les malles en vue du proche retour à Paris, Anne-Sophie sentit une présence derrière elle sur la terrasse. Découvrir son mari la fit sursauter.

— Je ne vous attendais pas.

— M'attendez-vous jamais ?

Quelques mois plus tôt seulement, Charles lui avait déclaré : « Si vous ne pouvez pas m'aimer, tâchez de me supporter. » Elle s'était efforcée de refouler ces mots au plus profond de sa mémoire, mais à cet instant ils s'imposaient avec force, faisant naître en elle non de la tristesse mais de l'émotion. Charles avait eu une éducation sévère, joui de peu d'affection. L'imaginer en petit garçon solitaire l'attendrissait.

— M'êtes-vous fidèle ? demanda-t-il soudain.

La stupeur la pétrifia. Craignait-il un homme en particulier ? Avait-il lu l'un des billets doux qu'elle recevait parfois ?

— Rien dans ma conduite ne me semble pouvoir justifier cette question.

— On vous voit beaucoup chez Ninon de Lenclos et nul n'ignore qu'elle a protégé les amours de madame Scarron et de son ancien amant Villarceaux.

— Seriez-vous jaloux ?

— Je le suis en effet.

Anne-Sophie l'observa. L'air froid qu'il affichait ordinairement avait fait place à une expression de désarroi. Y a-t-il beaucoup de gens heureux sur cette terre ? pensa la jeune femme. L'« incomparable Sapho » était une vieille fille prude qui n'écrivait plus de romans et vouait à Pellisson un amour platonique, Ninon voyait fuir sa jeunesse et savait fort bien qu'il lui faudrait renoncer à ses folies avant qu'elles n'attirent la moquerie. Où était le temps où l'un de ses galants avait bu l'eau d'un bénitier parce qu'elle y avait trempé deux doigts ? Déjà on la nommait moins souvent la « divine Ninon » et davantage mademoiselle de Lenclos. Soupiraient encore pour elle le jeune duc de Longueville et Charles de Sévigné, deux très jeunes gens que fascinait sa réputation de séductrice. Et quel bonheur éprouvait Julie d'Angennes qui avait épousé le duc de Montausier après quatorze ans d'une cour assidue ?

— Vous n'avez pas à l'être. Je ne suis qu'à vous.

Jamais elle ne s'était adressée à Charles avec cette douceur et il lui sembla voir un sourire sur ses lèvres.

— Venez ce soir, chuchota-t-elle, je vous attendrai.

Elle aurait tant voulu nouer ses bras autour de lui, chercher sa bouche. Mais elle ne le pouvait pas et quand il avait tenté de caresser ses seins, elle avait eu un mouvement de recul.

— Bien, madame, avait-il prononcé d'un ton glacial, désormais je ne vous importunerai plus.

Nu, il s'était levé, s'était dirigé vers la porte de la chambre qu'il avait claquée derrière lui.

4

Été 1670

L'extension du château de Versailles où travaillaient les artistes les plus renommés se poursuivait, tandis qu'à Paris, Claude Perrault menait à bonne fin la colonnade du Louvre. À la consternation qui avait suivi la mort de la délicieuse Henriette d'Angleterre, « Minette », femme de Monsieur frère du roi – empoisonnée, chuchotait-on, par le chevalier de Lorraine, amant de son époux –, avait fait place l'hypocrite joie de la naissance du duc du Maine, fils doublement bâtard du roi et de la marquise de Montespan. L'adulation allait et venait, mais celle offerte à Jacques Bénigne Bossuet, évêque de Condom, semblait solide. Son art de faire des reproches au roi en ne proférant que des louanges l'avait mis si bien en cour qu'on songeait à le faire nommer précepteur du Dauphin, un garçonnet timide, dodu, un peu ingrat.

Les Vieilleville installés en Picardie, Viviane n'avait plus à se ménager. Tout ce qui préoccupait la Cour lui semblait faire partie d'un autre monde. Levée à l'aube, couchée à la nuit, à peine avait-elle le temps de dire un chapelet. Peu importait. La vraie prière n'était pas de s'agenouiller dans une chapelle ou une cellule de nonne, mais de se dépenser pour les malades, les solitaires, les enfants abandonnés, les prisonniers. Là était le message évangélique. Lors de son passage sur la terre, Jésus n'avait-il pas donné l'exemple ? N'avait-il pas exigé que l'on aimât son prochain non pas abstraitement mais en le soignant, le servant, le réconfortant ? À l'hospice des Enfants-Trouvés, à l'Hôpital général où s'entassaient les malades, les estropiés mais aussi les pauvres ramassés dans les rues, les épidémies de typhus, de suette, de dysenterie faisaient des ravages. Peu de grandes dames acceptaient d'inciser les chancres, de vider les bassins, de s'asseoir au chevet des mourants souvent rongés de plaies répugnantes. Les petites sœurs de la Charité ne pouvaient faire face à tout. Les seconder offrait chaque jour à Viviane la réalité même du bonheur, donnait un sens à sa vie. Un mot reconnaissant, un sourire la récompensaient de tout.

Les extrapolations sans fin des jansénistes sur la grâce efficace, nécessaire ou suffisante, sur l'approche limitée des sacrements, sur la prédestination, tout comme les anéantissements spirituels de Miguel de Molinos prêchant l'abandon de toute volonté, la passivité, un total désintérêt pour le monde, étaient des subtilités réservées à une élite spirituelle et à quelques mystiques : pour ceux-ci, aimer et secourir son prochain ne passait pas en premier.

Souvent rentrée tard à l'hôtel de Vieilleville, épuisée par une longue journée, Viviane trouvait Anne-Sophie parée pour un bal, un médianoche, un spectacle. Si elle voyait de la joie sur le visage de sa cousine, elle n'y discernait pas de bonheur. Son ménage allait à vau-l'eau, mais elle ne la jugeait pas. Le silence, des reproches non formulés et sans cesse remâchés les divisaient irrémédiablement, Charles et elle. Viviane savait qu'outre la pétulance, la bienveillance, la générosité, sa cousine avait beaucoup d'orgueil et d'exigences. Enfant adulée par ses parents, elle devait se frotter à la vraie vie, devenir une femme, avoir un enfant peut-être, mais cette éventualité, maintenant que Charles ne partageait plus sa couche, ne pouvait se réaliser. Elle se sentait impuissante à aviser Anne-Sophie. Parfois elle lui conseillait de prier, non pour aligner des mots ou quémander quelque faveur divine comme on en sollicitait du roi, mais pour se sentir moins seule. Dieu n'était pas dans un ailleurs incompréhensible, Il était là, dans le monde et dans le cœur de chacun. Cette certitude donnait des ailes à Viviane, le paradis était ici et maintenant, à l'Hôpital général, chez les Enfants-Trouvés, de même que dans le joli jardin fleuri de l'hôtel de Vieilleville. Les oiseaux, les écureuils, le cours des ruisseaux, la cascade des torrents en faisaient partie comme la sonnerie joyeuse des cloches, la naissance d'un enfant, une mort sereine. Se fouetter avec des orties, porter des ceintures de crin, rester à genoux des heures durant sur des pavés glacés ajoutaient encore de la souffrance à un monde qui n'en comptait que trop. Jésus ne l'avait ni recherchée ni aimée, s'employant tout au contraire à écouter, soulager, guérir, pardonner. Et la perspective de son proche supplice l'avait épouvanté durant un instant.

La journée avait été chaude, orageuse. Viviane était rentrée lasse à l'hôtel de Vieilleville. Il lui fallait malgré tout assister à une réunion de dames qui appuyaient l'œuvre et la soutenaient financièrement. Deux ans plus tôt, le cardinal de Vendôme, légat du pape, avait signé leur constitution que le chancelier Séguier avait approuvée. Mais il restait à trouver des vocations, former les jeunes sœurs, les épauler lorsque le travail à accomplir était trop lourd. Coiffées d'une cornette, vêtues confortablement de bas de laine l'hiver, de coton durant l'été, portant des culottes de basin, des jupons de flanelle, des robes bleues et des tabliers blancs, chaussées de gros souliers qui pouvaient traverser les flaques et affronter la boue, elles étaient partout reconnues dans les rues et on les saluait avec respect quand on ne leur tendait pas une pomme, un beignet, une confiserie en signe d'affection et de gratitude. Elles allaient par deux par tous les temps, s'aidant d'un bâton lorsqu'il neigeait ou que le sol était gelé. Des chirurgiens formaient les sœurs accoucheuses, les sœurs panseuses, des barbiers celles qui incisaient chancres et furoncles, des nourrices leur montraient comment changer les nourrissons, les laver, les emmailloter. La paye étant parcimonieuse, ces dernières se faisaient rares et nombre d'enfants trouvés, nourris au lait de vache, ne survivaient pas.

Les sœurs les plus éduquées enseignaient à des fillettes dans les écoles fondées par l'œuvre. Plus tard on leur apprenait à coudre, tricoter, marquer le linge, faire de la dentelle. Auparavant, il fallait persuader les parents de confier leurs enfants qui, dès le plus jeune âge, rendaient mille services à la maison. On devait les arracher à la rue, à des unions trop précoces suivies de désastreuses maternités, à la prostitution, pour en faire de bonnes ouvrières, des servantes appréciées, des épouses diligentes.

À l'hôpital des Enfants-Trouvés ouvert quelques semaines plus tôt, l'ouvrage à accomplir était immense. L'achat de petits lits supplémentaires, de baquets où baigner les enfants, de layette allait être discuté le soir même avec Marie Moreau qui tenait les cordons de la bourse. Le prix de la farine, de la viande ne faisait que croître, la misère poussait jusqu'aux femmes mariées à abandonner un nouvel enfant quand il y avait déjà trop de bouches à nourrir à la maison. On trouvait des tout-petits sur les porches des églises, au pied des statues de saints, au coin des rues et, quotidiennement, devant l'entrée des Enfants-Trouvés. Six mille nourrissons étaient ainsi recueillis chaque année.

En faisant attention de ne point se faire renverser par les carrosses, ceux de louage étant les plus dangereux, Viviane marchait hâtivement vers la rue du Temple où l'ordre avait acheté deux terrains sur lesquels s'élevaient quelques modestes maisons comprenant chacune une salle, quatre chambres et un grenier dans lequel on avait pu aménager quatre réduits supplémentaires, un appentis, une étable. Dans la cour, un puits et une porcherie recouverte de chaume. Dix sœurs y vivaient sous la houlette de la mère Guérin, d'autres s'étaient installées dans une maison voisine cédée par la congrégation des lazaristes. Le rêve des sœurs était d'acquérir le vaste terrain qui séparait les deux propriétés et d'y édifier un bâtiment, projet en faveur duquel les dames bienfaitrices étaient prêtes à ouvrir leurs bourses. Quelques religieuses enfin résidaient dans les hôpitaux et hospices, qui en contrepartie les nourrissaient et les blanchissaient.

Bien qu'il fût tard dans l'après-midi, des boutiques étaient encore ouvertes, boutiques cossues pour la plupart où se fournissaient des clients aisés vivant dans le quartier du Temple. Quelques sergents de la garde allaient et venaient devant un marchand d'eau-de-vie où des rixes éclataient souvent entre ivrognes. Des gentilshommes portant épée se hâtaient vers quelque rendez-vous. Connaissant leur insolence, Viviane s'écartait sur leur passage comme sur celui des colporteurs qui avaient toujours quelque obscénité à la bouche.

Au loin, la jeune femme aperçut les tours élancées du Temple, les hautes cheminées du somptueux palais du Grand Prieur et, plus loin encore, le bout des ailes des divers moulins. La rue du Temple, large et mal pavée, devenant dangereuse à la nuit tombée, elle pressa le pas. Chacun savait que dans l'enceinte du Temple et à proximité, toutes sortes de faussaires s'activaient, des guérisseurs qui tuaient plus vite qu'ils ne rendaient la santé, des diseuses de bonne aventure, des femmes louches proposant toutes sortes de services. Des fioles de poison, chuchotait-on, circulaient sous le manteau, fort efficaces pour se débarrasser d'un mari gênant, d'une rivale en amour ou d'un créancier devenu exigeant.

Après les troubles de la Fronde, le mot d'ordre des aristocrates était : « Jouir tout de suite de tout et à tout prix. » Cette frénésie de luxe provoquait en réponse des mouvements religieux fervents, passionnés et irréductibles. Plus le roi affirmait son autorité, ne +tolérant aucune désobéissance, aucun désaccord, plus Dieu se faisait exigeant. Épiant les moindres pensées des hommes, Louis se comportait en dieu, Dieu se comportait en roi.

Viviane fut surprise de découvrir une nouvelle figure parmi les dames et religieuses assemblées. Madame de Pomponne la présenta. De passage à Paris pour régler des affaires urgentes, la duchesse de Béthune-Charost, fille du premier mariage de Fouquet, avait tenu à assister à la réunion afin de montrer l'intérêt qu'elle portait à l'œuvre de Vincent de Paul que sa belle-mère avait ardemment soutenue. Fine et pâle, élégante sans ostentation, la duchesse résidait à Montargis où elle s'était constitué un cercle d'amis fidèles. Sans relâche, elle tentait des démarches en faveur de son père afin que soient adoucies ses conditions de détention à Pignerol et qu'il puisse recevoir des visites de sa famille. Nulle d'entre elles n'avait jusqu'alors abouti.

— Mon carrosse m'attend devant la porte, laissez-moi vous raccompagner.

La duchesse s'était emparée du bras de Viviane qu'elle serrait contre elle. Une sympathie immédiate avait déjà rapproché les deux femmes.

La voiture de louage descendit la rue du Temple, tourna dans la rue Pastourelle. Enroulés dans des haillons, nombre de mendiants dormaient le long des murs en compagnie de chiens squelettiques.

— J'ai à recommander une amie à vos prières, prononça soudain la duchesse. À Montargis, je me suis liée avec une jeune fille, Jeanne Bouvier de Lamotte, d'une famille aristocratique fort respectable. Pour vous intéresser à cette chrétienne irréprochable, qui a donné beaucoup d'amour sans jamais en recevoir et qui présentement traverse de cruelles épreuves, je dois vous raconter sa vie. Jeanne est une femme douce mais déterminée, ardente dans sa foi, qui pourrait beaucoup soutenir notre œuvre dans l'Orléanais. Elle est la deuxième enfant du remariage de monsieur Bouvier de Lamotte, et sa mère lui préférait son frère ; pour s'en débarrasser, elle la dépêcha dès sa plus tendre enfance d'un couvent à l'autre. À deux ans et demi, elle était chez les ursulines de Montargis pour être, à sept ans, placée chez les dominicaines, avant d'être remise chez les ursulines où elle fit sa première communion. À onze ans, sa mère consentit à la reprendre et, seule dans la maison familiale, sans attention maternelle, désœuvrée, Jeanne s'occupa en lisant les romans de mademoiselle de Scudéry, de la marquise de Rambouillet et de madame de Lafayette qui lui plantèrent dans le cœur un désir immodéré d'aimer et d'être aimée, désir que ses lectures ultérieures de sainte Jeanne de Chantal et de Thérèse d'Ávila dirigèrent vers l'amour divin. Brièvement éprise d'un cousin sans grande fortune, elle se vit mariée par son père à quinze ans à un certain Guyon du Chesnoy, fort riche, déjà âgé, d'une famille honorable mais d'une condition au-dessous de la sienne. Un ami de Fouquet cependant. Ce fut ce lien qui nous permit de nous connaître et de nous apprécier. Austère, bougon et faible, Jacques Guyon est entièrement soumis à une mère acariâtre, jalouse, étriquée, qui déteste sa bru et que Jeanne subit avec une patience angélique. Bien qu'une succession de maternités et les innombrables brimades qu'elle subit aient compromis sa santé, je n'ai jamais entendu de sa bouche une seule plainte contre un père qu'elle chérit, quoiqu'il n'ait jamais pris le temps de lui offrir son affection, un mari sous le joug de sa mère, une marâtre qui ne cesse de la rabrouer, de l'humilier, allant jusqu'à lui interdire de prier. Présentement, la variole a frappé son foyer, son fils cadet est mort, son aîné défiguré et sa fillette en grand danger. Sans cesse au chevet de ses enfants, elle a contracté la maladie, s'en remet mais reste privée d'une beauté dont elle avait été fière dans sa jeunesse, avant que mari et belle-mère ne lui ôtent toute estime d'elle-même. Voilà, ma chère, la personne que je recommande à vos prières. Elle se rend de temps à autre à Paris pour rencontrer son directeur de conscience, l'abbé Bertot. Si vous le désirez, je vous la ferai connaître.

5

Automne 1673

Sous la conduite de l'architecte Le Vau, le petit groupe de dames gagna le parc pour mieux admirer la perspective du château encore en pleins travaux. Septembre était d'une grande douceur, la lumière caressante, le ciel d'un bleu poudré. Dans ce qui serait la galerie des Glaces, Le Vau avait déroulé des plans soulevant les exclamations des jeunes femmes. Le palais allait être enchanteur, plus somptueux encore que la Maison dorée de Néron, dont l'histoire avait gardé mémoire.

Parmi les cinq privilégiées conviées à Versailles, la marquise de Montespan était la plus enthousiaste. Là, elle régnerait. Toute de bleu vêtue, couleur qui mettait ses yeux myosotis en valeur, ses cheveux blonds bouclés en anglaises venant juste frôler la mousse de dentelle émergeant du corsage, un petit béret bleu saphir planté au haut de la tête, elle se comportait déjà en reine à laquelle Françoise Scarron, gouvernante de ses trois bâtards tout juste légitimés – Louis Auguste, duc du Maine, Louis César, comte de Vexin, Louise Françoise, mademoiselle de Nantes –, était totalement dévouée. Liée depuis longtemps à Françoise de Montespan, qui avait opté pour le prénom d'Athénaïs jugé exquis par ses amies précieuses, la veuve du poète Scarron jouissait de toute la confiance de la favorite. Avec affection, elle élevait les trois enfants dans une vaste maison du village de Vaugirard dont elle sortait rarement. Sa loyauté, sa discrétion, sa piété en faisaient pour la maîtresse en titre une alliée sûre. Louise de La Vallière enfermée désormais au carmel, la route était libre.

Athénaïs n'avait pas la même confiance en Anne-Sophie de Vieilleville qui marchait derrière elle vers ce qui serait bientôt le Grand Canal, une ligne majestueuse marquant le centre de la perspective, ni en Anne Julie de Rohan-Chabot, princesse de Soubise, qui flânait derrière le groupe, et encore moins en la perfide Lydie de Rochefort-Théobon qui lui faisait trop de grâces pour ne pas avoir de sournoises intentions. En ce moment, le nez dans une églantine, celle-ci semblait incarner l'innocence.

Chaleureux, passionné, Le Nôtre les avait rejointes. La création du parc était l'apothéose d'une irrésistible carrière dont les étapes avaient été, entre autres, l'aménagement des jardins des Tuileries, de Fontainebleau, de Vaux-le-Vicomte et de Saint-Cloud pour monsieur d'Orléans, le frère du roi, qui lui vouait une admiration sans bornes.

Ne désirant pas rejoindre la belle Athénaïs, Anne-Sophie ne se hâtait pas. Certes, le palais, les jardins promettaient d'être féeriques, mais qu'allaient-ils tous devenir, enfermés dans ce lieu clos propice aux ambitions les plus immodérées avec leur cortège de trahisons et d'hypocrisie ? La succession des plaisirs ne pouvait atténuer le profond malaise laissé en elle par l'échec de son mariage. Resterait-elle longtemps irréprochable ? Et pourquoi le serait-elle ? À Paris, demeurer vertueuse à vingt-cinq ans était ridicule.

Charles demeurait froid et peu loquace, certes, mais il était toujours son mari. Le marquis de Montespan avait causé un tel tintamarre quand sa femme était devenue la maîtresse du roi qu'il avait fallu l'exiler et, même au fond de sa province, il ne cessait d'exhiber ses fameuses cornes, heureux de flétrir le roi en se ridiculisant. Ses beaux-parents ne lui montraient plus la même bienveillance. Aux paroles amènes avaient fait place trop souvent d'aigres remarques sur sa légèreté, son étourderie, d'incessantes critiques contre les salons littéraires qu'elle fréquentait et les extravagantes précieuses qui les hantaient. Trop souvent, ils lui donnaient Viviane en exemple, faisant naître en elle des mouvements d'impatience. Ambitionnaient-ils de voir leur bru vider les vases de nuit des miséreux ?

Le Nôtre guidait le petit groupe vers ce qui serait le lac où aboutirait le Grand Canal. Il accordait une attention toute particulière à la marquise de Montespan, soudain passionnée de jardinage. Cette femme avait des dons remarquables pour obtenir la première place. Si, pour briller aux yeux du roi, elle devait faire un mot d'esprit perfide au détriment de sa meilleure amie, elle n'hésiterait pas un instant.

Du doigt, Le Nôtre indiqua les emplacements de la future ménagerie, du fer à cheval et au loin de l'étoile royale. Là où seraient plantés massifs et bosquets poussaient encore quelques fleurs sauvages, colchiques, soucis et verges d'or, bientôt anéantis par les pioches, pics et pelles.

— Il faudra nous ruiner pour vivre ici, chuchota la princesse de Soubise à l'oreille d'Anne-Sophie.

Ostensiblement parfois, Anne Julie de Rohan-Chabot s'employait à attirer l'attention du roi et Athénaïs la détestait. Ces rivalités amoureuses empoisonnaient l'atmosphère. Le roi, quant à lui, semblait les goûter. Année après année, l'estime qu'il avait pour lui-même prenait de l'ampleur. Faire la guerre confirmait son goût pour le pouvoir absolu. Il était fier de son armée, de sa discipline, de son courage. Secondé par des hommes remarquables comme Louvois, Colbert et Vauban qui construisait des fortifications sur les frontières nord, s'appuyant sur Bossuet pour instruire son fils et défendre glorieusement le gallicanisme, le roi savait rendre hommage à ceux qui le servaient.

Mais il ne fallait pas s'abuser : friand de plaisirs, galant, ambitieux pour la France, Louis ne tolérait aucune contestation. Déjà les protestants voyaient rogner leur liberté. Interdiction leur était faite d'édifier de nouveaux temples et on confisquait les biens des nouveaux convertis. Certains commençaient à émigrer en Hollande, dans les États protestants du Saint Empire. Le départ d'artisans remarquables, d'ouvriers laborieux n'avait guère d'importance aux yeux du roi. La cohésion catholique du royaume exigeait le sacrifice des minorités. À Dieu seul, et non à quelques parpaillots, le roi devait des comptes.

La promenade s'achevait. Des rafraîchissements avaient été prévus dans la cour du château avant que les carrosses ne ramènent ces dames à Paris à travers le village de Versailles devenu un gigantesque chantier. Les grandes familles voulaient des hôtels, de belles écuries, des jardins, de plus modestes personnages une maison, une boutique pour être près de la Cour et recueillir les miettes du festin. On abattait les masures, lotissait les moindres parcelles.

Trouver Leroux, le valet de Charles, dans le vestibule alarma Anne-Sophie. On voulait sans doute lui annoncer une désagréable nouvelle. Leroux, proche de son maître, savait tout de sa vie privée et avait parfois l'insolence de se montrer glacial envers elle.

— Monsieur le marquis et madame la marquise vous attendent dans leurs appartements.

La jeune femme inspira profondément. Elle était épuisée par cette longue journée et aurait voulu gagner sa chambre, dormir un peu avant d'aller entendre *Cadmus et Hermione* de Lully chez la jeune duchesse de Chevreuse, la fille de Colbert, devenu en quelques semaines tout-puissant ministre du roi.

Contrariée, Anne-Sophie monta le grand escalier derrière Leroux. La nuit était presque tombée et dans un instant les domestiques allumeraient les bougies, les candélabres et les lustres, feraient du feu dans les chambres à coucher.

La vue de ses beaux-parents assis de chaque côté de la cheminée la glaça. Dans cette chambre que les Vieilleville avaient conservée conjugale après trente ans de mariage, Anne-Sophie avait passé des moments heureux durant les quelques mois qui avaient suivi son mariage. Recouverts de tapisseries fleuries bordées de franges, de gros fauteuils aux pieds torsadés entouraient une table hexagonale incrustée de nacre. En face du lit, un délicieux cabinet italien d'ébène marqueté de fleurs superposait des petits tiroirs dans lesquels la marquise serrait les lettres de ses amies, classait des mémoires à régler. Au centre du cabinet, une niche entourée de fines colonnettes abritait la statuette d'une vierge à l'enfant gardienne de la vertu familiale.

— Asseyez-vous, ma fille, commanda le marquis, nous avons à parler.

Bien que la voix soit douce, Anne-Sophie n'y percevait aucune bienveillance. L'absence de Charles ne faisait que confirmer son inquiétude.

À côté de la marquise vêtue de gris et de bleu, les cheveux recouverts d'un léger voile qui retombait sur ses épaules, elle se sentait, avec ses perles, ses dentelles, ses nœuds de rubans, futile et quelque peu ridicule.

La bouche d'Anne-Sophie était sèche, sa gorge serrée. Furtivement, la jeune femme jeta un regard implorant à la vierge et son enfant.

— Charles va quitter la demeure familiale. C'est un immense chagrin pour sa mère, pour moi-même et l'ensemble de notre maison. Cette peine, ma fille, nous vous la devons.

Anne-Sophie allait protester, mais le marquis leva la main.

— Laissez-moi achever, je vous prie. Ni votre belle-mère, ni moi, ni personne sous ce toit n'ignorons qu'aussitôt mariée, vous vous êtes détournée de l'homme auquel Dieu vous a unie, un homme droit, pieux, honnête qui était prêt à vous aimer, à devenir le père de vos enfants. Loin de lui rendre son affection, vous l'avez humilié, puis ignoré et chassé de votre lit pour vivre une existence de dissipation, vous lier à des personnages qui ne pensent qu'à jouir de satisfactions égoïstes, à réaliser leurs ambitions au détriment, si besoin est, de la morale chrétienne. Je ne critiquerai pas vos efforts pour vous lier à des dames de votre condition afin que le nom des Vieilleville reste considéré et respecté dans le monde comme à la Cour. Mais je blâme votre présence dans des salons où se côtoient toutes sortes de gens recommandables ou non, où la maîtresse de maison a eu comme amants la moitié des hommes de Paris.

Anne-Sophie ne put s'empêcher d'esquisser un léger sourire. Son beau-père pensait à Ninon, la bonne, la piquante, l'intelligente Ninon, qu'il n'avait jamais rencontrée. Lui préférait-il l'adultère Athénaïs de Montespan parce qu'elle était née Rochechouart de Mortemart ?

— Mais oublions vos belles amies, ma fille, et revenons à votre conduite. Est-il temps de la corriger ? Hélas, votre belle-mère et moi ne le pensons pas. La fuite de Charles exprime son refus de souffrir davantage à cause de vous. Notre seule consolation est qu'il puisse trouver dans sa nouvelle demeure une tranquillité d'esprit que votre présence lui ôte. Charles est dévoué à son roi et prêt à rejoindre le régiment du duc de Noailles, il a aussi le fervent désir de servir Dieu. Il est dans un monastère où il fait une retraite spirituelle de deux semaines à laquelle l'a beaucoup encouragé monsieur de Condom[1]. Il veut y obtenir

1. Bossuet.

la paix de l'esprit pour pouvoir vous pardonner et se consacrer à ses devoirs tout autant mondains que religieux. Vous resterez sous notre toit, car il serait fort inconvenant pour une jeune femme de vivre seule, mais désormais vos appartements seront aussi séparés des nôtres que si une muraille se dressait entre eux. Notre malheur doit rester familial et je ne voudrais pas que ce qu'on prétend être votre esprit puisse entacher mon fils de ridicule. Votre belle-mère et moi comptons sur votre cousine Viviane pour vous donner une honnête opinion de votre rang et de vos devoirs. Nous n'espérons nullement vous voir l'accompagner dans ses œuvres charitables. Vous avez choisi le monde, ses apparences trompeuses et ses futilités, peut-être en verrez-vous un jour, comme mademoiselle de La Vallière, la sinistre illusion. Le Ciel se construit sur la terre et notre vie n'est que dérisoire passage. Songez-y quelquefois. Nous n'aurons pas de petits-enfants. C'est pour nous un grand chagrin, mais les choses sont ainsi et aucune plainte, aucune larme ne les fera être autrement. Nos neveux nous survivront.

Durant le brusque silence qui suivit, Anne-Sophie chercha désespérément des arguments en sa faveur et ne les trouva pas. À quoi bon rappeler qu'elle avait vingt-cinq ans et qu'elle jouissait du bonheur de vivre ? Quant à Charles, quels efforts avait-il tentés pour apprivoiser une jeune épouse de seize ans ? Jamais il ne l'avait cajolée, complimentée, encouragée. Certes, il avait une haute idée du mariage chrétien, mais ses vertus étaient-elles suffisantes pour ouvrir la porte du bonheur ? Physiquement, il n'avait cessé de la heurter, lui rendant insupportable le devoir conjugal.

L'amour était-il pour lui un acte aussi bref que possible que l'on devait accomplir furtivement, toutes lumières éteintes, sans même ôter sa chemise de nuit ?

L'inutilité de s'expliquer devant ses juges intensifia la lassitude de la jeune femme. Elle voulait fuir cette chambre qu'elle ne reverrait peut-être plus, ces visages sévères et chagrins, le regard des domestiques. Elle allait se parer pour le concert, s'étourdir, boire du vin doux, écouter les mots flatteurs des hommes pour ne pas pleurer.

6

1674

— Voici une lettre de mon amie Jeanne Guyon que je viens de recevoir de Montargis. Lisez-la. Avant de lui répondre, je souhaiterais avoir vos conseils, dit la duchesse de Béthune-Charost en tendant quelques feuilles à Viviane.

— Donnez-moi quelques heures, voulez-vous ? Comme tous les mardis, je pars aux Enfants-Trouvés.

Pensivement, la duchesse observa son amie.

— Quel plaisir pouvez-vous éprouver à la vue de ces petits malheureux ? Je ne ressens, quant à moi, que du chagrin.

— Le plaisir d'aimer, madame la duchesse, celui de donner un baiser, de chanter une chanson. Leur avenir est certes bien noir et c'est la raison pour laquelle le présent a une telle importance. Des moments heureux sont tout ce que nous pouvons offrir à ces enfants. Demain, certains seront morts. J'aime à penser qu'ils ne partiront pas privés de toute affection.

Les nouveaux berceaux étaient alignés de chaque côté d'une longue salle peinte en blanc. Tout au fond, un rideau séparait le quartier réservé aux contagieux. La variole, la rougeole, la fièvre écarlate faisaient des ravages. Les plus dévouées des sœurs, de solides filles de la campagne peu habituées à s'interroger sur leur propre bien-être, prenaient soin de ces petits. Depuis toujours, elles avaient aidé à naître, avaient soigné, consolé les mères tout en vaquant aux rudes travaux des champs. Sans ces filles, les dames de la Charité auraient été désarmées.

Rarement Viviane se rendait dans le coin des contagieux. Vivant dans le monde, elle ne pouvait prendre le risque de contaminer ceux qui l'entouraient. Mais elle accueillait les médecins payés par l'œuvre, les interrogeait, faisait préparer leurs prescriptions dans l'apothicairerie.

Ses soins allaient vers les petits qui commençaient à marcher, à partager leurs jeux. De semaine en semaine, elle voyait certains devenir plus forts tandis que d'autres restaient murés en eux-mêmes. Cramponnés au rebord de leurs lits, quelques-uns se balançaient inlassablement comme les ours des foires ou frappaient leurs mains l'une contre l'autre. D'autres, nés de parents rongés par l'alcool, étaient demi-idiots. Elle aimait les prendre dans ses bras, leur arracher de lumineux sourires. Dès qu'ils atteindraient deux ans, on les enverrait à l'Hôpital général où ils croupiraient sans espoir.

La douleur que Viviane avait éprouvée au début de sa mission avait fait place à une acceptation sereine. Dieu lui demandait de soulager, d'aimer, pas de juger. Était-ce ce Dieu qui faisait les ivrognes ? Lui qui permettait qu'on renverse les filles trop jeunes au coin d'une rue, dans un taudis ? Lui qui décourageait les candidates nourrices pas assez payées ? Le gâchis occasionné par les hommes devait être réparé par d'autres hommes.

Deux nourrissons venaient d'être déposés ce jour-là aux Enfants-Trouvés, une petite fille et un garçon si malingres qu'ils seraient sans doute morts avant la fin de la semaine. On allait les baigner, les langer, leur offrir un biberon de lait de vache. Aucune nourrice ne s'était présentée depuis trois semaines. Pourtant, contrairement aux usages des familles qui les engageaient, aux Enfants-Trouvés elles pouvaient garder leurs propres nourrissons. Mais donner son lait pour quelques sous, une miche de pain, un verre de vin, un plat de viande bouillie ? On leur proposait bien davantage dans les bureaux de placement. Quant à leurs petits, il y avait toujours de jeunes mères à l'âme charitable qui en prenaient soin au village.

Tout était calme, les deux nourrissons dormaient dans leurs berceaux, le soleil déclinait, jetant sur les pavés du sol de longs rais d'une lumière blonde. L'angélus du soir sonnait aux clochers des églises environnantes.

Viviane songea à sa cousine. Depuis le départ de Charles, il lui semblait voir de la crânerie dans ses sourires. Elle paraissait vivre comme à l'accoutumée, mais à de minuscules détails, Viviane constatait que tout avait changé. Toujours en retard, Anne-Sophie était devenue exacte comme une horloge bien réglée ; gourmande, difficile même auparavant, elle mangeait désormais ce qu'on lui servait sans même regarder le contenu de son assiette ; volubile, elle restait parfois de longs moments silencieuse. Mais elle allait, venait, recevait, sortait, toujours mise à la mode, coiffée, parfumée, impeccable. Appréciée du roi, sa compagnie était recherchée par l'ensemble des courtisans. Avait-elle un galant ? Aucune confidence n'avait passé ses lèvres.

Viviane s'affligeait. À quoi bon faire semblant d'être heureuse quand on souffrait ? Mais que conseiller à sa cousine ? Sa propre inexpérience la rendait impuissante face à ses problèmes d'épouse.

Pour se changer les idées, la jeune fille ouvrit la lettre que Marie de Béthune-Charost lui avait remise. Souvent elle avait pensé à Jeanne Guyon, également mal mariée mais soumise, privée de toute estime d'elle-même par une marâtre qui dominait toujours un fils vieillissant. Dieu la secourait. D'après la duchesse, elle passait en prière une partie de ses journées, ravie d'amour, enfin libre. Mais pour payer le prix de cette félicité, de cette rencontre passionnée, elle portait un cilice, se frappait de verges, se piquait avec des aiguilles, s'affamait. Tant de haine pour soi-même, pensait Viviane, tant d'impuissance à s'affirmer autrement qu'en se torturant !

Bien que motivée par l'amour, cette violence envers soi-même restait de la violence et leur monde en crevait. À Paris, on ne pouvait se promener près de la place de Grève sans voir des pendus, les échafauds où des condamnés roués vifs rendaient l'âme dans d'atroces souffrances. On estropiait des enfants pour les faire mendier, on enlevait des fillettes, de jeunes garçons pour les prostituer aux vices des riches. Et il fallait subir les combats de coqs, de chiens autour desquels hurlaient des malheureux en guenilles qui jouaient le pain de leurs familles. Au fond d'officines crasseuses, des faiseuses d'anges saignaient à mort des femmes désespérées et les fœtus avortés servaient à préparer des philtres d'amour, des pommades promettant l'éternelle jeunesse. À côté de l'église Saint-Lazare, un cimetière était réservé aux enfants de l'Hôpital général. Les sœurs de la Charité faisaient graver un nom sur la croix afin que leur mémoire ne disparaisse pas tout à fait. Mais le temps, l'absence d'entretien les effaçaient bien vite. Ne demeuraient qu'un peu de mousse, les débris d'un chérubin de porcelaine. Viviane aimait imaginer leurs petites âmes dans un oiseau, une fleur, un joli nuage rond. Si Dieu était partout, pourquoi pas ses petits anges ?

La jeune fille déplia les feuillets couverts d'une fine écriture. Tracés à la hâte, les mots se succédaient sans grande ponctuation. Certains avaient été écrits d'une main tremblante. Une femme tourmentée, pensa Viviane. Jeanne narrait son existence durant les douze derniers mois à Montargis. Elle avait perdu son père, une fille, mais ces deuils avaient été sublimés par un envoyé de Dieu, le père Lacombe, un religieux barnabite. Il avait suffi à cet homme d'apparaître pour que ses souffrances prennent un sens. Il serait ce que François de Sales avait été pour Jeanne de Chantal, Pierre d'Alcántara pour Thérèse d'Ávila. Il la conduirait à la sainteté. Il lui offrirait l'évasion. Tout les unissait, un goût vif pour l'aventure spirituelle, un grand attachement à l'Enfant Jésus entièrement soumis à ses parents, une nature sensible et vivante, une répulsion pour les choses basses et ordinaires de la vie. Leur cœur était trop loin du corps pour se complaire à la plus innocente sensualité. Tandis qu'il se rendait à Rome pour occuper une chaire de théologie, elle avait contracté dans le secret un mariage mystique avec l'Enfant Jésus, modèle de l'obéissance, qu'elle voyait souvent en rêve. Obéissance à Sa volonté mais, hélas, à celle de son époux pareillement. Accouchée d'un fils, elle était à nouveau enceinte.

Viviane interrompit sa lecture. À une certaine admiration pour cette femme si pieuse et docile se mêlait de l'irritation. Jeanne était de la race des mystiques que l'extase et les visions délivraient d'une existence difficile subie sans tenter de rien y changer, comme si la volonté de Dieu était l'inertie, ou la négation de tout bonheur humain. Sa propre nature, positive, active, généreuse, la portait vers la vie. Pourtant, comme Jeanne, elle aurait eu bon nombre de motifs de se lamenter : orpheline à six ans, pauvre, recueillie par un oncle qui avait fait d'elle une sorte de fillette de compagnie pour Anne-Sophie, son enfant bien-aimée, vouée, faute d'une dot appropriée à sa condition, au célibat, elle avait pris son destin en main. Seule ? Elle ne l'était pas, ses frères et sœurs humains l'entouraient. Privée d'amour ? Certes pas, quand des milliers de miséreux, d'enfants, de vieillards étaient prêts à lui offrir le leur. Pauvre ? Elle ne manquait de rien et s'estimait une privilégiée. Pour elle, le message christique était clair : le Royaume de Dieu appartiendrait à ceux qui soignaient les malades, recueillaient les enfants, visitaient les prisonniers, donnaient à manger à ceux qui avaient faim et à boire à ceux qui souffraient de la soif.

Comment rester en extase quand les légumes censés nourrir des affamés dépérissaient dans les potagers faute d'être arrosés ? Quand la soupe des pauvres brûlait pour ne pas avoir été surveillée ? Quand des nourrissons hurlaient leur détresse ?

Viviane reprit sa lecture. Elle était injuste peut-être, trop terre à terre. Jeanne évoquait la santé de son mari qui déclinait. Si elle se trouvait veuve, quelles décisions prendrait-elle ? Elle priait son amie de l'aider. Partir, rejoindre Lacombe pour retrouver en sa compagnie cette sublime harmonie spirituelle qui les avait rapprochés lui venait souvent à l'esprit. Il lui écrivait des lettres où s'exprimaient en mots d'une grande noblesse la pureté de l'amour qui les unissait, leur fraternité d'âme. Il pensait se rendre à Thonon, près de Genève, où un couvent de barnabites le désirait comme supérieur. Lui aussi avait des prémonitions spirituelles, des rêves. Un jour, ils seraient réunis. Au hasard, il avait ouvert un matin sa bible et était tombé sur ces mots : « C'est moi qui vous conduirai. »

Viviane haussa les sourcils. Pourquoi les êtres humains avaient-ils tant besoin de sublime ? Ne voyaient-ils pas la lumière chaque matin en se réveillant ?

La nuit tombait. Elle dut faire effort pour terminer sa lecture. Jeanne s'attardait sur ses épreuves : un mari toujours souffrant, une belle-mère querelleuse qui la surveillait du matin au soir afin qu'elle ne passe pas en prière un temps dû aux soins du ménage, deux enfants exigeants, une servante malveillante, les malaises de sa grossesse. Elle ne voyait presque plus personne à Montargis. Sortir, s'habiller en conséquence, faire des efforts de conversation la fatiguaient et l'ennuyaient. Sa place était à genoux, aux pieds de Jésus.

Quelques phrases joliment écrites décrivaient son jardin, le regret qu'elle éprouvait de ne plus pouvoir se rendre, à cause de la santé de son mari, dans leur maison de campagne. Elle avait aimé les promenades solitaires, ouvrir un livre de prières assise sur les berges de la petite rivière qui serpentait à travers le parc, suivre les étroits sentiers traversant ce que l'on appelait le « Grand Bois », contempler les paysans affairés aux travaux des champs, les jardiniers taillant les buissons, prenant soin des parterres devant la vieille maison où s'accrochaient du chèvrefeuille et des clématites.

Cette dame, pensa Viviane, a le sens de la beauté, de la poésie, elle aime la nature. Qu'est-elle d'autre qu'un oiseau prisonnier ? Mais elle craignait que, même la porte de sa cage ouverte, l'oiseau ne puisse plus s'envoler.

7

Printemps 1675

La révolte s'étendait en Bretagne. Appelés « Bonnets rouges », les paysans se rebellaient contre de nouveaux impôts portant notamment sur les contrats de vente et les testaments, destinés à financer les guerres et les travaux somptueux entrepris par le roi. Louis envoyait son armée contre les rebelles.

L'inquiétude qu'elle ressentait pour ses parents tout autant que sa situation personnelle avaient poussé Anne-Sophie à se rendre chez eux pour y passer l'été.

Le valet installé à côté du cocher et les deux femmes de chambre casées près de leur maîtresse, la voiture prit la route un matin de juin. Anne-Sophie regrettait l'absence de Viviane, fermement décidée à demeurer à Paris. N'en faisait-elle pas trop ? Pourquoi exiger de soi-même une vie de sacrifices ? Les pauvres à secourir et les malades à soigner ne manquaient pas en Bretagne, et bientôt les prisons regorgeraient de captifs à consoler. Une lettre de son père lui avait appris que le trois mai, des troupes royales étaient entrées dans Nantes en dépit du privilège de la ville qui l'exonérait de toute occupation militaire. Le duc de Chaulnes, gouverneur de la Bretagne, était assiégé dans le palais épiscopal.

Le vicomte de Kerdélant s'inquiétait. En refusant aux paysans l'exploitation des chênes, ormes ou hêtres des forêts, les aristocrates avaient soulevé une nouvelle vague de colère. Comment pouvait-on ôter à de pauvres gens cette source de revenus ? La terre appartenait au châtelain et ils ne pouvaient considérer comme biens propres que les bâtiments, granges et remises autour des fermes. Tout, en réalité, était devenu motif de mécontentement. On s'assemblait dans les églises pour établir la liste des doléances, exprimer des exigences. Certaines familles n'osaient plus sortir de leurs châteaux.

À Lannion et dans ses environs, on n'atteignait pas ces extrémités, mais le mécontentement était palpable et il aurait suffi d'un rien pour que se déchaîne la violence.

Le voyage s'éternisait. À Alençon, il avait fallu réparer un essieu, à Fougères, attendre le secours de deux forts chevaux pour les tirer d'une ornière, à Saint-Brieuc, de fortes coliques accompagnées de vomissements avaient forcé une des servantes à s'aliter pendant deux jours.

Il pleuvait à verse lorsque la voiture franchit enfin la grille du domaine encadrée de deux sangliers en pierre, animaux emblématiques de la famille. Une vive émotion étreignait Anne-Sophie. Paris, les Tuileries, Saint-Germain devenaient déjà de lointains souvenirs. Avait-elle rêvé ces dix années ? Le visage de ses parents lui ôta vite cette illusion. Tous deux avaient beaucoup vieilli. Comment leur peau avait-elle pu se parcheminer ainsi ? Leurs lèvres s'amincir ? Leurs yeux s'enfoncer dans les orbites ? Sa mère portait le voile opaque des veuves et des aïeules fort avancées en âge, son père une perruque démodée, la même qu'il portait dix ans auparavant. L'un comme l'autre n'avaient cependant pas encore soixante ans. À cet âge, Ninon était encore désirable, élégante. On lui faisait la cour et elle avait des coquetteries. Sa conversation restait vive, amusante, captivante. Chez elle, on n'évoquait jamais de problèmes familiaux, d'ennuis de santé, on se rassemblait pour parler littérature, beaux-arts, pour réciter des poèmes, pour se moquer aussi, mais avec esprit.

En serrant contre lui cette fille attendue avec tant d'impatience, le vicomte fut déconcerté. Où était l'enfant fraîche et vive qui, dix ans plus tôt, s'était unie à un homme que sa mère comme lui-même avaient soigneusement choisi ? Charles de Vieilleville était de bon sang, de fortune égale à la sienne, jeune, bien fait de sa personne, comme elle enfant unique et donc anxieux de fonder une famille. Au chagrin de la séparation se mêlait alors la joie de la voir commencer une existence heureuse.

Ses trop rares et trop courtes lettres ne lui avaient guère laissé d'illusions. Sa fille ne parvenait pas à s'attacher à un mari qui lui déplaisait. En quoi ? Pourquoi ? Anne-Sophie ne l'expliquait pas, mais sa mère comme lui-même en devinaient la cause. Ce soupçon embarrassant les empêchait d'écrire aux Vieilleville afin de demander des éclaircissements. Silence pour silence.

Un bon feu pétillait dans la cheminée du salon et sur une table avaient été déposés du cidre, des brioches, des galettes, des confitures, douceurs qu'Anne-Sophie appréciait tant autrefois. Elle y avait à peine touché.

Le lendemain, aux côtés de son père, elle avait fait une longue promenade dans le parc. La vicomtesse ne marchait guère, quelques pas quand il faisait beau, qui la menaient au potager ou au petit bois jouxtant l'étang. Là, elle s'asseyait sur un banc pour se reposer avant de regagner le château.

Devant une porte en bois qui séparait le parc d'une des fermes, le vicomte s'immobilisa.

— Nos paysans sont troublés. On fait naître dans leur esprit toutes sortes d'idées pernicieuses et chimériques. Beaucoup nous voient en ennemis, désormais. Nos propres fermiers nous restent encore attachés, mais tout est possible. À Pontivy, le roi a eu l'idée désastreuse d'instaurer la gabelle. Il ne pouvait choisir pire moment. Ignore-t-on à ce point à Paris la pauvreté de nos campagnes ?

— Certainement.

Les mots avaient jailli spontanément de la bouche d'Anne-Sophie.

— Comment le roi, précisa-t-elle, pourrait-il avoir la moindre idée du monde paysan ? Il ne voyage que pour mener des guerres. Quand il est à Paris, c'est pour rêver d'un château plus grand, plus somptueux. Il imagine déjà les fêtes qu'il donnera à Versailles, la vie d'une cour sur laquelle il régnera comme un soleil.

— Tu en fais partie, mon enfant. Je crois savoir que tu y es appréciée.

— Quel autre but pourrais-je avoir dans ma vie ?

Comment avait-elle réussi à se contraindre si longtemps ? Maintenant elle était prête à parler, mais l'homme en face d'elle était incapable de l'entendre.

— Celui d'être une épouse et une mère chrétienne, celui de comprendre que tu es une femme dont tes parents sont fiers. La liberté, mon enfant, ne consiste pas à faire ce qui te plaît, et c'est la raison pour laquelle ta mère et moi avons refusé de vivre à Paris. La société vous y happe pour mieux vous dévorer. Tu peux certes rêver, ma fille, mais ne perds pas de vue ce qui est illusion et ce qui est réalité.

Sa voix était vibrante. Avait-il lui-même eu des déceptions, des amours avortées, des ambitions déçues ? Un long moment, Anne-Sophie observa ce vieil homme digne sous sa perruque hors d'âge. Il était son père et elle le connaissait si peu. Le vicomte se reprit.

— Je vais autoriser mes paysans à couper quelques-uns de ces fameux arbres interdits pour qu'ils puissent se chauffer cet hiver. Et dimanche après la messe, je les rassemblerai pour leur expliquer que si je réprouve la gabelle et la taxe sur le timbre, j'exècre tout autant les rébellions comme celle de Carhaix dirigée par un notaire qui leur monte la tête. Piller les châteaux ne les rendra pas riches pour autant. Nous sommes tous dépendants les uns des autres.

Anne-Sophie, qui s'était tant réjouie de retrouver ses habitudes d'enfant, n'y goûtait pas le bonheur espéré. Trop parisienne désormais, elle s'ennuyait. Juillet était frais avec des bourrasques soufflant de la mer. Souvent elle écrivait à Viviane. En l'estimant recluse, elle s'était trompée. Dieu lui donnait plus de liberté que la vie mondaine et le roi ne lui en offraient à elle.

Seule dans le parc, longeant dans sa promenade des prairies où les paysans mettaient en meules le foin juste coupé, le long des maigres pins courbés par le vent du nord, sur les berges du ruisseau serpentant entre des saules, sous la voûte des feuillages de la grande allée qui traçaient une longue galerie de verdure, elle songeait aux dernières années de sa vie, à Charles aussi qu'on disait transformé depuis qu'il avait quitté ses parents et l'avait délaissée. Passionné de géographie, il pouvait désormais fréquenter des cercles d'érudits, de savants, fuir les hommes et femmes du monde aux conversations ennuyeuses. Depuis son adolescence, il avait pris le parti de se taire et de s'emmurer en lui-même. Elle avait manqué de patience, d'imagination peut-être. Un rapprochement était encore possible. Elle allait lui écrire.

Avec l'arrivée du mois d'août et le retour du beau temps, l'agitation paysanne s'apaisait. On allait bientôt moissonner. Cette tâche monopolisait toute la communauté villageoise, vieillards, femmes et enfants. La proposition d'un « code paysan » soumise à Colbert n'avait pas reçu de réponse. C'était un moment de répit après les violences provoquées à Rennes par une pluie de condamnations contre les chefs de l'insurrection : exécutions par pendaison, peines des galères, bannissements. Le duc de Chaulnes, gouverneur de la Bretagne, avait même ordonné la démolition de plusieurs clochers du pays bigouden. La justice royale était passée.

Dès l'aube, les moissonneurs étaient aux champs, ne s'accordant une pause qu'au milieu de la matinée pour dévorer les galettes de sarrasin, le pain, les cochonnailles apportés par les filles de ferme, accompagnés d'une goulée de cidre. Les lopins de blé noir côtoyaient les quelques arpents où poussait le blé tendre destiné au seigneur. Au-delà des haies, on apercevait d'un côté les cheminées du château, de l'autre le clocher de l'église, le faîte de quelques toits de chaume.

À deux heures, on regagnait la ferme pour le dîner : viande de porc, pain bis tartiné de saindoux, légumes des potagers arrosés de grandes lampées de cidre. À trois heures, quoique le soleil fût encore haut, il fallait retourner aux champs. C'était le moment où les vieux glanaient, où les femmes dressaient les épis en gerbes qu'entassaient les enfants juchés en haut des chariots. Lorsque sonnait l'angélus du soir, harassé on regagnait son logis, dételait les chevaux, remisait les charrettes après avoir engrangé la moisson du jour. Enfin la soupe était servie, soupe bien grasse au lard et au chou dans laquelle on mouillait de larges tranches de pain.

— Nous irons demain à Locquirec visiter les Kernoy, annonça un soir le vicomte à sa femme et à sa fille. J'ai demandé à Jean d'atteler dès midi. Tenez-vous prêtes.

Anne-Sophie soupira. Son père n'avait pas perdu sa déplorable habitude de ne consulter personne avant de prendre des décisions qui les concernaient tous. Elle ne se souvenait que trop bien de ces fastidieuses visites dans des châteaux voisins. À quinze ans, elle trouvait déjà surannés le baron de Kernoy et sa femme, enterrés dans un château du XVe siècle où l'on grelottait en hiver comme en été. Un valet vêtu d'une livrée poussiéreuse servait des brioches, des pâtes de coing, des gaufrettes et des craquelins accompagnés d'un verre de vin de Chypre. On se plaignait toujours des temps présents, de la jeunesse trop éprise de plaisir, de la licence du monde paysan, de la disparition des mœurs authentiquement chrétiennes, avant d'évoquer les joies et malheurs touchant la noblesse des environs : naissances, mariages et décès. À quatre heures, après mille échanges de politesses rigidement fixées, on remontait en voiture.

En pénétrant derrière ses parents dans le salon des Kernoy, où en dix ans pas un meuble, pas un objet n'avait changé de place, Anne-Sophie fut surprise d'y découvrir un jeune homme dont la haute taille écrasait les menues silhouettes de leurs hôtes. Vêtu avec une classique élégance, il la regardait avec intérêt. Après les politesses, révérences et accolades d'usage, Anne-Sophie apprit que les Kernoy recevaient un neveu sur le point de se rendre à Paris afin de recueillir la charge de sous-gouverneur des pages de la chambre du roi qu'occupait son père avant de mourir. Son oncle et sa tante espéraient que cette position lui permettrait de trouver une épouse digne de lui.

La présence de leur neveu avait changé des habitudes qu'Anne-Sophie pensait immortelles. Plus raffinée, la collation proposa des fruits confits, des croquignoles aux noisettes, de fines crêpes parfumées à l'eau de rose et du vin de Loire servi dans des timbales d'argent aux armes de la famille. Pour montrer aux Kerdélant qu'il savait recevoir, Gaston de Liancet avait dû ordonner lui-même ces petits luxes. Prolixe, il avait évoqué la mort de ses parents, sa fierté d'occuper une charge que son père avait remplie avec tant de dignité. Comme il est différent de Charles qui ne profère mot ! pensa la jeune femme. Gaston cherchait à lui plaire en touchant son cœur, elle le devinait. Après s'être levé pour resservir du vin, il s'était assis à côté d'elle. Il avait un visage aux traits réguliers, des yeux noirs à l'expression veloutée, de jolies mains soignées.

— Je suis surpris, je l'avoue, de trouver ici une femme de votre beauté et de votre élégance, prononça-t-il d'une voix feutrée.

Les Kerdélant et les Kernoy évoquaient les rébellions paysannes. Anne-Sophie ne les écoutait plus. Gaston parlait de lui, il appréciait la lecture, la musique, les arts et se réjouissait de trouver enfin à Paris des interlocuteurs de qualité. À plusieurs reprises, quelques années auparavant, il s'était rendu aux Tuileries, avait rencontré la défunte reine mère qui s'était montrée fort gracieuse. Mademoiselle de Lenclos ? Mais oui, il connaissait sa réputation de beauté comme d'esprit. Il brûlait d'ailleurs de fréquenter son salon ainsi que celui de mademoiselle de Scudéry dont il avait lu tous les ouvrages. Évoquer dans ce château obscur des noms aussi familiers enchantait Anne-Sophie. Elle revivait.

— Nous nous reverrons à Paris, promit-elle alors qu'accompagnée de ses parents, elle se dirigeait vers la voiture.

— Très bientôt, madame, si vous me permettez de vous rendre cette visite !

Le vicomte accueillit le visiteur quelques jours plus tard avec une courtoisie dénuée d'enthousiasme.

Gaston de Liancet surgissait au moment le plus inopportun. La veille de leur visite aux Kernoy, Anne-Sophie avait confié à son père qu'elle venait d'écrire à Charles pour tenter une réconciliation. Les affectueux conseils qu'il lui avait prodigués avaient porté leurs fruits, tout autant que les exhortations du curé, un saint homme que la liberté des mœurs paysannes rendait ouvert aux secrets des âmes comme aux mystères des corps. La lettre venait sans doute d'être remise à son destinataire.

Sa première impression sur Gaston de Liancet n'était pas favorable : il était trop avide d'admiration et d'approbation, possédait une déplaisante propension à accaparer la conversation. Mais le vicomte avait gardé ses réflexions pour lui. Pourquoi crier au loup si celui-ci restait au gîte ?

— Cette promenade me contrarie, avoua-t-il à sa femme, pouvais-je d'autre part l'interdire ? Anne-Sophie est mariée et maîtresse d'elle-même.

— J'ai l'impression que nous nous sommes échappés, dit Gaston en riant. Vos parents doivent nous surveiller derrière une fenêtre.

— Pourquoi le feraient-ils ?

Une certaine réticence demeurait dans l'esprit de la jeune femme. Gaston usait avec elle d'un ton familier et complice qui la dérangeait.

— Seriez-vous prude ? Cela ne s'accorde guère avec la liberté d'esprit que je devine en vous.

— Allons au verger, se hâta-t-elle de proposer afin de changer de conversation.

Gaston maintenant la traitait en amie lointaine. Il avait cueilli une pomme pour lui-même, qu'il croquait sous son nez, fit quelques remarques critiques sur les espaliers qu'il jugeait mal taillés, la treille infestée de guêpes attirées par des raisins qui pourrissaient.

Anne-Sophie était revenue troublée. Elle avait accueilli un admirateur et découvrait un jeune homme cynique et satisfait de lui-même. Sa robe elle-même n'avait pas trouvé grâce à ses yeux : la couleur n'était-elle pas trop voyante ? Les manches un peu étriquées ?

Par ailleurs, Gaston semblait si confiant ! Alors qu'ils marchaient le long de la grande allée, il avait évoqué comme pour lui-même le parc enchanteur du château familial qu'il venait de mettre en vente, les moments magiques qui les avaient réunis, ses cousins et lui, au cœur de l'été, mais aussi sa solitude durant le reste de l'année. Elle avait eu envie de lui prendre la main pour le consoler.

Avant de remonter à cheval, les yeux dans les siens, il lui avait longuement baisé la main.

Madame,

Votre lettre a réveillé en moi une affection que je croyais morte tant j'avais voulu en détruire la moindre trace. J'ordonnais désormais ma vie loin de vous, une vie active au milieu d'amis qui, eux, semblaient apprécier ma compagnie. Après avoir beaucoup souffert, la décision de tarir la source de cette souffrance me semblait la seule possible. J'ai trop de sensibilité pour accepter de n'être point aimé et trop d'orgueil pour souffrir d'être rejeté. Vous dominiez entièrement notre relation et ce joug m'était insupportable. Vous m'appeliez dans votre lit en me souhaitant au diable et m'adressiez la parole comme on parle à un importun.

Vous avez médité sur les causes de l'échec de notre mariage, dites-vous, et avez compris vos fautes. Je vous avoue les miennes : une maladresse due à une grande timidité et à la peur de vous déplaire, un manque de prestige si nécessaire à un jeune époux pour se faire aimer. Outre ces incapacités, je reconnais bien volontiers manquer de légèreté, d'esprit, de faconde. Je danse mal et me vêts sans trop me soucier de la mode. Mais j'ai du cœur, madame, et des vertus qui, pour vous sembler insipides, n'en sont pas moins inébranlables.

Vous me proposez un entretien. Le lieu le plus favorable pour ce tête-à-tête me semble être le domaine de vos parents. Le silence, la paix, un cadre que vous aimez nous entoureront et nous permettront de mieux nous exprimer qu'à Paris. J'ai eu tort de vous imposer de vivre dans ma famille. Je vous y voyais en sécurité alors que je vous emprisonnais en ma compagnie, celle d'un inconnu sans expérience des femmes. C'est à Lannion que nous aurions dû entamer notre vie conjugale. C'est là que je vais venir vous rejoindre la semaine prochaine.

Ne vous alarmez pas, je ne partagerai pas votre chambre et trouverai mille occupations qui vous débarrasseront de ma présence quand vous ne la souhaiterez pas. J'aime la mer, les navires. Ils ouvrent des horizons qui rendent relatifs les petits chagrins.

Je vous embrasse si vous le désirez, sinon je vous baise les mains.

8

Fin 1675

— Ne me cache rien, je suis ici pour t'écouter et tenter de t'aider.

Viviane avait accueilli Anne-Sophie fin septembre à l'hôtel des Vieilleville. Celle-ci ne se comprenait plus, ne s'acceptait plus. Tout en elle était amertume, colère et regrets. Anne-Sophie laissa sa cousine la prendre dans ses bras pour redevenir une enfant. Lors de leurs adieux en Bretagne, sans doute définitifs, sa mère n'avait pas compris ce besoin.

— Dis-moi, insista Viviane.

Anne-Sophie sembla reprendre courage. Assise auprès de sa cousine, elle garda sa main dans la sienne.

— Lorsque j'ai revu Charles, j'étais inquiète. Ce qui était brisé pouvait-il être réparé avec tant de facilité ? Je craignais qu'il fût trop indifférent ou trop pressant, qu'il se mette à genoux, qu'il me supplie. Ces éventualités m'étaient toutes insupportables. Il est arrivé fatigué, tendu, muet. Je lui ai laissé quelques heures puis quelques jours. Il attendait un signe, il guettait. Je me sentais traquée. Ce qui aurait dû venir naturellement sonnait faux. Tout était irrémédiablement factice.

Je voulais avoir des gestes affectueux, dire des paroles aimantes ou alors les entendre. Un matin que nous étions au verger, il m'a tendu une pomme et j'ai pensé à l'autre, à Gaston de Liancet qui avait croqué la sienne sous mon nez avec un sourire narquois. J'aurais voulu que Charles fût Gaston. Tout alors s'est désarticulé et j'ai recommencé à le maltraiter pour le voir réagir, protester, lever la main sur moi peut-être. Mais il restait impassible. J'eus avec mon père une scène violente. Il m'accusa d'être perverse, méchante, folle. Dans l'avenir je n'aurais pas assez de larmes pour pleurer mes erreurs. Comment ma mère et lui avaient-ils pu se méprendre ainsi sur mon compte ? La charmante fillette qu'ils avaient élevée avec tant d'amour était devenue un monstre. Enfin, avec Charles, nous entamâmes une vraie conversation, sans ironie ni hostilité. Il ne présenta aucune supplique, ne se jeta pas à mes genoux, bien au contraire. Nous nous promenions le long du port de Lannion, c'était le matin à marée basse, les pêcheurs étaient en mer, les femmes au jardin. Nous étions seuls. Je portais la robe cerise dont Gaston s'était moqué. Il m'en complimenta. Le vent, la lumière m'étourdissaient un peu, j'allais rarement au bord de la mer, les galets gâchaient les souliers, le sable les bas. Mais ce matin-là, je ne pensais pas à mon apparence, j'étais attendrie, vulnérable. « M'avez-vous détesté dès que vous m'avez vu ? » me demanda-t-il à brûle-pourpoint. Je voulais être franche. Il ne ressemblait guère au petit portrait que les Vieilleville avaient fait parvenir à mon père. J'étais simplement surprise. « Je vous déplaisais », reprit-il. J'ignorais tout des choses de l'amour. Comment aurais-je pu me poser pareille question ? Assis sur un rouleau de cordages, Charles prit ma main. « Ce fut donc dès notre nuit de noces que tu fus dégoûtée par moi.» Le tutoiement soudain mit un peu d'émotion dans la crudité de la question. Je n'étais pas prête. Il chuchota: «Si un homme et une femme se plaisent, ils sont toujours prêts à se découvrir. J'étais aussi ignorant que toi mais tu m'attirais beaucoup. Les caresses, les baisers, les mots brûlants que tu attendais m'étaient malaisés. Je craignais de me montrer gauche ou, pis encore, ridicule. J'avais peur de te voir sourire. Si tu m'avais dit: "Attendons de mieux nous connaître", tu m'aurais déchargé d'un poids écrasant. Plus tard, j'ai constaté ta réticence, ta froideur, elle me paralysait.» Quelques voiles se détachaient dans le lointain sur une mer plate. La brise était tombée, laissant présager une journée chaude. Des mouettes tournoyaient en silence. «La notion de bonheur étant étrangère à l'ecclésiastique qui m'a éduqué, reprit Charles, comment voulez-vous que je me sois tiré d'affaire? Il avait le cœur janséniste, ne pensait pas que Dieu m'eût accordé Sa grâce. Je ne compterai donc point parmi les élus. Quand je voulais communier, il s'efforçait de m'en dissuader: je n'étais pas assez pur pour recevoir le corps du Christ. Assez pur? Comment un garçon de douze ans fort niais et élevé en vase clos pourrait-il avoir des pensées déshonnêtes? Je ne comprenais pas même à quel genre d'impureté il pouvait faire allusion.»

Anne-Sophie s'interrompit. Elle semblait indécise.

— Ensuite? interrogea Viviane avec douceur.

Le visage de la jeune femme était tendu, son regard triste.

— Entendre Charles me confier son enfance malheureuse me rappela à nouveau Gaston, ses confidences analogues. C'est lui que j'avais envie d'écouter et de consoler. Il excitait ma sensibilité, quand Charles me faisait pitié. J'ai prétendu souffrir de la chaleur et nous sommes rentrés. Charles gardait le silence, il avait suffisamment d'orgueil pour comprendre l'échec de ses efforts. Quand je voulus prendre sa main, il eut un mouvement de recul. « Vous pensez à quelqu'un d'autre, madame, dit-il enfin quand nous approchions du château. Un certain baron de Liancet qui confie *urbi et orbi* combien madame de Vieilleville est charmante, pleine d'esprit. Il laisse entendre que vous seriez bien aise... » Je lui intimai l'ordre de se taire. Doutait-il de mon honneur ? « Madame, prononça-t-il avec une extrême froideur, ce n'est pas l'exemple de vos amies qui fortifiera votre réputation d'honnêteté. Vous vous plaisez à la Cour ? Pour moi, c'est un antre de femmes qui non seulement bafouent leurs maris mais se livrent à des actes ignobles pour conserver la faveur de leurs puissants amants ! — Pensez-vous à la marquise de Montespan, monsieur ? — Ignorez-vous les bruits détestables qui circulent sur le compte de la favorite ? siffla-t-il. Puisque la vertu vous importune, faites-lui donc votre cour mais ne craignez pas de vous enliser dans un cloaque. J'avais de vous une opinion plus favorable.

» Charles avait levé en moi une irritation qui refoulait tout autre sentiment. Dès ce moment précis, nous nous sommes irrémédiablement perdus. Le soir même, il regagnait Paris.

— Rien n'est définitif que la perte du salut éternel, murmura Viviane.

Elle savait qu'Anne-Sophie s'en moquait bien.

9

Été 1676

On se pressait dans les rues, aux fenêtres des maisons, dans les boutiques qui longeaient le parcours qu'allait suivre la charrette conduisant la marquise de Brinvilliers à la mort, place de Grève. Après la décapitation, son corps serait brûlé et ses cendres jetées au vent.

Madame de Sévigné avait réuni ses plus chères amies dans son appartement d'où la vue sur le passage du sinistre cortège était imprenable. Ces dames pourraient ensuite narrer à tous combien le spectacle lamentable d'une dame si bien née, traînée à l'échafaud, était malgré tout édifiant. La marquise avait empoisonné son père et ses deux frères, puis s'était réfugiée à Liège où elle avait cru pouvoir échapper à la justice. Enfermée à la Conciergerie dans la tour Montgomery, jugée par le président Lamoignon en personne, accablée par un ancien amant, le jeune précepteur de ses enfants, elle avait écouté sa sentence de mort sans montrer d'émotion. Une volonté de fer que rien, pas même la torture, ne semblait pouvoir briser. C'était à l'abbé Edmond Pirot venu l'assister durant ses derniers jours qu'elle s'était finalement rendue. Puisque Dieu lui pardonnait, elle partirait sereine.

Bringuebalée dans la charrette, ses beaux cheveux noirs cachés sous un bonnet, les mains attachées derrière le dos, la condamnée ne semblait pas entendre les vociférations et menaces de la foule, les ordres secs lancés par les archers qui la contenaient.

— Cette femme fait preuve de beaucoup de courage, il faut le reconnaître, remarqua madame de Pomponne.

Anne-Sophie avait envie de fuir, de ne plus entendre les cris « À mort ! », « Vengeance ! », d'échapper à la société de ces dames policées pour lesquelles tout était spectacle et motif à bons mots. La marquise de Sévigné ne manquerait certainement pas de narrer la scène le soir même à sa fille bien-aimée.

Durant les sept derniers mois, la vie de la jeune femme avait beaucoup changé. Par décence, après sa séparation définitive de Charles, elle avait quitté l'hôtel de Vieilleville et loué une charmante maison rue des Tournelles, proche de celle de Ninon. Viviane l'avait suivie ainsi que trois domestiques et le cocher. Ses beaux-parents lui avaient laissé sa voiture, deux chevaux et les meubles qui décoraient sa chambre à coucher. Avec l'argent de sa dot, elle avait acheté tapis, miroirs, lustres, buffets dits à pointes de diamant, tabourets et fauteuils recouverts de tapisserie au petit point représentant des roses et des feuillages, cabinets d'ébène incrustés d'ivoire ou d'écaille, massives armoires sculptées pour serrer le linge, chaises à haut dossier, consoles aux pieds en volute.

Enfin elle se sentait chez elle, entourée par des amies fidèles qui ne la jugeaient point. Rarement, elle se rendait à la Cour, où elle retrouvait les duchesses de Chevreuse ou de Beauvillier, les deux irréprochables filles de Colbert, mademoiselle de Scudéry quand elle y était priée, ou le chevalier Blaise de Briare, un ami fidèle qui ne s'égarait pas dans le pays de Tendre par manque d'attrait pour les dames qui y cheminaient. Petit, le visage marqué par la petite vérole, il pétillait d'esprit et réussissait à la faire rire. N'avait-il pas lui-même pris le parti de s'amuser des traits lancés pour le blesser ? Pieux, il accompagnait parfois Viviane à l'Hôpital général pour lire des contes légers à des vieillards grabataires, les entraînant dans un monde de fantasmagories que les malheureux découvraient, effarés. Des filles de la Charité s'arrêtaient parfois pour l'écouter, un sourire aux lèvres.

— On devrait vous empêcher de lire de telles sornettes à ces malheureux, avait un jour grondé Viviane. Apportez-leur plutôt l'*Imitation de Jésus-Christ* ou des hagiographies de saints.

— Qu'auraient-ils à en faire ? ripostait-il. Comme le Christ, ils ont erré sur les routes poussiéreuses, dormi au bord des chemins, mangé des poissons secs et bu de l'eau pure, il est temps maintenant de leur donner un aperçu des joies terrestres. Soyez sûre qu'ils n'en abuseront pas.

En riant, les religieuses le frappaient de leurs serviettes posées sur les épaules. Filles de la campagne pour la plupart, elles n'avaient pas les manières policées des Parisiennes.

On soupçonnait le chevalier de Briare de s'adonner au vice italien, mais le frère du roi n'en était-il pas un fervent adepte lui aussi ? Quatre ans plus tôt, Monsieur avait épousé en deuxièmes noces une jeune Allemande, fille de l'Électeur palatin. « Liselotte » avait séduit le roi par son franc-parler et ses qualités de cavalière. Souvent ils chassaient ensemble et tout le monde à la Cour savait que Madame aurait préféré partager la couche du roi plutôt que celle de son frère. Les mignons de ce dernier, le marquis d'Effiat et le chevalier de Lorraine en particulier, ne lui épargnaient aucune avanie.

À Paris, à Saint-Germain, la marquise de Montespan triomphait. Plus reine que la reine, elle obtenait ou retirait les faveurs royales, lançait les modes, recevait des solliciteurs qu'elle comblait ou renvoyait, écartait sans pitié ses rivales. Chaque année ou presque, elle était enceinte du roi. Aussitôt venus au monde, ses bâtards étaient expédiés chez sa fidèle amie madame Scarron, devenue par la grâce du roi marquise de Maintenon, noble dame possédant château et terres en récompense de sa discrétion et des bons soins qu'elle prodiguait à la nichée royale.

Lors de ses rares visites à la Cour, on l'accueillait avec respect et le roi osait caresser publiquement ses bâtards. Mais leur mère s'aigrissait. Le roi était revenu de guerre en héros et les rivales se pressaient autour de lui. « Cela sent la chair fraîche dans le pays de Quartova[1], écrivait madame de Sévigné. Le roi a regardé madame de Soubise, maintenant c'est mademoiselle de Fontanges. » L'altière Athénaïs se battait bec et ongles. Jusqu'où iraitelle pour écraser ses ennemies ?

1. « Tant que ça va. »

À la Cour, Anne-Sophie avait revu Gaston de Liancet qui l'avait entourée de mille soins, avant de l'ignorer. Elle voulait connaître les raisons de sa froideur. Il fallait attendre l'occasion favorable.

À cette atmosphère sulfureuse, elle préférait sa maison de la rue des Tournelles et les amis qu'elle y réunissait. À quelques reprises, Viviane l'avait entraînée dans ses œuvres charitables, mais la vue des estropiés, idiots, scrofuleux ou des enfants malingres que son amie secourait la désespérait. À quoi bon tous ces efforts ? À peine en ensevelissait-on un chrétiennement que dix autres surgissaient, plus pitoyables encore.

Viviane s'était attachée à une fillette qu'elle avait prénommée Marie-Aimée. Arrivée aux Enfants-Trouvés incapable de marcher à près de deux ans, rongée par la gale, elle était désormais pleine de vie et promettait d'être plutôt jolie. Viviane avait suggéré que la petite fût accueillie rue des Tournelles, mais Anne-Sophie avait refusé. Élevée auprès d'elles, cette fillette serait mise en marge de la société. Son destin était d'être domestique ou ouvrière, à moins qu'elle ne voulût entrer dans un couvent. Sa cousine voulait-elle sa protégée en chien de compagnie ? On la choierait, l'habillerait comme une poupée, la nourrirait de délicatesses pour mieux la désespérer quand viendrait le temps de lui donner une condition. Tout en respectant cette décision, Viviane la jugeait bien rigoureuse. Dans leur société si policée, les paroles du Christ n'étaient guère entendues. Le roi dominait la noblesse qui dominait les roturiers qui dominaient les misérables, chacun étant persuadé que si l'on changeait quoi que ce fût à cette stricte hiérarchie, la société s'écroulerait. Dieu Lui-même l'avait organisée ainsi. Viviane en doutait, mais il fallait s'en accommoder ou, comme Jeanne Guyon, s'évader dans un monde de visions, d'amour éthéré, de mariage mystique.

Toutes deux allaient bientôt se rencontrer grâce à la jeune madame de Chevreuse. Comme la duchesse de Béthune-Charost, elle s'intéressait vivement à cette femme qui, devenue veuve, songeait à tout quitter pour rejoindre le père Lacombe en Savoie. Réunis, ils se remettraient entre les mains de Dieu. Le comportement de Jeanne interpellait la conscience de Viviane. Elle avait trois enfants, deux garçons et une fille, encore très jeunes. Avait-elle décidé de les abandonner à leur famille paternelle, à cette marâtre qui l'avait tant fait souffrir ? Qu'en était-il de cet amour mystique qui la liait au barnabite Lacombe ?

Charles s'était mis au service de Louis de Rochechouart, un officier de marine qui venait d'écraser la flotte espagnole à Palerme. Viviane avait avec lui une correspondance suivie. Tous deux s'estimaient et se respectaient. La découverte de la Sicile l'avait enchanté. Sa voie désormais était tracée, il allait courir le monde. Parfois, fugitivement, il venait à l'esprit de la jeune femme que si Charles l'avait épousée, elle aurait su le rendre heureux. Mais la société ne l'aurait pas permis. Les riches épousaient des héritières, pas des orphelines sans dot.

10

Automne 1678

La cave voûtée était percée de deux soupiraux par où pénétrait une lumière grise. La nuit tombait, l'impasse allait bientôt se faire déserte. On y accédait par une étroite ruelle en terre battue au milieu de laquelle s'écoulaient les eaux usées provenant d'un atelier de cardage. L'absence de maisons décentes, de jardins rendait le lieu sinistre et nul promeneur ne s'y serait hasardé après la tombée de la nuit.

Aux insistances de Gaston, Anne-Sophie avait longtemps opposé un refus formel, mais comme il avait su piquer sa curiosité, qu'elle voulait lui plaire et avait reçu l'assurance de se trouver au milieu d'honnêtes gens, elle avait fini par accepter de l'accompagner. Gaston l'avait répété : tous deux devraient être masqués, leurs vêtements recouverts de manteaux à capuchon. La voiture d'Anne-Sophie les déposerait à l'entrée de la ruelle et viendrait les reprendre une heure plus tard. S'il lui advenait de reconnaître quelqu'un, elle ne devait en aucun cas le laisser paraître.

— Est-ce si effrayant ?

— Vous avez peur de tout ! Cessez donc de vous comporter comme une poltronne.

Depuis qu'il était devenu son amant, un an plus tôt, Gaston se complaisait à la gouverner, parfois avec tant de suffisance qu'elle en avait les larmes aux yeux. Il savait se montrer charmant et se conduisait si parfaitement avec ses amis que tous lui vouaient la plus grande admiration. En tête à tête, sa conduite changeait. Au mieux ironique, au pire menaçant, il avait détecté sa vulnérabilité, la culpabilité dont elle ne parvenait pas à se débarrasser depuis l'effondrement de son mariage, et utilisait sa fragilité avec brio. Seul le chevalier de Briare avait pénétré le caractère pervers du jeune homme et tenté de détacher son amie de lui. Mais Anne-Sophie ne voulait rien entendre. Les reproches qu'il lui adressait étaient légitimes et elle était bien aise que quelqu'un de son proche entourage fût assez courageux pour l'éclairer.

Comme il fallait remonter l'impasse à pied, Anne-Sophie serra son manteau autour d'elle et rabattit son capuchon. Ainsi dissimulée et masquée, il était peu probable qu'elle puisse être reconnue.

La porte de bois d'une maison basse franchie, on descendait un étroit escalier où des lampes à huile dégageaient une fumée poisseuse.

— Une ancienne auberge, chuchota Gaston.

Une dizaine de personnes étaient déjà rassemblées dans la cave, masse grise, uniforme, sans visages et sans noms.

— Qui attendons-nous ? murmura Anne-Sophie.

— Un prêtre, deux dames et Lucifer. Ils surgiront en même temps.

Alors que sonnaient huit heures, une porte s'ouvrit dans le fond de la cave. Le souffle court, Anne-Sophie vit s'avancer un homme décharné portant soutane, et une femme vêtue d'une tunique de lin blanc dont le visage était entièrement dissimulé par un voile.

Un autel se dressait entre deux piliers de pierre, une table sans doute que l'on avait recouverte d'un tissu de velours noir.

Derrière le prêtre et la femme marchait une vieille au visage parcheminé qui tenait dans une main un crucifix la tête en bas, dans l'autre une chandelle. Parmi l'assistance, nul ne bougeait. Une sorcière, pensa Anne-Sophie.

Avec des gestes lents mais résolus, la femme voilée se dévêtit. Elle était plutôt grasse, avec une peau blanche, des seins lourds veinés de bleu. Un tel corps avec ce ventre, cette poitrine flasque avait dû porter beaucoup d'enfants.

Quand elle fut allongée sur l'autel, le visage toujours dissimulé, le prêtre posa sur elle un Évangile et un petit ciboire recouvert d'un linge.

Avec une lenteur extrême, le rituel commença. C'était une messe dite à l'envers et l'officiant parlait assez fort pour que l'assistance puisse répondre.

Au moment de la consécration, la vieille entama une sorte d'incantation et Anne-Sophie eut l'impression qu'une forme mince et noire surgie de nulle part approchait. À peine la distinguait-on, mais chacun pouvait sentir son odeur.

— Bénis cette femme, ta servante, clamait le prêtre, et accorde-lui ce qu'elle désire obtenir.

Comme sous le coup d'une brusque souffrance ou d'une caresse intime, la femme nue tressaillit.

— Amen, prononça-t-elle d'une voix claire, déterminée.

L'ombre s'était approchée d'elle, vacillante. Tous avaient l'impression qu'elle allait la couvrir comme dans l'acte d'amour.

Le prêtre ôta le linge, le ciboire ne contenait pas d'hostie mais un liquide rouge qu'il répandit sur le ventre blafard. En coulant, il forma des rigoles semblables aux pattes d'une araignée cramoisie. Du sang de bœuf ou de cochon, pensa Anne-Sophie. Elle était glacée.

Ce qu'elle vit ensuite la fit défaillir et Gaston dut la soutenir en lui prenant le coude : d'un linge sanglant, la vieille avait extrait un fœtus égorgé de cinq à six mois qu'elle offrit à l'ombre.

La messe était presque achevée. La forme noire se redressa et sembla bondir vers une lucarne dépourvue de barreaux par laquelle elle disparut.

— Allez, mes frères et sœurs, clama le prêtre. La messe est dite.

On se pressa dans l'escalier menant à la porte puis à l'impasse. Certains regardaient furtivement derrière eux, comme effrayés d'être suivis. Neuf heures sonnaient aux horloges des églises.

Anne-Sophie ne put fermer l'œil de la nuit, hantée par cette messe noire dite à l'intention d'une femme qui voulait prier le diable d'exaucer ses souhaits. Dans ce but, elle avait accepté qu'on se serve d'un enfant né avant terme. Avait-on assassiné la mère pour tirer le fœtus hors de son ventre ? Qui était cette femme prête à tout pour obtenir des honneurs ou l'amour d'un homme ? Elle devait être riche, le prêtre et sa sorcière se payant sûrement fort cher, et avoir assez d'influence pour ne pas craindre d'être la complice d'un crime passible de la peine de mort, assez altière pour se moquer de Dieu. La connaissait-elle ? Avaient-elles partagé un repas, assisté à une même fête, écouté un concert côte à côte à Saint-Germain, à Fontainebleau ou aux Tuileries ? Les rumeurs qui couraient dans Paris depuis l'exécution de la marquise de Brinvilliers étaient donc fondées : dans les bas-fonds de la ville officiaient sorcières, empoisonneuses, jeteuses de sorts pour le compte de grandes dames que l'on saluait chapeau bas. Monsieur de La Reynie le savait. Mais son pouvoir avait comme limites l'autorité royale.

Le lendemain, il y eut ballet et médianoche à Saint-Germain. Même exténuée, Anne-Sophie devait s'y rendre, elle l'avait promis à Gaston qui ne lui pardonnerait pas une forfaiture. Lors de la fête, son amant devait rencontrer le duc de Vivonne, frère de madame de Montespan, qui s'était engagé à lui vendre un régiment. Quand bien même la favorite avait dû abandonner son absolu pouvoir sur le roi, sa famille et elle restaient influentes. Peu importait à Gaston que les officiers des régiments achetés fussent critiqués et moqués. Bien mieux que sa fonction auprès des pages, cette charge garantissait son avenir.

Pour éblouir Marie Angélique de Fontanges, le roi avait organisé une fête étincelante. À trente-neuf ans, il restait fort libertin et le déclin de l'altière Athénaïs laissait le champ libre aux jeunes intrigantes. Âgée de dix-sept ans, belle, le teint laiteux, les yeux bleu-gris, la taille fine et bien prise, mademoiselle de Fontanges ne semblait pourtant point faire partie de cette coterie. Tout juste introduite à la Cour par son oncle César de Grolée, elle avait été établie comme fille d'honneur de Madame, la princesse Palatine, qui en était satisfaite. Point sotte mais dépourvue de l'esprit mordant des dames de la Cour, elle possédait l'atout de n'effrayer personne.

Réunissant Athénaïs, la belle Fontanges et mademoiselle de Ludres, une autre candidate à la couche royale, la fête promettait de se faire plus intéressante encore par la présence de monsieur de Condom. Bossuet, nommé précepteur du Dauphin, haïssait madame de Montespan et s'employait à la faire bannir de la Cour en accord avec le père de La Chaise, confesseur du roi. Si tous deux avaient assez de pragmatisme pour admettre une maîtresse, ils étaient outragés par cette femme arrogante, impérieuse, qui prétendait gouverner le roi et se moquait de la religion. En outre, les bruits qui commençaient à courir, les chuchotements derrière les éventails, les demi-confidences laissaient présager le pire sur son compte.

Pour le spectacle du carnaval de Lully que l'on rajeunissait après trois années de représentations, les costumiers s'étaient faits magiciens. Gitanes, Arlequins et Scaramouches masqués, Égyptiennes, nouveaux époux, une foule de figurants habillés d'or et d'argent, de pourpre, de bleu saphir et de rouge rubis enchaînaient sarabandes, menuets, danses turques et espagnoles sur un rythme endiablé. Entre l'opéra, le ballet et la commedia dell'arte, Lully, s'appuyant sur des livrets de Molière, montrait à quarante-six ans une verve de jeune homme. Le roi riait de bon cœur. Il avait espoir de rejoindre bientôt mademoiselle de Fontanges dans la chambre qu'elle occupait au Palais-Royal et voyait avec fierté progresser les travaux de Versailles. Sur une musique presque semblable, il avait dansé dix ans plus tôt au Louvre, encore convaincu d'être un grand artiste en même temps qu'un grand souverain. Une allusion à l'empereur Néron dans *Britannicus* l'avait fait retomber sur terre. Mais il restait amateur de musique, de danse, de comédie et ne boudait pas son plaisir.

Anne-Sophie ne parvint pas à prêter attention au spectacle. Se pouvait-il que le ventre bombé, blanc et lisse comme celui d'un poisson contemplé la veille, ruisselant du sang d'un fœtus, fût celui d'une des dames assises autour de la scène ? Là, elle vit l'irréprochable duchesse de Beauvillier, ici la non moins inattaquable madame de La Fayette, la dévote madame de Kerdélant, une de ses parentes, la séduisante madame de La Rochefoucauld, si amoureuse de son époux qu'on en plaisantait, Henriette de Coligny, la « divine Uranie », précieuse parmi les précieuses qui n'aurait pas consenti à dévoiler un bout de jambe. Au fond, un peu reléguée, mademoiselle de La Vigne, une cartésienne passionnée. Beaucoup étaient trop jeunes ou trop âgées, trop fluettes ou d'un embonpoint tel qu'il interdisait tout rapprochement avec la personne dénudée de la cave. Les femmes sans enfants devaient être écartées, il était évident que ce corps en avait porté beaucoup.

Soudain, ses yeux se posèrent sur madame de Montespan. Les basques d'un corsage bleu ourlé de dentelle, en haut duquel elle avait piqué un bouquet de roses rouges, descendaient sur une jupe de soie ciel brodée de fils d'argent. Sur ses cheveux soigneusement frisés, elle avait fait poser un léger voile argenté qui se terminait en V en haut du front. À ses oreilles pendaient les lourdes perles offertes par le roi quelques années plus tôt.

Anne-Sophie détourna son regard. Comment une telle pensée pouvait-elle lui venir à l'esprit ?

Au son des castagnettes, la Gitane faisait virevolter sa jupe à volants de gaze rose, rouge et noire. Ses cheveux ramenés derrière la tête par de grands peignes d'écaille tombaient en cascade jusqu'à ses reins. Tout autour, d'innombrables flambeaux jetaient une lumière qui semblait onduler avec elle, tandis que des huiles parfumées montait une entêtante odeur d'ambre et d'agrumes.

Le roi lorgnait Marie Angélique de Fontanges assise sur un tabouret pliant aux côtés de Madame. Gaston, quant à lui, semblait fasciné par madame d'Heudicourt, femme du grand louvetier de France et ancienne maîtresse du roi. Tous des bêtes fauves, pensa Anne-Sophie, des prédateurs qui chassent pour le plaisir de tuer en faisant souffrir : Versailles les rassemblera dans ses ors, son luxe, sa démesure. L'aile sud s'achevait, le roi espérait prendre possession dans deux ou trois ans de son véritable royaume.

Elle songea à Viviane, à ceux pour lesquels elle se dévouait : des squelettes malodorants, quand devant, derrière, autour d'elle, elle ne voyait que des êtres gras et parfumés en robes de velours et de soie. Lesquels pouvaient prétendre être les enfants de Dieu ?

La passion qu'elle éprouvait pour Gaston était son châtiment. Son passé la reprenait sans cesse et un tenace sentiment de culpabilité l'empêchait d'éprouver de la joie en pensant à l'avenir. Liancet ne cessait de lui reprocher cette colère contre elle-même, ses constantes anxiétés. Elle devait faire preuve d'humilité et s'accepter telle qu'elle était. Son amant avait certes raison, mais était-on maître de ses remords, de ses doutes, de ses angoisses ?

Avec une célérité merveilleuse, le décor représentant un village italien avait fait place à celui de la chambre d'apparat du Grand Turc. Monsieur Jourdain, désireux de marier sa fille au fils de celui-ci, devait au préalable être intronisé Mamamouchi. Pour ce tableau, les costumiers s'en étaient donné à cœur joie : turbans démesurés piqués de plumes chatoyantes et de pierres précieuses, pantalons bouffants de satin violet, rose vif, pourpre, gilets surbrodés, babouches aux pointes démesurées constellées de perles, femmes mal dissimulées par des voiles arachnéens dont les couleurs pastel tranchaient sur la flamboyance des tuniques, esclaves africains portant colliers et bracelets d'or, vêtus de pagnes en peau de panthère, almées au ventre nu, une pierre précieuse dans le nombril, acrobates, cracheurs de feu, dresseurs de singes eux-mêmes vêtus à la turque, tout était enchantement pour le regard.

Mademoiselle de Fontanges tourna soudain la tête et rendit son sourire au roi.

— Vous ne m'avez guère aidé, madame.

— Aviez-vous besoin de moi ? Il me semble que le duc de Vivonne vous écoutait avec beaucoup de bienveillance. Je préférais converser avec monsieur de Condom qui a de fort intéressantes choses à raconter.

— Mais qui déteste les Mortemart. Aviez-vous conscience que Vivonne vous observait ?

— Monsieur Bossuet parlait de ma cousine et m'en disait grand bien. Vincent de Paul et lui étaient proches et il reste le fidèle protecteur des filles de la Charité.

— Si ces bonnes dames vous intéressent autant, que ne les rejoignez-vous, ma chère ? Enfin vous pourriez vous montrer utile. Je ne puis, quant à moi, compter sur vous, vous me l'avez prouvé tout à l'heure.

À nouveau Anne-Sophie sentit des larmes lui monter aux yeux. Gaston devait être bien inquiet pour lui parler ainsi. Vivonne avait-il émis des réticences ? Elle aurait dû s'en inquiéter.

— Que puis-je faire pour rattraper ce que vous jugez, à tort, être un désintérêt de ma part ?

— Faire votre cour à madame de Montespan. Comme beaucoup s'écartent d'elle, vos témoignages d'amitié n'en seront que plus appréciés.

La femme de la cave, pensa Anne-Sophie. Elle ne voulait, ne pouvait la complimenter.

— Je devine vos réticences, lança soudain Gaston d'un ton ironique. Vous pensez à notre petite messe, n'est-ce pas ? Qui vous assure qu'il s'agissait de la belle Athénaïs ? Et serait-ce la vérité, pourquoi la juger comme si vous étiez vous-même un modèle de vertu ?

Sans se départir de son demi-sourire, il plongea les doigts dans sa tabatière de vermeil.

— Je n'irais certes pas m'allonger nue sur une table et recevoir sur moi le sang d'un enfant pour conserver votre amour si je doutais de celui-ci !

— Mais vous n'en doutez pas ?

— Nullement. Pourquoi supporteriez-vous une personne dont vous ne cessez de juger les défauts et imperfections, si vous n'éprouviez pas quelque inclination pour elle ?

L'expression amusée qu'elle voyait sur le visage de Gaston lui était familière. Embarrassé par des paroles qui avaient dépassé sa pensée, il lui revenait. En aucun cas elle ne devait laisser s'envoler cette bonne disposition. Après l'avoir laissé priser, elle devait flatter sa vanité.

— Madame d'Heudicourt n'avait d'yeux que pour vous à Saint-Germain. J'avoue avoir éprouvé de la jalousie.

Le rire de Gaston lui prouva qu'elle avait vu juste.

— Ma foi, c'est une femme fort belle encore et son grand louvetier de mari n'est pas souvent au logis. Il ne sera pas là pour crier « Sus au loup ! » si je lui fais visite.

Le ton de Gaston ne laissait jamais entendre s'il plaisantait ou non. Mais ses coups d'épingle, davantage encore que de franches attaques, la blessaient. Anne-Sophie quitta le salon.

— Monsieur de Condom m'a appris hier à Saint-Germain qu'il s'était entretenu fort agréablement avec toi aux Enfants-Trouvés.

— T'a-t-il dit, ma cousine, qu'il regrettait le désintérêt de la plupart des dames de la Cour pour nos œuvres ?

— Nullement. Car Bossuet voit les choses telles qu'elles sont. Il n'est ni rêveur ni fanatique. Et le roi est fort satisfait de son enseignement. Monsieur le Dauphin a changé pour le mieux.

À dix-sept ans, le seul fils du roi qui ait survécu était fort corpulent. Placide et doux, il ne montrait pas dans ses études une grande curiosité, préférant, comme la princesse Palatine, sa tante, collectionner médailles et inscriptions. On parlait de le marier bientôt à Marie Anne Christine de Bavière. S'achèverait alors le rôle de précepteur de Bossuet. Espérait-il, comme on l'insinuait, un chapeau de cardinal ? Le roi ne le souhaitait pas. Il était plus probable que, dès la mort d'un prélat occupant un évêché lucratif, il recevrait celui-ci en récompense de ses services.

— En fait, il m'expliquait hier soir pourquoi il avait si fermement condamné l'*Histoire critique du Vieux Testament*, poursuivit Anne-Sophie. Richard Simon, à ses yeux, s'écarte de la stricte orthodoxie exigée par l'Église.

— Bossuet, certes, désapprouve le jansénisme, appuya Viviane, mais il s'inquiète tout autant de l'influence que prend un certain Molinos dont le *Guide spirituel* est une incitation au quiétisme. Cet anéantissement de la volonté, cette passivité absolue, ce renoncement à l'action, ce mépris de son propre corps et de tout être créé lui semblent hautement suspects. Il craint que Rome ne se fourvoie en ne le condamnant point et le roi l'approuve. Pour notre souverain, tout écart envers la doctrine de notre sainte Église est inacceptable : huguenots, jansénistes, illuminés, quiétistes sont à rejeter sans distinction. Il trouve en Bossuet un appui toujours solide.

— Monsieur de Condom est sans doute un bon catholique, un homme conscient de la vanité des honneurs de ce monde dont il ne fait point fi, cependant, remarqua Anne-Sophie. Il est au mieux avec tout ce qui compte à la Cour. Je te ferai remarquer quand même qu'il n'apprécierait pas Jeanne Guyon dont tu me parles si souvent.

— Je vais la visiter à Montargis, interrompit Viviane. Nous nous écrivons de temps à autre et je suis fort intriguée par cette femme. Une sainte ? Une visionnaire ? Une malheureuse qui déraisonne ? Je veux me faire ma propre opinion.

— Les dames qui la connaissent en disent beaucoup de bien, la duchesse de Béthune-Charost en particulier. Cette femme admirable espère toujours faire libérer son père, mais le roi ne change point d'avis. Il a de grandes qualités mais aussi un grand orgueil et beaucoup d'obstination.

Anne-Sophie se hâtait. Toutes ses amies devaient déjà être rassemblées chez mademoiselle de Scudéry où ce jour-là on ne s'exprimerait qu'en vers. Elle avait préparé quelques répliques possibles. L'absence de Gaston, parti régler une succession en Bretagne, lui permettrait de retrouver sa confiance en elle.

La carte de Tendre avait été dépliée sur une table autour de laquelle se pressaient les hôtes de l'« incomparable Sapho ». Pellisson, son amant de cœur qui avait été le secrétaire de Fouquet, était enfin sorti de prison. Elle rayonnait.

Agrandie, la carte montrait le chemin à suivre pour parvenir à l'élue et les nombreux obstacles qu'il fallait surmonter. Bordé à l'ouest par la mer d'Inimitié et au nord par la mer Dangereuse qui le séparait des Terres inconnues, le pays de Tendre était séparé en son milieu par le fleuve d'Inclination qui se jetait dans la mer Dangereuse. Dans sa vaste embouchure se rejoignaient deux fleuves de moindre importance, Estime et Reconnaissance.

Le point de départ était la région de la Nouvelle Amitié d'où l'on se dirigeait vers Tendre-sur-Estime, Tendre-sur-Inclination, ou Tendre-sur-Reconnaissance. La route la plus rapide empruntait le fleuve de l'Inclination qui menait tout droit à Tendre-sur-Inclination, évitant les étapes plus ou moins prolongées à Complaisance, Petits Soins, Assiduité, Grands Services. Gare à ceux qui se trompaient et empruntaient le chemin de gauche conduisant à Indiscrétion, Perfidie, Médisance ou Orgueil. Tout au bout, c'était la mer d'Inimitié qui attendait le voyageur. Tous les vaisseaux y faisaient naufrage. À droite, le chemin menait à Tendre-sur-Estime en passant par Grand Esprit, Jolis Vers, Grand Cœur et Respect. L'obstacle résidait dans les chemins trompeurs de Négligence, Inégalité ou Tiédeur qui débouchaient sur le lac d'Indifférence aux eaux stagnantes.

— Nous allons à l'instant encourager monsieur d'Albret qui prend le départ, annonça toute joyeuse mademoiselle de Scudéry. Il nous cache le nom de la belle vers laquelle il va cheminer. Respectons sa discrétion et souhaitons-lui heureuse chance. Et maintenant, ne nous exprimons plus qu'en vers.

Et, se tournant vers l'impétrant :

Tendre Ami, où courez-vous ?
Mon chemin est le plus aimable
Si ce n'est le plus court de tous
C'est du moins le plus agréable.

Ninon de Lenclos, vêtue de gris tourterelle et bleu azur, portant les perles offertes par Villarceaux, son grand amour d'autrefois, gardait l'inaltérable beauté conférée par l'élégance et le charme. Entourée de ses fidèles soupirants, heureuse de ne plus souffrir au nom de l'amour, donnant à profusion son temps et son attention à d'innombrables amis qui l'affectionnaient, elle vieillissait sans qu'on pût découvrir autour d'elle la moindre velléité de jalousie féminine. Les hommes qui l'avaient aimée autrefois, les femmes qui auraient pu la craindre ou la haïr n'avaient pour elle que des mots respectueux et doux.

Avec bonne humeur, les invités du « rond » de mademoiselle de Scudéry suivaient du doigt sur la carte les progrès des uns et des autres. On servit du vin doux, du sirop d'orgeat, des biscuits à la cannelle, des fruits confits, des tartelettes aux amandes. Chez l'« incomparable Sapho », on consommait le moins de viande possible. Devoir occire un animal lui fendait le cœur et elle aurait voulu avoir le courage, comme Socrate ou Pythagore, de ne point manger de chair. Toute une ménagerie l'entourait : chiens, chats, perroquets, caméléons. Elle avait eu des tourterelles auxquelles elle avait rendu la liberté, une tortue était installée désormais dans son jardin.

Très attachés à leur maîtresse, les vieux domestiques proposaient en vers, eux aussi, douceurs et rafraîchissements. À force d'en entendre, les rimes se formaient spontanément dans leurs esprits. Il faisait doux et on avait laissé ouvertes les fenêtres donnant sur la rue. Des voitures passaient, cahotant sur les pavés, des enfants criaient en jouant, deux femmes se querellaient. Comme le soir tombait, la garde n'allait pas tarder à commencer ses rondes. On arrêterait les mendiants sans logis, recueillerait les agonisants tombés au milieu de la rue, les nourrissons déposés sur les parvis des églises.

Anne-Sophie songea à sa cousine. À la recherche du bonheur, toutes deux avaient emprunté des chemins différents. Celui de Viviane menait au village de Soumission, le sien allait-il vers la mer Dangereuse ? C'était cependant cette route qui l'attirait. Les marins n'espéraient-ils pas tous échapper au naufrage ?

11

1679

Une épidémie de typhus ravageait Paris. Un hiver trop doux avait favorisé la prolifération des puces et poux qui grouillaient dans les logis insalubres de la ville.

Pour Viviane, il n'était plus question de se rendre à Montargis auprès de Marie de Béthune-Charost chez qui elle devait rencontrer Jeanne Guyon. Levées à l'aube, les filles de la Charité rentraient épuisées bien après la tombée de la nuit. À l'Hôpital général, à l'Hôtel-Dieu, à l'hôpital des Enfants-Trouvés, dans les dépôts de mendicité, à la Salpêtrière réservée aux femmes « insensées », à Bicêtre où s'entassaient idiots et épileptiques, on devait coucher les malades à plusieurs dans un même lit. Ici et là, on avait posé des paillasses à même le sol pour en accueillir d'autres. Comme les malades du typhus s'éteignaient dans une sorte de torpeur, il était difficile de distinguer les trépassés des vivants et on avait parfois jeté dans les tombereaux des malheureux respirant encore. Tout manquait, draps propres, vin, viandes et légumes pour les bouillons, vinaigre, sauge, menthe, romarin, girofle pour désinfecter. On allait dans la Seine tirer de l'eau qui donnait la dysenterie. L'abondance des rats contraignait à tolérer quelques chats, eux-mêmes infestés de puces. On désespérait.

Avant le lever du soleil, Viviane se rendait à pied à l'Hôtel-Dieu puis aux Enfants-Trouvés. Les religieuses ne pouvant faire face à tout, elle avait accepté de remplacer à la Salpêtrière deux sœurs alitées.

Tout le long du jour, il fallait retaper les lits, changer les malades de chemise, administrer des lavements, humecter les langues et les lèvres desséchées, masser bras et jambes qui devenaient inertes, désinfecter les draps et chemises des morts en les étuvant, laver les sols. Habituées aux durs travaux, les sœurs venues de la campagne résistaient, tandis que les dames qui offraient leurs services par dévouement n'en pouvaient plus. La nuit, fourbue, Viviane dormait mal. Les visages constellés de pustules jaunâtres ou purpurines, les yeux injectés de sang des moribonds la hantaient. L'odeur fade et douceâtre de la mort se mêlait aux relents de sauge ou de menthe que l'on faisait bouillir dans l'eau de lessive. Les enfants étaient pitoyables, ils bougeaient à peine, les yeux fermés par la conjonctivite. Pour la protéger à tout prix, elle avait installé Marie-Aimée dans un recoin de l'apothicairerie. À deux ou trois reprises, la petite fille l'avait appelée « maman ». Viviane avait fondu en larmes. Ne faisait-elle pas une erreur, comme l'affirmait Anne-Sophie, en distinguant cette enfant des autres ? Son amour, sa compassion, son attention, elle devait les offrir à tous ceux qui souffraient. Mais Marie-Aimée occupait une place spéciale dans son cœur.

À la Salpêtrière, les dortoirs des aliénés, des dégénérés et des épileptiques offraient un spectacle pathétique. À trois par lit, les internés se battaient. On devait les ligoter avec des sangles qui les meurtrissaient. Immobilisés, ils hurlaient, le visage déformé par des grimaces, les yeux révulsés. Avec fermeté, les sœurs de la Charité avaient interdit aux filles et garçons de salle de frapper ces malheureux. Les plus agressifs devaient être mis à part, calmés avec des décoctions de tilleul et millepertuis. Rejetés par des familles qui ne se préoccupaient plus de leur sort, ils tombaient sous le coup du décret du « grand enfermement » signé par Colbert, et survivaient la plupart du temps dans des conditions d'insalubrité inacceptables.

Avec leurs cornettes et tabliers blancs, les sœurs de la Charité étaient accueillies à bras ouverts dans tous les hôpitaux et hospices. Dévouées jusqu'à l'abnégation et voyant le Christ en chaque malade, elles n'avaient jamais de gestes d'énervement ni de paroles dures. En fondant l'ordre avec Louise de Marillac, Vincent de Paul avait insisté sur leur raison d'être : « Le Christ sur terre guérissait les malades, écoutait les affligés. Dieu vous a choisies pour continuer Son œuvre. » Ses paroles étaient gravées dans l'esprit de chacune d'entre elles.

Viviane hésitait à prononcer des vœux définitifs. Elle aimait la grande liberté que lui procuraient son célibat et le statut de dame protectrice. Leurs assemblées comportaient des femmes hors du commun, comme la princesse de Condé, madame Colbert, les duchesses de Ventadour, de la Roche-Guyon, de Guise, d'Alençon, mesdames de Kerdélant, de Lamoignon, beaucoup d'autres qui ouvraient inlassablement leurs bourses, donnaient des terrains, des maisons pour secourir les pauvres, permettre aux sœurs de la Charité de loger leurs postulantes. Et ces femmes admirables offraient à Viviane de constants encouragements, l'assurance que sa vie avait un sens.

Dans sa chemise propre, Marie-Aimée était délicieuse. Viviane aimait coiffer ses cheveux bruns et bouclés, y attacher un nœud de ruban. Bientôt la fillette devrait rejoindre un groupe d'enfants de son âge. Cette perspective effrayait Viviane. Beaucoup d'entre eux montraient d'étranges comportements, certains ne disaient mot, d'autres faisaient preuve d'une inquiétante agressivité. Les bandes s'organisaient vite, avec leurs chefs et leurs esclaves. Le roi autoproclamé écrasait ses sujets. Douce et timide, Marie-Aimée serait aussitôt dominée. Quelles blessures définitives garderait-elle de son enfance ? Des graines d'hypocrisie, de sournoiserie, de mensonge, armes des faibles, allaient germer en elle. Viviane devait insister, convaincre Anne-Sophie de l'accueillir. Marie-Aimée était destinée à devenir domestique ? Pourquoi pas, après tout. Mieux valait servir dans une bonne maison que de croupir dans une prison pour femmes où l'âme se perdait à jamais. Les pauvres devaient rester à leur place. Beaucoup craignaient leurs visages flétris, leurs mauvaises odeurs, les mots orduriers qu'ils pouvaient prononcer. On sélectionnait avec soin ceux qui étaient dignes d'intérêt et ceux qu'il valait mieux oublier. Les « bons » pauvres, les pieux, élevaient leurs enfants le mieux qu'ils pouvaient, ne maraudaient pas, ne volaient pas. On les secourait, les réconfortait, leur apportait vêtements et bois de chauffage, on payait l'apprentissage des garçons pour qu'ils deviennent de bons ouvriers, offrait un trousseau aux filles afin qu'elles trouvent un brave homme comme mari. L'argent d'une dot aurait immanquablement attiré les gueux. Il fallait les protéger de ce malheur.

Viviane ne remettait pas en question cet ordre des choses. Aider dans la rue prostituées et fripons lui aurait valu des obscénités. Elle les retrouvait dans les hôpitaux généraux, dans les prisons du roi. Là, ils n'avaient plus l'insulte à la bouche, le défi dans le regard.

Consoler les galériens en partance pour Dunkerque ou Marseille la troublait. Elle imaginait leur interminable voyage, enchaînés par le cou, jusqu'aux geôles où, dès leur arrivée, les survivants étaient de nouveau enfermés. Certains n'étaient coupables que de peccadilles : faux saulniers, contrebandiers, déserteurs, mendiants, vagabonds ou protestants qui se révoltaient contre d'incessantes brimades. Leurs prisons, les soutes des navires où ils ramaient, étaient les plus grands pourrissoirs de France. Entre les épidémies, les rapports de force qui soumettaient les plus faibles aux plus brutaux, une nourriture souvent gâtée et insuffisante, peu survivaient.

Avant leur départ pour les galères, les sœurs venaient par deux les visiter. Les prisonniers les respectaient, ceux qui savaient écrire leur confiaient des mots adressés à une sœur, un frère, une amoureuse, leur mère surtout. Leur honte et leur déshonneur rejaillissaient sur elle et ils en étaient consternés. Les illettrés dictaient aux religieuses des lettres d'adieu naïves et émouvantes. Ils promettaient de se racheter, de revenir au pays pour s'y bien conduire. Pouvait-on veiller sur leurs maigres biens ? Viviane constatait combien ils tenaient à des babioles, un couteau à manche de corne, un mouchoir de tête, un pot à tabac. Ceux qui étaient pères parlaient de leurs enfants avec attendrissement : leurs garçons auraient un métier, seraient de bons chrétiens ; les filles garderaient leur honneur pour le mariage, elles seraient de fidèles épouses, des mères exemplaires. L'espoir qu'ils aient une meilleure vie restait une ultime consolation pour les condamnés et les aidait à accepter leur déchéance.

On trouvait toujours un prêtre pour les accompagner. En hiver, les prisonniers mouraient comme des mouches : il fallait les bénir quand ils tombaient sur le bord de la route, pardonner leurs fautes, leur ouvrir les portes du Ciel.

De retour rue des Tournelles, Viviane souvent restait muette. Que pourrait comprendre Anne-Sophie de ces vies de traîne-misère ? Elle guettait le retour de Gaston. Viviane haïssait cet homme et priait le Ciel pour que Charles reste en vie afin que sa cousine ne puisse jamais devenir sa femme.

En février, un brusque coup de froid mit fin à l'épidémie de typhus. On secoua les paillasses, plia les draps, réconforta ceux qui pleuraient parents et enfants. Un mois plus tard, alors qu'on attendait le printemps avec soulagement, le scandale éclata, déconcertant par sa brutalité.

Depuis l'exécution de la marquise de Brinvilliers, le feu couvait et La Reynie, lieutenant de police, n'était pas resté inactif. L'exempt de police Desgrez fouillait les repaires louches de Paris où vivaient diseuses de bonne aventure et faiseuses d'anges. Outre de vieilles sorcières, il avait découvert des distilleries suspectes, des apothicaires trop bien fournis en plantes toxiques. Les dossiers s'accumulaient au parlement. Le premier coup de filet avait ramené la femme Montvoisin, dite « la Voisin », et sa complice, une certaine Marie Bosse, surnommée « la Vigoureux », qui avait avoué qu'elle fournissait « certaines poudres » à des femmes de parlementaires. Une fille, « la Filasse », ainsi nommée à cause de sa chevelure, avait mentionné d'autres « dames de qualité ». Dans les caves et soupentes, on avait saisi philtres, sirops, élixirs censés raviver les sentiments amoureux, mais aussi des seringues, des aiguilles qui laissaient soupçonner des avortements. Les voisins avaient commencé à parler d'odeurs suspectes, d'activités nocturnes dans les jardins jouxtant les leurs, de visites de personnages masqués.

Le scandale prenait de l'ampleur. On avait aussitôt créé à l'Arsenal la Chambre ardente à laquelle Colbert s'intéressait de près. Paris avait peur. Tout décès suspect faisait naître des soupçons d'empoisonnement. Il fallait crever l'abcès coûte que coûte.

Depuis qu'il s'éloignait de madame de Montespan, le roi revenait à la religion et raidissait son attitude envers les derniers jansénistes de Port-Royal. Ces gens perturbaient les consciences catholiques dont il était le protecteur. Louis avait perdu l'égoïste légèreté de sa jeunesse. Le climat de la Cour s'en ressentait et chacun était impatient désormais de voir s'achever les travaux du château de Versailles afin d'y emménager. Une page serait tournée. Le Louvre, les Tuileries, Saint-Germain même ne prêtaient pas à la joie de vivre. On ne pouvait sortir en carrosse dans Paris sans se voir assailli par des mendiants, des enfants en haillons. Autrefois indulgents, les laquais les chassaient maintenant à coups de cravache. Et les ordres d'arrestation de La Reynie menaient aux pires suspicions. Qui voulait se débarrasser de qui ? À quels personnages importants faisait-on avaler des philtres d'amour ? Quelles grandes dames avaient voulu arrêter une grossesse compromettante ?

Anne-Sophie elle-même était parfois jugée sans bienveillance. Une femme séparée de son mari, qui affichait un amant ne dissimulait-elle pas quelque noirceur ? Ses amies du rond de mademoiselle de Scudéry ou de Ninon de Lenclos la défendaient avec ardeur. Pour elle, le chevalier de Briare avait même mis la main à l'épée. En outre, elle avait la maladresse de montrer de l'intérêt à madame de Montespan et à son frère Vivonne, quand le ton voulait qu'on leur batte froid. La marquise les avait tous suffisamment considérés du haut de sa morgue ! L'heure de la revanche était venue. Désormais, Marie Angélique de Fontanges s'imposait. Chacun s'étonnait qu'une jeune fille, gracieuse certes mais réservée, presque effacée, succède à l'arrogante Montespan. Le roi devait avoir besoin de repos.

La guerre de Hollande enfin terminée, Vauban travaillait activement aux fortifications protégeant les frontières et aux travaux de construction de la grande écurie de Versailles. On œuvrait aussi à l'édification d'un petit château de plaisance à Marly. Le roi aimait y faire de brèves incursions dont il revenait de bonne humeur.

Une des rares personnes qui, à la Cour, témoignaient une franche amitié à Anne-Sophie était la marquise de Maintenon. Depuis que les bâtards du roi y vivaient, on l'y voyait souvent, altière et modeste à la fois, complaisante et indépendante. Une femme indéchiffrable. Le roi l'estimait, l'invitait souvent à prendre place à ses côtés à la chapelle. Comme toujours, la reine s'effaçait. Mais madame de Maintenon ne profitait pas de sa faveur. Vêtue de sombre, ne portant des passements d'or ou d'argent que lorsque l'étiquette l'y obligeait, elle n'était vraiment heureuse qu'à Maintenon où elle avait fait venir fileurs et tisserands des Flandres pour travailler dans l'atelier qu'elle venait d'ouvrir.

À Paris, elle retrouvait souvent Viviane à l'Hôtel-Dieu qu'elle visitait une fois par semaine et se montrait généreuse envers les prisonniers. N'était-elle pas elle-même venue au monde dans une geôle ? Si elle entendait les rumeurs qui couraient sur son compte, elle semblait n'y prêter aucune attention. En termes désormais difficiles avec son ancienne protectrice madame de Montespan, la marquise portait aux quatre enfants qu'elle avait élevés un amour quasi maternel, à l'aîné surtout, le petit duc du Maine qui avait le malheur d'être boiteux.

Un matin où elles se promenaient dans les jardins des Tuileries, Anne-Sophie lui confia que son intérêt pour madame de Montespan était lié à celui de monsieur de Liancet. Monsieur de Vivonne avait promis à son ami un régiment qui assurerait son avenir et elle s'était engagée à faire tout ce qui était en son pouvoir pour le lui obtenir.

— Les femmes montrent trop de dévouement pour des hommes qui ne les méritent pas, affirma la marquise. Avez-vous si peur de perdre l'amitié de monsieur de Liancet ?

— Je lui suis attachée, avoua Anne-Sophie. Il n'est pas homme à me flatter. Avec lui, je me vois telle que je suis.

— Ou telle qu'il veut vous convaincre d'être. Pourquoi détiendrait-il la vérité ? Ne seriez-vous pas sa proie ? Je ne cesse de mettre en garde Sa Majesté contre ces mouches trop brillantes qui tournoient autour d'elle pour mieux vivre à ses dépens. N'est-ce pas le but de monsieur de Liancet ? Priez, mon enfant, demandez à Dieu de vous éclairer. Lui ne vous manquera jamais. Vous avez également une cousine admirable. Ne négligez pas ses conseils. Quant à la marquise de Montespan, craignez son amitié. Cette femme n'aime qu'elle-même.

Anne-Sophie était revenue chez elle troublée. Une lettre de Charles l'y attendait. Son mari allait bientôt embarquer pour les Grands Lacs américains avec Cavelier de La Salle. On achevait l'armement du *Griffon*, le navire qui allait les transporter vers le Nouveau Monde. La lettre à la main, la jeune femme était demeurée pensive. L'échec de leur mariage avait permis à Charles de prendre son envol. Que lui avait-il apporté, à elle ? À peine se réjouissait-elle d'être libre et maîtresse d'elle-même que Gaston l'avait envoûtée. Cette pensée la stupéfia. Cette soumission aveugle venait-elle de sa propre volonté ? Utilisait-il ces élixirs dont tout le monde parlait ? C'était Gaston qui l'avait entraînée dans cette sordide parodie de messe. Quel ami ou plutôt quel complice l'y attendait-il ? Je perds l'entendement, pensa-t-elle en repliant la lettre, Gaston me protège, il est loyal envers moi et ne me flatte pas. Comment le pourrait-il ? Elle ne sortirait pas de l'après-midi et garderait sa porte close, même pour Gaston. Où était-il ? Jamais il ne lui rendait de comptes sur ses activités et si elle lui posait des questions, il levait les yeux au ciel, consterné. Sa vulnérabilité était-elle pour lui pain bénit ? Le surprenait-elle faisant sa cour à une jolie femme, il l'affrontait : quelle faute lui valait d'être ainsi tourmenté ? Était-ce son malheur qu'elle souhaitait en le harcelant ?

Anne-Sophie avait un goût amer à la bouche. Les aventuriers comme Charles pouvaient embarquer pour le Nouveau Monde, avaient la guerre, les duels pour exprimer leur agressivité. Les femmes, elles, ne pouvaient compter que sur l'immobilité, le silence, le secret. Les poisons ? Une violence discrète qui ne causait ni pugilat ni effusion de sang. À nouveau elle songea à la femme allongée sur le drap noir. Était-ce bassesse ou bravoure ?

12

Hiver-printemps 1680

Bossuet devenu premier aumônier de la Dauphine, l'absolutisme gallican triomphait. Travailleur acharné, chrétien sans concession, pragmatique, cultivé, l'homme inspirait un profond respect aux membres de la Cour. Avec son ascension se confirmait la chute de la marquise de Montespan. Le roi ne s'adressait plus à elle que pour échanger, sur un ton froid, d'anodins propos.

Quoique craignant les représailles de Gaston, Anne-Sophie était déterminée à ne plus lui faire sa cour. Vivonne, le frère de la marquise, du reste, ne semblait plus en mesure d'obtenir pour quiconque la moindre faveur.

Pour se protéger, la jeune femme barrait de plus en plus souvent l'accès de sa maison à son amant. Elle inventait mille prétextes pour l'éloigner. Elle accompagnait sa cousine une fois par semaine à l'Hôtel-Dieu ou aux Enfants-Trouvés. Là-bas, elle s'était attachée à la petite Marie-Aimée. Fallait-il finalement prendre cette enfant rue des Tournelles et l'élever comme la fille de Viviane ? La marquise de Maintenon avait achevé de la convaincre. Il n'existait pas d'enfants déméritants aux yeux de Dieu, les éduquer était le devoir de tout chrétien. De l'attention, une bienveillante fermeté, des soins réguliers, un enseignement précoce de leurs devoirs religieux transformaient des êtres égoïstes et vulnérables en membres estimables de la société humaine, chacun occupant sans arrogance ni abaissement la place que Dieu lui avait attribuée.

— Dieu m'a confié la charge d'élever quatre enfants nés d'un double adultère. Je crois m'en être bien acquittée, avait-elle assuré. Je n'étais pas mère et le suis devenue. Prenez exemple sur moi, donnez à cette fillette une éducation chrétienne, observez ses talents avant de lui faire apprendre un métier, brodeuse, dentellière, couturière, peintre sur porcelaine, que sais-je ? De nos jours, une jeune femme peut gagner dignement sa vie.

Anne-Sophie avait cédé et à la fin du mois de janvier, Marie-Aimée, un peu effarouchée et muette, avait emménagé dans un cabinet attenant à l'appartement de Viviane.

La réaction de Gaston fut immédiate et violente ; fallait-il qu'elle accueille toutes les gueuses du quartier pour se donner bonne conscience ? Pourquoi pas les chats perdus, les chiens errants !

— Ceux-là sont chez mademoiselle de Scudéry, tenta-t-elle de plaisanter.

— Eh bien, allez vous y établir puisque ces extravagantes sont votre vraie famille ! Quant à moi, je compte pour peu de chose en dépit des efforts que je n'ai cessé de faire pour vous plaire...

— Lesquels, monsieur, je vous prie ?

— Lesquels ? J'ai pris votre défense quand chacun vous accablait après que vous ayez banni le meilleur des maris. Savez-vous ce qu'on rapportait à votre sujet en Bretagne ? Comprenez-vous que vos parents eux-mêmes trouvaient déshonorante votre conduite ? Mon attachement pour vous m'a rendu sourd aux critiques. Par amour, j'ai accepté de perdre ma réputation en Bretagne. À la Cour, où je m'ennuie, je vous vois papillonner, écouter d'une oreille complaisante et le rose aux joues les compliments les plus plats et, lorsque je vous demande un service, vous me baillez que madame de Maintenon vous déconseille de me le rendre. Comment cette dame ose-t-elle donner des avis, elle qui n'a cessé d'écouter la voix de ses propres intérêts ? Dévouée corps et âme à madame de Montespan, la voici désormais dans les bonnes grâces du roi. Je parierais dix louis qu'elle vous a incitée à accueillir cette petite miséreuse.

— Vous les auriez gagnés, mais on ne persuade personne qui ne soit déjà convaincu. Par ailleurs, je ne comprends pas pourquoi la présence de cette enfant chez moi vous importune.

— Je considérais votre demeure comme celle de mon cœur, et constate aujourd'hui que vous dressez un mur entre vous et moi. Je ne le franchirai plus, madame, qu'avec votre permission.

Il était sorti en claquant la porte. Bouleversée, Anne-Sophie avait passé le reste de l'après-midi dans sa chambre. Devait-elle se séparer de Gaston ? Mais elle se sentirait si seule alors ! Comme elle, il était breton, connaissait sa famille. Plus qu'un amant, il était un lien très fort qui la reliait à son passé. Et il savait tout d'elle, connaissait ses hésitations, ses lâchetés, sa vanité. L'ironie facile dont il faisait grand usage à son égard, ses propos désobligeants envers les femmes étaient effacés par son charme, la candeur touchante avec laquelle il évoquait parfois son enfance solitaire auprès d'un vieux précepteur qui aimait l'humilier. En imaginant le petit garçon qu'il avait été, ses ressentiments s'évanouissaient. Incapable de lui demander des explications sur sa conduite, Anne-Sophie avait écrit de longues lettres qui exprimaient affectueusement ses inquiétudes. Lorsque Gaston prenait le temps d'y répondre, il ignorait ses questions et évoquait des situations sans rapport avec celles-ci. Quelques jours plus tard, d'une façon ou d'une autre, il prenait sa revanche. Elle avait voulu le mettre mal à l'aise ? La pauvrette ne savait pas qu'il possédait des armes autrement meurtrières.

À la fin de son après-midi de réclusion, la décision d'Anne-Sophie était prise, elle allait éviter tout contact entre Gaston et Marie-Aimée. Lorsqu'elle recevrait sa visite, l'enfant descendrait aux cuisines. Elle allait de suite lui faire porter un billet pour lui assurer que rue des Tournelles, il serait toujours chez lui. Le domestique parti, elle regretta sa lâcheté.

Presque aussi dense que pour l'exécution de la marquise de Brinvilliers quatre années plus tôt, la foule s'était massée dès l'aube autour de la place de Grève pour assister à l'exécution de la Voisin, convaincue de multiples empoisonnements, d'avoir jeté des sorts et composé des philtres magiques. Après avoir subi la question extraordinaire par l'eau, elle avait donné les noms de quelques-unes de ses pratiques. Aucun de ceux-ci n'avait transpiré hors du Châtelet.

Mais la discrétion des magistrats ne pouvait empêcher les bruits les plus malveillants de courir.

Ce vingt-deux février, il faisait froid et humide. Un pâle soleil se glissait par intermittence entre les nuages gris. Catherine Deshayes, veuve Montvoisin, offrit aux curieux un étonnant spectacle. Après avoir vidé deux bouteilles de vin, elle se déchaîna en imprécations contre ses juges, leurs complices, la foule venue la voir mourir. Les joues en feu, elle lança des mots obscènes au prêtre et refusa de faire amende honorable. On la traîna pour la ligoter sur le bûcher, attachée à un poteau par des chaînes. Comment pouvait-on mourir dans une telle impiété ? Cracher jusqu'au bout sur la Croix ? Ce n'était pas ce spectacle désolant que l'on attendait. On voulait des prières, la bénédiction du condamné, chanter des cantiques en chœur pendant le supplice. Les règles étaient bien établies, bien comprises, et cette grosse femme hagarde les brisait toutes. Les bourreaux la couvrirent de paille avant d'y jeter des torches. Tout s'embrasa et au milieu du crépitement des flammes, il sembla à la foule horrifiée entendre une chanson à boire.

La chasse aux sorcières n'était pas terminée. La Reynie poursuivait d'autres pistes, en particulier celle des prêtres dévoyés qui célébraient les messes noires. À la Cour on chuchotait d'abominables détails.

Toujours hautaine, énigmatique, madame de Montespan passait fièrement devant les groupes qui la dévisageaient. Marie Angélique de Fontanges triomphait, la marquise se savait battue pour un moment, mais tous pressentaient qu'elle ne baisserait pas si facilement les armes. Les quatre enfants survivants sur les sept qu'elle avait donnés au roi restaient ses atouts majeurs. Chéris par leur père, ils avaient été reconnus, titrés, et elle espérait les voir devenir princes et princesses du sang. Le dernier, Louis Alexandre, comte de Toulouse, qui n'avait que deux ans, était la preuve vivante d'un amour difficile à éteindre. Renaîtrait-il de ses cendres dans le cœur du roi ? À la Cour, nul ne le souhaitait. On faisait excellente figure à mademoiselle de Fontanges qui, échevelée au cours d'une chasse, avait, en nouant ses cheveux de rubans, lancé une coiffure dont toutes les femmes étaient folles.

La mort de Fouquet en avril, dans sa prison de Pignerol, avait consterné ses amis. Jusqu'au bout, on avait espéré une grâce royale, mais le prisonnier n'avait reçu in extremis que la permission de recevoir des visites de sa famille. Il n'avait pas vu sa femme ni ses enfants depuis près de vingt ans. Alors qu'il était usé, découragé, malade, cette faveur trop tardive n'avait pas réussi à lui redonner le goût de vivre. Il s'était éteint dans les bras de son fils, le jeune comte de Vaux. Bien qu'il ait émis le souhait d'être inhumé à Vaux-le-Vicomte, on l'avait enterré sur place, dans le cimetière de l'église Sainte-Claire.

De Montargis, Viviane avait reçu une longue lettre de la fille aînée du défunt, la duchesse de Béthune-Charost, qui lui narrait la cérémonie des obsèques. La veuve de Nicolas Fouquet et ses cinq enfants avaient puisé beaucoup de courage dans leur affection mutuelle et les épreuves qu'ils avaient partagées. Maintenant ils devaient évaluer ce qui restait de la fortune familiale, entreprendre à Vaux d'indispensables travaux. Louis Nicolas, qui en héritait, voulait rendre le château assez confortable pour y accueillir sa mère. Dans ce lieu que Fouquet avait tant chéri, elle pourrait retrouver quelque sérénité.

Marie de Béthune-Charost concluait sa missive en invitant à nouveau Viviane à Montargis. La ville était charmante et elle y ferait enfin la connaissance de son amie Jeanne Guyon. Tiraillée entre différents choix concernant son avenir, celle-ci comptait se rendre à Paris pour consulter monseigneur d'Arenthon, évêque de Genève. Toutes deux pourraient faire de compagnie la route du retour. Viviane avait accepté. Depuis longtemps elle désirait connaître cette femme et le voyage la reposerait. Il apaiserait l'irritation que suscitait en elle le comportement d'Anne-Sophie. Trop chrétienne pour vouloir du mal à Gaston, Viviane ne pouvait que souhaiter le voir disparaître à jamais.

Marie-Aimée l'accompagnerait. La savoir seule rue des Tournelles durant son absence l'aurait tourmentée. Il suffirait que Gaston s'emportât contre elle pour qu'Anne-Sophie la confie aux dominicaines. Comment gagner la confiance de cette enfant si l'on s'en débarrassait au moindre prétexte ?

Anne-Sophie avait proposé son carrosse à sa cousine, qui lui avait préféré une voiture de poste. Montargis n'était qu'à vingt-huit lieues de Paris, on ne passait qu'une nuit sur la route, dans une auberge d'honnête réputation. À la poste de Montargis, la voiture et le cocher de Marie les attendraient.

Un printemps précoce fleurissait les buissons le long de la route, jetait des taches vert pâle sur les branches, tapissait les talus de primevères et de pâquerettes. De retour aux pâturages, les vaches se pressaient autour des mares, des vols de passereaux traversaient le ciel. Avec un garçonnet qui voyageait dans la même voiture, Marie-Aimée s'émerveillait de tout. Les ânes tirant des carrioles la faisaient rire, les chiens qui aboyaient furieusement l'effrayaient, la vue d'un chat écrasé sur le bord de la route la fit éclater en sanglots. Viviane était émue des compliments faits sur sa fille. Dieu l'avait choisie pour aimer cette enfant.

Il fallut plusieurs jours aux voyageurs pour s'installer, visiter la ville, mettre en route les règles d'une existence maîtrisée. Marie-Aimée fut confiée à une jeune fille de grand mérite qui occupait chez la duchesse la fonction de lectrice, activité lui laissant assez de loisir pour distraire une enfant et commencer à lui apprendre son alphabet. En compagnie de la duchesse, Viviane assistait tous les matins à la messe à Sainte-Madeleine, avant de se rendre au couvent des ursulines pour seconder les religieuses qui éduquaient une vingtaine de fillettes.

Jeanne Guyon les rejoignit un après-midi pluvieux. Dans le beau jardin de Marie, jonquilles, narcisses, coucous et primevères multicolores parsemaient les pelouses cernées d'une contre-haie de buis. Tout au fond du jardin, une porte en fer forgé s'ouvrait sur le canal de Briare dont la construction avait enrichi considérablement Jacques Guyon. Le long des murs, poiriers et pommiers étaient en fleurs.

Viviane fut surprise. Elle avait imaginé une femme diaphane, délicate, vêtue avec austérité, et découvrait une dame ronde, portant une robe un peu décolletée, ornée de quelques plissés et dentelles. Sous la coiffe de veuve, le visage, qui avait dû être beau, était grêlé de cicatrices laissées par la petite vérole et n'offrait plus que le charme du regard et du sourire. Afin que celle-ci puisse tenir compagnie à Marie-Aimée, elle était venue avec sa dernière fille, Jeanne-Marie, âgée de quatre ans, née quelques semaines avant la mort de son père.

Tout d'abord réservée, Jeanne prit de l'assurance quand la conversation porta sur la défense de la religion. Le roi allait interdire les mariages entre catholiques et protestants. Déjà ces derniers ne pouvaient plus construire de nouveaux temples et, pis encore, craignant des sévices, beaucoup s'exilaient. Madame de Maintenon et Bossuet unissaient leurs influences pour endurcir le souverain. La France était un pays catholique qui ne pouvait tolérer d'autres religions que sévèrement encadrées. Pour les minorités, pas de droits, hormis celui de payer l'impôt et l'enrôlement de gré ou de force dans les armées. Tout était permis, y compris d'enlever les enfants huguenots pour en faire de bons catholiques.

Le regard de Jeanne dévoilait le vif intérêt qu'elle portait à cette matière. Monseigneur d'Arenthon, évêque de Genève, la sollicitait pour l'aider à convertir des jeunes protestantes à Gex, l'œuvre des Nouvelles Catholiques s'implantant tout particulièrement dans cette région si proche de Genève, bastion protestant. Elle hésitait, car il lui faudrait quitter Montargis pour un temps indéterminé.

Viviane l'écoutait avec attention. La flamme qu'elle voyait dans ses yeux, la vivacité de ses propos laissaient deviner un désir violent de liberté. Elle préférait courir les routes, quitter sa famille plutôt que de demeurer dans une ville, dans une maison qui ne lui avaient apporté que du malheur. Elle fuirait pour survivre. La duchesse lui avait confié que Jeanne portait un cilice, se mortifiait très durement, se fouettait avec des orties. Cette violence exercée contre soi-même horrifiait Viviane.

En dépit de son lamentable passé, Jeanne avait gardé une gaîté naïve. Mis à part la duchesse de Béthune-Charost, ses amis étaient tous des religieux. Digne, bien éduquée, elle s'exprimait avec un extraordinaire pouvoir de conviction. Viviane subissait l'attrait de cette voix claire, de ce regard de feu. Elle souhaitait la revoir, l'entendre aussi évoquer le père Lacombe pour lequel elle était prête à tout abandonner.

— Le père Lacombe est un saint homme, avait dit la duchesse à Viviane, quoique un peu exalté. Jeanne m'a lu certaines de ses lettres où il l'exhorte à prendre enfin sa vie en main, à répondre à l'appel de Dieu qui a pour elle de grands desseins. Dieu veut les réunir, il le sent, il le sait. À vous de juger.

La campagne était d'un vert tendre, tout en douceur et en lumière. Viviane appréciait cette journée dans la vieille maison de campagne de son amie. Bâtie au siècle précédent, elle comportait un corps principal flanqué de deux ailes qui abritaient une cour pavée fermée par une haute grille portant les armes des Béthune-Charost. C'était là que Marie retrouvait son mari, capitaine des gardes du corps du roi, qui était demeuré à Paris quand, après la condamnation de son beau-père, sa femme avait été exilée. Leurs six enfants les entouraient et Marie leur portait une vive affection. À Paris, avec les jeunes duchesses de Chevreuse, de Beauvillier et de Mortemart, les filles de Colbert, elles formaient un groupe uni et pieux auquel se joignait souvent madame de Miramion.

Il avait plu la veille et les nuages glissaient sur les flaques qui s'arrondissaient dans les allées serpentant entre des bosquets. Au loin, la tache encore vert pâle de la forêt barrait l'horizon.

On attendait Jeanne et sa fille pour déjeuner. Une table avait été dressée dans un petit salon dont les fenêtres ouvraient sur le jardin. Marie avait voulu un repas simple composé d'une carpe de son étang, de volailles, d'une pièce de veau, de primeurs du potager, d'une salade et de quelques desserts. Jeanne Guyon passait pour être gourmande. Marie excusait son amie : pouvait-on survivre sans s'octroyer quelques petits plaisirs ?

Au début du repas, on évoqua le beau temps précoce qui donnait bon espoir aux paysans pour leurs récoltes. Enfin la misère allait être soulagée ! Et quand Viviane fit remarquer que le roi en profiterait sans doute pour lever des impôts nouveaux en vue d'achever son château de Versailles, tout le monde garda le silence. Ni Marie ni Jeanne ne voulaient proférer de critiques contre le pouvoir royal.

Puis la conversation était tombée sur la mort récente du duc de La Rochefoucauld dont les *Maximes* avaient connu un immense succès. Il avait fréquenté les salons et était fort lié à madame de La Fayette qui avait dit :

« Monsieur de La Rochefoucauld m'a donné de l'esprit mais j'ai réformé son cœur. » Jeanne avoua avoir lu avec bonheur *La Princesse de Montpensier* et *La Princesse de Clèves* ainsi que *Le Grand Cyrus* de mademoiselle de Scudéry et *L'Astrée* de monsieur d'Urfé. Marie et Viviane, qui tenaient les romans pour pernicieux, manifestèrent un certain étonnement. Comment passer de l'*Introduction à la vie dévote* au *Grand Cyrus* ? Les ambitions, les passions exprimées par les auteurs de romans n'étaient-elles pas vaines ? Ne tournaient-elles pas la tête des naïfs ?

— Ces romans ne sont que d'innocentes distractions, se défendit Jeanne. Je préfère leur lecture à de malveillantes conversations. Il y a dans leurs pages de beaux sentiments qui rapprochent de Dieu et la peinture d'émotions trop extrêmes que l'on sait devoir fuir. Lorsque je referme ces livres, je remercie la Providence de me les avoir épargnées.

— Vous avez eu un mari cependant, s'étonna Viviane. Ne vous a-t-il donc point inspiré d'amour ?

Jeanne pâlit. Ce mot la torturait, elle ne le prononçait qu'en parlant de Dieu.

Les trois femmes et les deux fillettes partagèrent avec gourmandise les tartes aux fruits, les brioches et confitures, les pets-de-nonne. Le carême achevé, la duchesse s'autorisait à nouveau du café. On le servit dans le grand salon, tandis que les fillettes gagnaient le jardin. À cinq ans, Marie-Aimée était passée tout naturellement de l'état d'enfant abandonnée à celui de fille choyée. Elle apprenait bien ses lettres et commençait à les assembler. L'attachement que Viviane éprouvait pour elle lui rendait incompréhensible le projet formé par Jeanne Guyon d'abandonner ses deux fils et de courir les routes en compagnie d'une fillette de quatre ans qui, plus que tout, avait besoin d'un foyer où grandir en sécurité. Décidément, cette femme était bien singulière.

Marie de Béthune-Charost insista tant pour prêter sa voiture aux trois voyageuses que Viviane finit par accepter. Jeanne, qui ne comptait rester que quelques semaines à Paris, laissait Jeanne-Marie avec ses frères à Montargis et n'emmenait qu'une servante. Viviane n'en ayant point, les voyageuses étaient à leur aise dans la grosse voiture capitonnée de velours aux fenêtres fermées par des vitres. En Bretagne, on se contentait encore de coches aux ouvertures masquées de rideaux de toile ou de cuir. Nuages de poussière ou rafales de pluie faisaient passer les voyageurs par de rudes épreuves.

Durant le voyage, Jeanne avait gardé de longs silences, rompus par une intarissable verve sur la nécessité de faire passer avant toute chose l'amour de Dieu. Viviane cherchait à comprendre : lui reprochait-elle l'affection qu'elle portait à Marie-Aimée et à sa cousine, ses amitiés ? Justifiait-elle sa propre décision de laisser derrière elle deux fils âgés de quinze et six ans ? Tentait-elle de se persuader que son attachement pour le père Lacombe était négligeable ? Elle appréciait cependant la bonne chère, le vin, parlait avec satisfaction des personnages importants qui allaient la recevoir à Paris. Humble, elle était néanmoins ambitieuse, ne cherchait nullement à vivre dans l'obscurité. La duchesse de Béthune-Charost avait promis de la présenter lors d'un prochain séjour aux duchesses de Chevreuse, de Beauvillier, de Mortemart, à la marquise de Maintenon. Jeanne avait paru très satisfaite. Trop longtemps réduite au silence, elle avait la passion de convaincre, d'être considérée et peut-être admirée. Viviane l'avait interrogée : pourquoi ne pas partager sa vie entre Montargis où elle prendrait soin de ses enfants et Paris ? L'œuvre de Vincent de Paul avait grand besoin de femmes comme elle.

— Aimer Dieu, avait prononcé fermement Jeanne, et Lui seul. Les misérables satisfactions humaines n'ont aucune importance.

13

Printemps-été 1681

Dès le début de l'année avait commencé la chasse aux protestants. Dans le Limousin et le Poitou, tyrannisés, harcelés, ces derniers avaient dû héberger des dragons qui les convertissaient de gré ou de force. Trente-huit mille d'entre eux avaient cédé. En Ardèche et en Saintonge, un nombre important s'étaient exilés dans les États protestants d'Allemagne ou aux Pays-Bas. Des gravures circulaient, montrant un réformé signant son abjuration sous la menace d'un mousquet. Colbert et quelques autres s'étaient émus de cette situation, mais, encouragé par beaucoup, Louis XIV se voyait en bras de Dieu séparant les justes des maudits.

Tout lui souriait. Il avait signé un traité secret avec Frédéric-Guillaume de Brandebourg qui abandonnait son dernier allié danois et engageait le Saint Empire à ne plus participer à aucune coalition contre la France. À Versailles, les travaux s'achevaient. Philippe de Champaigne travaillait au plafond du futur salon de Mercure. Le roi aimait venir le surprendre, ainsi que Gaspard et Balthazar Marsy qui œuvraient aux stucs.

On construisait une savante machine à Marly pour alimenter les canaux et bassins, dont la salle de Bal, dite « bosquet des Rocailles », un chef-d'œuvre de pierre et d'eau.

Déjà des cérémonies avaient eu lieu dans la chapelle du château et on projetait pour la Fête-Dieu une procession grandiose entre celle-ci et l'église paroissiale. La Cour y participerait dans ses brillants atours et les couturiers travaillaient douze heures par jour à la confection de toilettes où nul détail coûteux n'était omis.

Persécutée, moquée, harcelée par la marquise de Montespan qui avait fait mettre à sac son appartement par deux ours apprivoisés – vengeance ayant excité les sarcasmes de la Cour –, mademoiselle de Fontanges, incapable de se mesurer à une telle furie, s'était éloignée. Le roi ne l'avait guère retenue. Affaiblie depuis la naissance d'un fils mort-né, accablée par madame de Maintenon qui avait été autrefois son amie, elle séjournait de plus en plus souvent à l'abbaye de Chelles, convaincue que madame de Montespan cherchait à la faire empoisonner. Une poudre suspecte avait été détectée dans un verre d'eau qu'elle avait refusé de boire et un chien était mort pour avoir mangé un morceau de brioche qu'on allait lui servir. À vingt ans, depuis son accouchement, elle souffrait d'incessantes hémorragies et on la considérait comme perdue. Il n'y avait pas une jolie femme à la Cour qui ne caressât le désir de lui succéder dans le lit du roi.

Pourtant c'était la calme, la pieuse madame de Maintenon qui semblait prendre, jour après jour, un plus grand ascendant sur le souverain. Les incessants complots des dames de la Cour n'amusaient plus celui-ci, leurs poses aguichantes le laissaient indifférent. Il était las de ces emballements qui se terminaient en drames. Auprès de madame de Maintenon, il passait des moments paisibles, sans vociférations ni larmes. Elle l'apaisait. Et sa grande piété le confortait dans son rôle de Roi Très Chrétien. Cette mission divine lui procurerait, assurait-elle, sa plus grande gloire, celle que la postérité célébrerait à jamais.

— La duchesse de Fontanges est morte hier, annonça Anne-Sophie en larmes.

Cette jeune femme douce et affectueuse l'avait touchée. Quand elles se voyaient à Versailles, elles passaient toujours un moment ensemble. Elles avaient l'une et l'autre grandi dans des provinces éloignées de Paris et étaient arrivées naïves et émerveillées à la Cour. Dame d'honneur de la princesse Palatine, Marie Angélique de Fontanges n'avait pas bénéficié comme elle de la protection d'une belle-famille influente et sévère. Papillon fragile, elle s'était donnée corps et âme à la flamme du roi, qui l'avait consumée.

Pour une fois, Gaston l'écouta. Cette mort pourrait remettre en faveur madame de Montespan. Un des derniers à la Cour, il l'avait courtisée et espérait cueillir le fruit de ses efforts. Sa nouvelle passion pour le jeu ayant entamé sévèrement son bien, il était grand temps de le reconstituer.

— Pauvre duchesse, elle n'a pas su tirer son épingle du jeu, constata Gaston. Ne la disait-on pas un peu sotte ?

— Aimer est une faillite, murmura Anne-Sophie. On dit qu'une femme amoureuse se découvre de l'esprit, je crois au contraire qu'elle devient folle.

— Si toutefois elle ne l'était déjà auparavant. Regardez madame de Montespan ou madame de Maintenon. Ni l'une ni l'autre ne perdent la tête quand leur intérêt est en jeu. Toutes deux sont résolues, opiniâtres et belliqueuses.

— Ne les comparez pas, je vous prie. L'une est une femme perdue, l'autre une grande chrétienne.

Le ricanement de Gaston impatienta Anne-Sophie. Comment pouvait-il parier encore sur le crédit de madame de Montespan ? Elle était déconsidérée et la mort trop subite de sa jeune rivale ne faisait qu'accroître les bruits qui couraient sur son compte. La Reynie avait progressé dans son enquête et la Chambre ardente possédait désormais d'épais dossiers empilés dans une armoire fermée par des cadenas.

— Laissons ces dames au diable ! lança soudain Gaston d'une voix enjouée. Elles sont bien nanties, n'est-ce pas ? Moi pas. Je dois mille livres à un ami. Me les prêteriez-vous pour quelques jours ?

— Ne comptez plus sur moi.

Anne-Sophie était décidée à prendre ses distances. Les arguments pondérés, affectueux, dénués de toute méchanceté de Viviane l'avaient convaincue. Si elle avait voulu se dévouer au bonheur de son amant, l'entourer de prévenances, lui offrir son attention constante, c'était pour se punir de n'avoir pas su aimer Charles qui, bien plus que Gaston, l'aurait rendue heureuse.

De son mari, elle avait reçu quelques jours plus tôt une lettre du Nouveau Monde confiée sur les rives du Mississippi à un trappeur, qui lui-même l'avait remise à un marin anglais dans les Carolines. Avec Cavelier de La Salle, vingt-deux compatriotes et dix-huit Indiens, il s'apprêtait à descendre le fleuve jusqu'à son embouchure. Un voyage dangereux qui permettrait d'étendre au sud les possessions françaises. Le lac Michigan, Mochigami pour les Indiens, qu'ils venaient de quitter ressemblait par son étendue à une mer intérieure. De petites communautés de trappeurs et de coureurs des bois s'étaient établies sur ses rives. Dans la seule colonie de quelque importance, Point de Sable, fondée par Jean-Baptiste de La Salle, ils avaient pu réunir les provisions et équipements nécessaires à leur long voyage. La présence française s'étendait en Amérique et ils avaient bon espoir de pouvoir remettre au roi un immense territoire.

Je n'ose penser, poursuivait-il, *qu'une femme de votre qualité puisse apprécier la frugalité de nos vies, mais je crois vous connaître cependant assez bien pour être sûr que votre curiosité serait piquée par le spectacle de cette nature sauvage et majestueuse dont, en France, nous ne pouvons avoir idée. Les Indiens, que beaucoup imaginent féroces, nous ont témoigné une amitié qui nous est indispensable, et pour ma part je préfère cent fois leur compagnie à celle de nos précieux courtisans tout de velours et de dentelle vêtus qui ne cessent de se torturer l'esprit pour plaire au roi et se nuire les uns aux autres. J'aime vous imaginer heureuse, aimée peut-être par un homme plus habile que moi à pénétrer votre cœur.*

Prenez soin de mes parents qui vieillissent seuls. Je n'ignore point que leur porte vous est désormais close, mais vous avez mille moyens de vous enquérir de leur santé et de veiller à leur bien-être. Notre chère Viviane vous remplacera auprès d'eux. Tout comme moi, elle a choisi de vivre aventureusement. Écoutez-la, elle sera toujours pour vous d'excellent conseil.

Charles terminait sa lettre en évoquant la faune et la flore qu'ils avaient découvertes sur les berges du lac Michigan. Ses descriptions faisaient rêver et, à les lire, la splendeur des jardins de Versailles s'en trouvait ternie.

Cette longue lettre avait rendu Anne-Sophie nostalgique. Que faisait-elle auprès de Gaston qui jouait, buvait et la querellait ? Était-elle aussi sotte qu'il ne cessait de l'affirmer ?

Des détails de la conduite de son amant revenaient à sa mémoire : la façon dont il levait les yeux au ciel d'un air consterné quand elle proférait ce qu'il disait être une absurdité ; le ton froid, cassant dont il usait en société avec elle afin de bien montrer à tous qu'il la tenait dans le creux de sa main ; ses remarques brèves, lapidaires et toujours cruelles sur un détail de sa tenue, de sa coiffure. Quand il la voyait décomposée, il se gaussait d'elle. Avait-elle perdu tout sens de la plaisanterie ? Chaque riposte réveillait ses sarcasmes. « Me parleras-tu comme à un enfant ? Pourrais-tu faire un effort pour me comprendre ? »

Elle était lasse, à bout de forces. C'était fini, elle ne le suivrait plus dans ses ambitions ou ses passions, comme celle du jeu qui allait le ruiner.

Tout semblait facile soudain, elle se moquait bien de ses représailles.

— Ne comptez plus sur moi, répéta-t-elle. Vous avez des amis, ils se feront une joie de vous prêter cent louis.

La gifle la fit vaciller.

— Comment osez-vous me parler sur ce ton ?

Anne-Sophie se raidit, elle pouvait être faible, pas lâche.

— Sortez, monsieur, et ne revenez plus !

— Croyez-vous, madame, qu'on se débarrasse d'un Liancet comme d'un valet ?

Après la brutalité, le ton haineux glaça la jeune femme.

— Un Liancet, balbutia-t-elle, ne lève pas la main sur une femme.

— Vous voilà donc parlant à nouveau en victime, madame, alors que je suis la vôtre ! Après la fuite de votre mari, vous m'avez pris pour meubler votre solitude, utilisé selon votre bon plaisir, entraîné chez mesdemoiselles de Scudéry et de Lenclos, deux vieilles coquettes égarées sur leur imbécile carte de Tendre. À la Cour vous n'avez jamais pris en compte mes intérêts, seuls les vôtres comptaient. Et maintenant vous voulez me voir disparaître comme Charles, m'exiler peut-être au bout du monde !

La voix aux intonations cassantes était devenue presque douloureuse. Anne-Sophie avait reculé le plus loin possible et s'était adossée au mur du petit salon.

— Je vous désire heureux sans moi, Gaston.

— Eh bien, ma chère, je souhaite quant à moi l'être à vos côtés. Je me suis donné corps et âme et ne suis pas prêt à me reprendre. Ne me poussez pas à bout. C'est mon conseil.

Il n'avait pas fallu plus de deux jours pour qu'Anne-Sophie constate que son amant n'avait pas prononcé des paroles en l'air.

Gaston l'avait menacée, elle avait peur. Bouleversée, Viviane avait écouté sa cousine implorer son aide. Le prédateur n'était pas prêt à lâcher sa proie, elle en était sûre maintenant. Anne-Sophie devait s'éloigner pour un temps. Une de leurs amies lui prêterait volontiers un petit château dans une province un peu lointaine où elle serait en sécurité.

— Gaston n'a ni amour ni respect pour toi. Il est comme l'araignée qui tisse sa toile, pique et paralyse la victime assez malheureuse pour s'être laissé prendre. Tu es sa propriété et si tu restes à Paris, tu ne lui échapperas pas !

Viviane donna quelques gouttes de laudanum à Anne-Sophie pour l'aider à dormir et coucha Marie-Aimée qui la réclamait. Plus elle réfléchissait, plus elle pensait que sa cousine devait quitter Paris. Gaston était dangereux.

Il était tard dans la nuit quand elle se décida à lire la lettre de Jeanne Guyon. En la dépliant, elle soupira. Jeanne avait quitté Montargis, sa belle-mère et ses deux petits garçons pour fuir à Gex, ne prenant avec elle qu'une servante et sa petite Jeanne-Marie. En larmes, son dernier fils, âgé de sept ans, l'avait suppliée de ne pas l'abandonner. Pour l'empêcher de franchir le seuil, il s'était même allongé devant la porte d'entrée.

Encouragée par monseigneur d'Arenthon, elle s'était installée chez les Nouvelles Catholiques. Jeanne avouait sa consternation d'avoir découvert à Gex une maison dépourvue de tout confort, de mobilier même. La chapelle ne comprenait qu'un autel et quelques bancs mal équarris. La nourriture était lourde, indigeste. Sa fille et elle dépérissaient et, écrivait-elle, en dépit de sa bonne volonté, le découragement l'avait saisie. Monseigneur d'Arenthon avait eu alors le geste amical de lui envoyer le père Lacombe comme directeur de conscience.

Leurs retrouvailles lui avaient rempli le cœur d'allégresse et un magnificat lui était venu spontanément aux lèvres. Avec lui, les épreuves se faisaient supportables, l'avenir s'éclairait. Ils avaient passé une nuit entière dans le parloir à faire mille projets pour la gloire de Dieu qui primait tout, rendait les petits tracas quotidiens négligeables. Unis, leurs cœurs avaient assez d'amour pour entraîner les âmes qui leur seraient confiées.

Un soir, ils avaient fait une promenade sur le lac. Lacombe ramait, tout était silencieux, si serein qu'ils se croyaient aux portes du paradis. Dieu était à ce point présent qu'ils s'étaient pris la main, le cœur battant, unis par leur foi jusqu'à en avoir les larmes aux yeux.

Stupéfaite, Viviane interrompit sa lecture. Dans cette relation, quelle était la part de la fraternité chrétienne et celle d'une excitation émotionnelle née de la solitude de ces deux êtres, de leur besoin d'être aimés ? Jeanne Guyon n'avait jamais caché son extrême dévotion à sainte Jeanne de Chantal, mais le père Lacombe avait-il la stature de François de Sales ? Quoique innocente dans les matières du cœur, Viviane trouvait équivoque ce trop vif attachement. Monseigneur d'Arenthon n'avait-il pas fait une erreur en les réunissant ? À moins qu'il n'ait voulu à tout prix retenir Jeanne à Gex pour s'emparer de ses biens ? L'œuvre des Nouvelles Catholiques, qui avait pris racine dans beaucoup de régions, connaissait des difficultés financières en dépit du soutien moral du roi et de Bossuet. Mais Jeanne offrirait-elle sa fortune ? Viviane la voyait empêtrée dans une situation difficile.

Dans les derniers feuillets de sa lettre, la jeune veuve exposait ses doutes, mais aussi sa joie de s'être tout entière donnée à sa vocation religieuse. Dieu lui parlait. Tout comme le père Lacombe, elle avait des rêves, des visions, se réveillait en pleurant de bonheur. Elle réfléchissait beaucoup. Sa richesse ne pesait-elle pas trop dans l'amitié qu'on lui portait ? Si elle la laissait à ses enfants, ne gardant pour elle qu'une pension, gagnerait-elle une plus grande liberté encore ? Lacombe la poussait à prendre cette décision. Il fallait se détacher des misérables satisfactions terrestres, s'envoler...

14

Printemps 1682

On ne parlait que de l'affaire des Poisons. Les noms les plus anciens de France étaient impliqués dans des accusations de meurtre par substances vénéneuses, d'usage de philtres magiques, de célébrations de messes noires où, affirmait-on, des nouveau-nés étaient sacrifiés. Madame de Montespan aurait fait boire au roi des décoctions peu ragoûtantes destinées à ranimer sa flamme amoureuse. Devant la gravité du soupçon, le roi avait réagi. Nul ne devait prononcer la moindre médisance contre la marquise. La calomnier serait déplaire au souverain à jamais. Ordre avait été donné de clore tous les dossiers. Les rumeurs devenaient hors de contrôle et mieux valait enterrer le terrible scandale. La Reynie arrêtait ses enquêtes. Finalement la marquise triomphait et s'installait à Versailles, avec faste, dans le palais, au milieu de ses enfants. En vérité, celle que le roi avait tant aimée n'existait plus pour lui.

Éblouis, accaparés du matin au soir par des divertissements, des jeux d'eau, des concerts, des ballets, des feux d'artifice, les courtisans s'entassaient tant bien que mal dans les appartements, grands ou petits, qui leur étaient destinés sans trop rechigner sur l'inconfort, la promiscuité. Il fallait être partout pour voir et être vu, obtenir une charge, plaire, écarter de son chemin les gêneurs, rabattre le caquet des ambitieux, flatter ceux qui occupaient une place importante dans l'estime du roi. Madame de Maintenon en faisait partie.

Incapable de suivre les conseils de sa cousine et de quitter Paris dans un moment aussi excitant, Anne-Sophie, qui n'avait pu obtenir ne serait-ce qu'un réduit au château, s'était vue obligée de rendre visite à ses beaux-parents pour solliciter un appartement dans leur hôtel versaillais. L'entrevue l'avait perturbée. Correct mais distant, le vieux ménage s'était enquis de la santé de leur bru avant d'évoquer Charles, dont ils venaient de recevoir une lettre. Le petit groupe de Français menés par Cavelier de La Salle et leurs guides indiens était parvenu, à l'embouchure du Mississippi, dans un territoire qui semblait immense et qu'en l'honneur du roi ils avaient baptisé « Louisiane ». On allait y fonder un village. Charles se portait bien mais ses parents montraient leur inquiétude : ne périssait-on pas là-bas de toutes sortes de maladies inconnues en France ? Charles ne parlait pas de prochain retour. Anne-Sophie savait combien ils attendaient leur fils avec impatience.

Elle avait aimé leur décrire le nouveau palais, écrin de tous les luxes et immense caravansérail où se côtoyaient badauds, domestiques, filles publiques, marchands ambulants, voleurs même – Bontemps, premier valet de chambre du roi et gouverneur du château, en avait appréhendé bon nombre –, mais s'était bien gardée d'évoquer sa vie personnelle. Gaston continuait de lui faire peur. Il ne venait plus chez elle rue des Tournelles, la quittait devant sa porte, mais suivait à cheval sa voiture lorsqu'elle sortait, s'agenouillait derrière elle à l'église. Le visage sombre, l'œil mauvais, il ne disait mot. Ce mutisme était plus insupportable que les pires invectives. Sortir de chez elle était devenu une épreuve et elle se demandait s'il la traquerait de la même façon lorsqu'elle habiterait Versailles. Elle ne pourrait bien longtemps supporter une telle situation et devait accepter de crever enfin l'abcès. De lui, elle avait reçu une seule et brève lettre : il l'aimait, elle le congédiait en dépit de toutes les promesses qu'elle lui avait faites, de ses perfides serments amoureux, toujours il avait été sa victime ; néanmoins, si elle était prise de remords, il était prêt à pardonner. Anne-Sophie avait jeté la lettre au feu. L'angoisse la tenaillait. Quand et comment parviendrait-elle à se débarrasser d'un homme prêt à tout pour lui nuire ?

Souvent elle enviait Charles, tentait de se représenter ces paysages immenses traversés par un fleuve dont la longueur était inimaginable pour des esprits européens, ces Indiens qui accompagnaient les Français. Elle voyait des bêtes étranges, une végétation luxuriante, essayait de se figurer le village qui venait d'être édifié à l'embouchure du Mississippi. Une femme blanche pourrait-elle survivre dans ce pays sauvage ? Tant de Bretons avaient fait voile vers l'aventure. Elle avait cette âme-là mais devrait se résigner à survivre dans une autre jungle plus impitoyable peut-être que celle du Nouveau Monde. Certes, les galeries de Versailles brillaient de mille feux, les décors étaient enchanteurs, mais le danger était là, derrière chaque porte, au bout de chaque corridor.

Courtisée, complimentée, Anne-Sophie se détournait des flatteurs pour rejoindre la compagnie de madame de Maintenon. Autour d'elle se réunissaient les trois filles de Colbert et leurs maris, quelques prêtres hostiles au jansénisme, monsieur de Meaux[1], lorsqu'il était à Versailles, le jeune abbé Fénelon, supérieur de l'œuvre des Nouvelles Catholiques à Paris, qui attirait les esprits par sa culture et les âmes par sa foi. Sans fuir les fêtes données à Versailles, les membres de ce cénacle les voyaient avec l'acuité d'observateurs sans complaisance. Maintes fois, Anne-Sophie avait été tentée de se confier à madame de Maintenon qui, plus que les autres, avait l'expérience des espoirs et chagrins des cœurs. La peur de paraître sotte l'avait retenue. Que pouvait lui conseiller une femme de bon sens, hormis d'envoyer auprès de Gaston de Liancet un gentilhomme ami qui lui intimerait l'ordre de cesser ses importunités ? Elle était proche du chevalier de Briare, mais celui-ci prendrait-il pour elle le risque de se faire tuer en duel ?

Avec horreur elle repoussait l'idée obsédante de se rendre chez la sorcière qui avait organisé la messe noire, non pour s'allonger nue sur l'autel, mais pour acheter un élixir capable d'anéantir son agressivité, de le rendre inoffensif et docile. Elle ne souhaitait pas

1. Bossuet, nommé évêque de cette ville.

la mort de son amant, juste le voir disparaître. Était-ce un péché mortel ?

À Gex, Jeanne Guyon et le père Lacombe voyaient se lever contre eux une campagne de calomnies. L'œuvre des Nouvelles Catholiques stagnait. Jeanne, qui supportait mal l'humidité venue du lac, passait d'une bronchite à l'autre et devait garder le lit. Ses amies la soutenaient par de longues lettres dans lesquelles elles l'exhortaient à se montrer courageuse tout en tentant de voir clair en elle-même. En dépit des souhaits de monseigneur d'Arenthon, son avenir était-il à Gex ? Certes, le prélat avait foi en elle, en sa possibilité de construire une œuvre solide, mais derrière toute sympathie soudaine, ne trouvait-on pas des intérêts particuliers ?

Un hiver rude avait jeté dans les rues de Paris une nouvelle vague de miséreux, et le roi, maintes fois sollicité, n'envisageait pas de nouvelle distribution gratuite de pain. L'insécurité, la maladie, la faim poussaient ceux qui ne trouvaient pas d'ouvrage à des actes de violence. En vain, les sœurs de la Charité tentaient de défendre les ouvriers, les gagne-deniers, les saute-ruisseau contre des patrons avides de gains. Magistrats et force armée étaient invariablement du côté des plus forts. Les grèves des confréries et des compagnonnages étaient impitoyablement brisées. De un sol, la livre de pain était passée à trois ou quatre sols, quand un ouvrier en gagnait six par jour. Les jacqueries étaient innombrables.

Par sa cousine, Viviane savait qu'à Versailles on dépensait l'or à poignées pour des bals, des comédies-ballets, des feux d'artifice, des carrousels, l'achat d'animaux exotiques pour la ménagerie, de somptueux banquets, des fêtes nautiques. Anne-Sophie l'avait entraînée dans une longue promenade à travers le parc, ses bosquets, ses labyrinthes, ses grottes à l'italienne, ses parterres d'eau, ses canaux, ses rocailles, ses jardins d'espaliers. Tout était enchanteur, un hymne à la gloire du roi. À Versailles, Louis XIV avait créé un royaume dans son royaume où tout n'était que luxe, harmonie et beauté.

Les dames qui supervisaient l'œuvre de monsieur de Paul, pour beaucoup éloignées de Paris par l'établissement de la Cour à Versailles, se réunissaient moins fréquemment. On suppléait à leur absence par un surcroît de responsabilités. Ce monde charitable suscitait l'admiration, mais briller à Versailles était l'ambition suprême. Maintes duchesses qui, auparavant, n'avaient point hésité à mettre la main à la pâte affichaient désormais une piété plus mystique. Le jeune Fénelon et surtout les ducs et duchesses de Chevreuse et de Beauvillier donnaient l'exemple de ces élans des âmes vers un univers éthéré vierge de râles, de vomissures et d'imprécations.

Viviane était préoccupée par Marie-Aimée. En grandissant, la fillette avait des moments de colère intense, des mouvements irraisonnés de rébellion. Que devinait-elle ? Les enfants de son âge qu'elle tentait de lui donner comme compagnes la trouvaient impérieuse, exclusive. Elle n'avait d'élan d'affection que pour sa mère. Une jeune personne d'excellente réputation venait lui apprendre la lecture, l'écriture, le catéchisme. Il arrivait à Anne-Sophie de s'interroger sur le bien-fondé de cette adoption. Ni femme du monde ni femme du peuple, quelle vie cette petite se verrait-elle réserver ?

En face de ces problèmes, ceux que lui narrait Jeanne Guyon dans ses longues missives semblaient bénins à Viviane.

Atteinte à nouveau d'une bronchite et alitée pour de la fièvre accompagnée de quintes de toux, elle avait reçu la visite du père Lacombe qui lui avait commandé : « Guérissez, je le veux ! » La fièvre était tombée, la toux avait cessé et Jeanne ainsi que beaucoup dans son entourage y avaient vu le témoignage d'une intervention divine. Ravies de ce miracle en pays protestant, les ursulines ne s'étaient pas privées de le clamer *urbi et orbi*. Le bruit en était arrivé à Paris et dans les milieux dévots on parlait de Jeanne Guyon comme d'une élue du Seigneur.

La jeune veuve, par ailleurs, édifiait son entourage par ses mortifications. Sacrifiée dès sa petite enfance, elle semblait se complaire dans la souffrance. À Paris, le frère Dominique de Lamotte critiquait les dépenses excessives de sa demi-sœur. Allait-elle dilapider la fortune familiale ? On s'inquiétait à Montargis et un conseil de famille s'était réuni. Il fallait la persuader de laisser ses biens à ses trois enfants pour ne conserver qu'un appréciable revenu. Impossible de laisser les cordons de la bourse entre les mains d'une telle originale.

La violence qui possédait Anne-Sophie interdisait tout raisonnement. Son esprit n'était plus qu'un arc tendu pour chasser Gaston de sa vie. La veille, il avait forcé sa porte, écarté avec rudesse le valet qui voulait lui barrer la route alors que dans son petit salon tendu de soie brochée jaune elle écrivait à sa mère. Le rapport des deux femmes était meilleur depuis le départ de Charles pour le Nouveau Monde. Un aventurier était un aventurier et sa femme n'était pas obligée de le suivre. La vicomtesse de Kerdélant pouvait maintenant parler de sa fille comme d'une épouse pleine d'indulgence envers un mari qui œuvrait au loin pour la gloire du roi de France.

Le calme régnait à nouveau en Bretagne. La récolte promettait d'être satisfaisante. On allait réparer les toitures des tourelles, une dépense non négligeable qui remettrait à un an le remplacement des deux vieux alezans qui tiraient leur voiture. Le vicomte vieillissait et était devenu presque sourd, un constant motif d'irritation pour lui. Anne-Sophie tentait de divertir sa mère en lui donnant des nouvelles de la Cour. Encore une fois, Madame la princesse Palatine avait lancé quelques mots bien sentis qui avaient piqué ou fait rire. Lully donnait de délicieux concerts, Molière divertissait, Monsieur affichait de nouveaux rubans autour de ses mollets, de nouvelles plumes à ses chapeaux, de nouvelles bagues à ses doigts. Mais ce minaudier maquillé et parfumé était un fort courageux soldat qui avait suscité l'admiration de ses troupes et la jalousie de son frère. Viviane se dépensait pour les malades, les miséreux, les orphelins. Anne-Sophie n'avait pas osé mentionner la présence rue des Tournelles de la petite Marie-Aimée.

C'est alors qu'elle évoquait son amitié pour le grand monsieur de Meaux, dévoué corps et âme à l'Église gallicane, que Gaston avait fait irruption dans sa chambre.

— J'ai ouï dire, madame, que vous avez parlé de moi en termes fort disgracieux à madame de Maintenon !

Deux jours plus tôt, Anne-Sophie s'était décidée à demander une entrevue à la marquise, qui l'avait aimablement assistée. Ce fâcheux allait être éloigné de Paris par le roi. On lui trouverait une place au loin où il pourrait à loisir soigner sa bile. Comment Gaston pouvait-il avoir eu vent de cette conversation ?

— Je parle à qui je veux !

Elle devait garder calme et assurance. La fureur qu'elle décelait en Gaston le rendait capable d'actes violents.

— Votre hypocrisie et votre perfidie me confondent. Voilà des mois que vous vous acharnez contre moi. La mesure est comble aujourd'hui.

Posément, Anne-Sophie avait replacé la plume dans l'encrier, repoussé son fauteuil. La journée promettant d'être chaude, sa femme de chambre avait laissé les volets entrouverts. Quelques mouches tournoyaient autour du lustre de cristal.

— Vous êtes une arrogante, une malfaisante, avait sifflé Gaston, mais je sais comment rabattre votre caquet.

Il l'avait empoignée par un bras, tirée hors du fauteuil.

— Qui est ton maître, ma petite ? Dis-le !

Et comme elle gardait le silence, il l'avait brutalement secouée.

— Dis-le, dis-le !

Tout était allé très vite ensuite. Il l'avait jetée sur le lit de repos, lui avait arraché son corsage, dénoué les cheveux. Un instant elle avait voulu se débattre, le mordre, mais ses mains autour de son cou l'en avaient dissuadée. Si elle voulait vivre, elle devait se soumettre.

— Hurlez, madame, appelez vos gens et je vous tue.

La douleur lorsqu'il l'avait possédée avait été semblable à celle de la perte de sa virginité, douleur physique tout autant que morale, l'impression de ne plus s'appartenir, d'être un simple objet livré à la lubricité d'un inconnu. Charles n'était pas alors un mari mais un étranger, Gaston n'était plus un amant mais un ennemi mortel. Elle se souvenait de s'être répété : « La dernière fois, la dernière fois. »

Jouissant de la faire souffrir, il avait atteint son plaisir puis, en la prenant par les cheveux, il l'avait traînée devant un miroir. Elle s'était vue échevelée, le visage altéré par le rouge à joues qui le maculait.

— Débarbouillez-vous, madame, vous êtes hideuse.

Le soleil n'était pas encore levé qu'Anne-Sophie s'était déjà habillée et coiffée seule. À sa femme de chambre, la veille, elle s'était déclarée souffrante et désireuse de se reposer sans être dérangée. Dans la maison, tous dormaient. Elle allait prendre un carrosse à cinq sols et se faire déposer à une distance suffisante de l'impasse pour que le cocher ne puisse savoir où elle se rendait. À la sorcière elle demanderait une poudre magique qui neutraliserait les ardeurs de son amant, avant qu'il soit expédié à jamais dans une province lointaine.

Le portier dormait et aurait-il seulement somnolé, il ne se serait pas alarmé. Viviane quittait parfois la maison de fort bonne heure, enveloppée comme elle l'était aujourd'hui d'une cape grise.

Il était aisé de trouver un carrosse à cinq sols, beaucoup stationnant près de la place Royale[1], attelés à des haridelles.

Le cocher la déposa au coin de l'impasse et, sans tourner la tête pour regarder dans quelle direction elle se dirigeait, dégringola de son siège et tira les chevaux vers un abreuvoir. Bien payé, il était prêt à patienter aussi longtemps qu'il le faudrait.

À cette heure matinale, l'impasse était presque déserte, seuls quelques artisans se rendaient à leur atelier, éreintés, la tête basse, un mauvais chapeau de cuir bouilli sur la tête, et une ou deux femmes allaient s'approvisionner chez les maraîchers. Quelques chats errants regagnaient leurs abris.

Anne-Sophie respira profondément pour calmer les battements de son cœur. Le jour se levait, un ciel gris-rose fermait la ruelle, coiffait les toitures de bardeaux ou de tuiles des masures qui la bordaient.

La jeune femme reconnut aussitôt la porte de planches trouée d'un judas grillagé. Elle avait peur de défaillir et peut-être aurait-elle fait demi-tour si elle n'avait deviné des yeux qui l'observaient derrière le guichet. La porte s'entrouvrit.

— Entrez vite.

Anne-Sophie distingua avec angoisse la pièce carrée au sol de terre battue. Mais la table qui avait servi d'autel avait disparu. Les quelques meubles

1. Place des Vosges.

consistaient en un buffet de pin et des chaises paillées alignées le long des murs. Au plafond pendaient des gourdes de cuir et des bouquets de plantes séchées.

— Que me vaut l'honneur de votre visite, la belle ?

La vieille femme avait une voix douce, persuasive, point du tout effrayante. D'un fichu de toile noire s'échappaient des mèches de cheveux grisonnants. Hors de cet endroit sordide, on aurait pu la prendre pour une bonne grand-mère. Elle poussa une chaise vers Anne-Sophie, qui refusa de s'asseoir. Elle voulait faire vite et s'enfuir.

La vieille l'écouta, un léger sourire aux lèvres. Oui, elle pouvait l'aider. Une poudre de sa composition et quelques gouttes d'un élixir faciles à mêler au vin transformeraient en guenille celui qui les absorberait. Il ne pourrait plus, ajouta-t-elle avec un petit rire, faire de tort aux dames. Et Dieu savait combien les hommes s'employaient à leur jouer les tours les plus diaboliques ! Elle ouvrit les portes du buffet, en tira une fiole et une bourse de toile.

— Voilà, ma chère dame. Ce sera deux louis.

C'était une somme exorbitante, mais Anne-Sophie tira les deux pièces d'une poche de sa cape où elle fourra fiole et sachet.

— Trois gouttes de l'élixir chaque jour pendant trois jours. Pareillement pour la poudre que je vous conseille de jeter dans un potage. Ni l'un ni l'autre n'ont la moindre saveur.

Anne-Sophie rabattit sur son visage le capuchon de sa cape. Tout avait été si facile... Et elle avait placé auprès de Gaston, pour lui rendre service, un de ses anciens domestiques, un Breton qui lui était resté attaché. En quels termes lui demanderait-elle son aide ? Il fallait y réfléchir.

Elle fut surprise de trouver le cocher bavardant avec un homme modestement vêtu qui n'avait l'apparence ni d'un artisan ni d'un maraîcher. En l'apercevant, l'inconnu souleva son bicorne de feutre et s'éloigna. Anne-Sophie respira. Il devait s'agir d'un simple badaud, heureux d'échanger quelques propos. Quelle indiscrétion aurait pu commettre le cocher ? Il n'avait pas vu son visage, pas un mot, hormis la direction à prendre, n'avait été échangé.

Alarmée, Viviane l'attendait rue des Tournelles. Gaston s'était présenté et était surpris de la savoir déjà sortie. En dépit de sa réticence à mentir, elle avait prétendu qu'une fête à Versailles l'avait contrainte à passer la nuit à l'hôtel de Vieilleville. Son sourire narquois lui avait fait comprendre qu'il n'en croyait rien. Sans insister, il avait tourné les talons.

Sûr désormais de l'implication de madame de Montespan dans de sordides messes noires, le roi avait pris sa décision. On avait réuni en vingt-neuf paquets les divers actes d'accusation contre des personnes suspectées d'empoisonnements ou d'ensorcellements. Seuls les dossiers concernant la marquise étaient envoyés dans des forteresses royales et ses accusateurs emprisonnés ou exilés.

Tôt un matin, Desgrez et quelques hommes non armés avaient frappé à la porte de l'hôtel d'Anne-Sophie. Un mandat d'arrêt avait été signé contre elle par le lieutenant général de police sur l'ordre du roi.

La dame Anne-Sophie de Vieilleville avait deux jours pour quitter Paris et s'établir dans une demeure sise à cent lieues au moins de la capitale. Elle était accusée de complot de sorcellerie dans le but de nuire au baron Gaston de Liancet, qui avait pu en fournir les preuves en obtenant les aveux de la femme ayant procuré poudre et élixir. Le crime, passible d'emprisonnement à vie, avait été commué par la clémence royale en bannissement.

15

1683

Ayant elle-même connu l'exil en tant que fille de Nicolas Fouquet, la duchesse de Béthune-Charost s'était montrée compatissante et avait proposé à Anne-Sophie un château qui avait appartenu à ses parents à quatre lieues de Valence, une région où les sévices contre les protestants devenaient intolérables. Leurs temples étaient détruits, leurs maisons et boutiques incendiées. Ils tentaient de s'organiser mais la présence dans leurs propres demeures des dragons du roi qui multipliaient les exactions rendait toute résistance difficile. Beaucoup prenaient le chemin de l'exil vers l'Angleterre, les Pays-Bas, la Suisse mais aussi vers le Nouveau Monde. La violence de ceux que l'on appelait les « missionnaires bottés » offrait au roi la satisfaction d'enregistrer des milliers de conversions. Le royaume de France devait être et serait uni dans la vraie foi. En vain des catholiques courageux avaient protesté. Ils étaient peu nombreux. On blâmait Louis XIV tout en courbant l'échine.

Désemparée, Anne-Sophie s'était installée tant bien que mal dans une demeure qui n'avait pas été habitée depuis des décennies. Une poignée de domestiques rustiques avait à la hâte secoué les rideaux, battu les matelas, brossé les sièges, ciré les meubles, balayé les insectes morts et passé la tête-de-loup dans les recoins, fait emplette de quelques chandelles et de denrées qui permettraient d'accueillir la dame de Paris.

La bâtisse avait été édifiée un siècle plus tôt dans un paysage enchanteur. Au-delà des prairies et des champs s'élevaient les contreforts du Massif central que l'aube et le crépuscule nimbaient d'une lumière bleutée. En prenant de l'altitude, le chemin traversait des bois de châtaigniers, de pins, des halliers touffus, refuges de nombreux oiseaux et de petits animaux. Anne-Sophie, qui ne connaissait que la région où elle avait grandi, Paris et Versailles, avait été surprise par la sauvagerie des lieux, le cadre austère qui élevait l'âme. Mais la solitude qui l'attendait l'épouvantait. Viviane avait promis de la visiter au moins deux fois l'an, ainsi que le chevalier de Briare. La duchesse de Chevreuse écrirait à quelques connaissances vivant aux environs. Mais l'hiver, les routes seraient-elles praticables ?

Ses beaux-parents avaient refusé de la recevoir lorsqu'elle s'était présentée à l'hôtel de Vieilleville pour leur faire ses adieux. Elle avait désespéré leur fils, ruiné l'honneur de la famille. Pour eux, elle n'existait plus.

En hâte elle avait envoyé une lettre à sa mère. Plus qu'un bourreau, elle était une victime et demandait son pardon. Incapable de contrôler la chaîne des événements l'ayant menée à ce moment fatal, elle avait manqué d'énergie et de fierté mais n'estimait pas avoir entaché son honneur. Seul Gaston de Liancet, qui gardait la tête haute, s'était discrédité. De tout son cœur elle espérait une réponse.

La première lettre qu'on lui avait remise venait de Viviane. Sa cousine lui disait de reprendre courage. À Paris, on ne la jugeait pas avec trop de sévérité. Chacun connaissait la morgue de Liancet, sa lâcheté, sa suffisance. On n'oubliait pas le ton qu'il prenait en s'adressant à elle, son opiniâtreté à l'abaisser. Les sœurs de sa communauté priaient chaque jour pour elle. Dieu lui imposait une épreuve qu'elle devait accepter avec patience. Elle avait l'intime conviction que celle-ci trouverait promptement son terme.

Au début de l'automne, alors qu'elle s'apprêtait à passer son premier hiver dans le Vivarais, Anne-Sophie eut la surprise de voir surgir le chevalier de Briare accompagné d'un domestique auquel il était lié depuis des années. La discrétion de ce dernier faisait taire les médisances. Briare, toujours joyeux et serviable, ne comptait par ailleurs aucun ennemi.

Dans cette région sauvage et montagneuse, l'automne nimbait les forêts d'une rousseur flamboyante. Tous les jours et par tous les temps, Anne-Sophie s'obligeait à faire une longue promenade, escortée de sa femme de chambre parisienne qui, haïssant la campagne, était immanquablement d'une humeur exécrable. Un valet les suivait. De retour au château, elle lisait ou écrivait jusqu'à l'heure du souper, servi de bonne heure, comme il était d'usage en province.

L'arrivée impromptue de son ami bouleversa cette apaisante monotonie. Un vent de gaieté se mit à souffler dans le château. Outre deux malles, son valet et son chien, Briare apportait avec lui tant de nouvelles de Versailles qu'il fallut plusieurs jours pour les narrer toutes. Les pieds aux chenets, sa tabatière à portée de main, son épagneul couché à ses pieds, son ami jouissait de l'intérêt passionné qu'Anne-Sophie prêtait à ses histoires. Il appréciait cette femme pour son absence d'égotisme, qualité rare à la Cour, sa volonté, un charme fait de simplicité et de distinction. Ni arrogante ni familière, elle était pour lui celle qu'il aurait pu aimer si son goût l'avait porté vers les femmes. L'un comme l'autre se plaisaient à un fleuretage sans arrière-pensée qui ne leur procurait que du bonheur.

La nouvelle qui passionnait la Cour était l'inclination du roi pour madame de Maintenon, sentiment qu'il parvenait à peine à dissimuler. Il lui avait offert un bel appartement composé de deux antichambres, une grande chambre et une autre plus petite, ouvrant comme le sien sur l'escalier de marbre. Il suffisait au roi de traverser la salle des gardes pour lui rendre visite.

Madame de Maintenon, pourtant si modeste et discrète, n'avait pas lésiné sur la dépense pour aménager son nouveau logis : damas, passementerie de fils d'or, velours cramoisi, lit quasi royal. On ne pouvait s'y tromper, elle était bien la nouvelle favorite que la mort subite de la reine avait hissée au premier rang. Avec Bossuet – monsieur de Meaux –, le père de La Chaise, confesseur du roi, les duchesses de Chevreuse, de Beauvillier et quelques autres, elle formait une coterie de dévots qui avait pour objectif de faire revenir le roi à la pratique religieuse. Que ce fût l'effet de l'âge ou d'une intervention du Saint-Esprit, celui-ci avait retrouvé la foi et d'irréprochables mœurs. Épouserait-il morganatiquement la marquise ? Ce mariage avait-il déjà eu lieu ? Beaucoup le prétendaient, nul n'avait de preuves.

Anne-Sophie était sur des charbons ardents. Le roi marié à madame de Maintenon ? Si vite après le décès de la reine ? Était-ce possible ?

— L'ultime rebondissement d'une longue histoire, remarqua Briare.

Sitôt la Montespan disgraciée, le roi n'avait plus caché son attirance pour une femme qui était dotée d'un caractère opposé à celui de sa tumultueuse maîtresse. Mais l'une comme l'autre avaient en commun beaucoup d'ambition et une volonté de fer.

— Cette dame ira loin, nota le chevalier, elle a mis Dieu de son côté !

Anne-Sophie avait de l'estime pour la marquise. Elle la jugeait droite, sincère, mais désormais assise sur un demi-trône, elle devrait s'y installer aussi fermement que possible et éviter coûte que coûte de provoquer le roi. Jamais Louis XIV n'avait accepté que l'amour porté à autrui puisse l'emporter sur l'estime qu'il avait de lui-même. Une femme, même chérie, devait lui plaire et, pour lui plaire, accepter d'abdiquer toute volonté. Pleurer la reine était de mauvais ton. On l'avait déjà oubliée, tout comme Colbert dont la mort n'avait pas frappé la Cour plus longtemps que le roi n'y avait été sensible. Son fils, Colbert de Seignelay, avait pris aussitôt son poste à la tête de la marine royale et à celle de la maison du roi.

Éloignée, recluse, disgraciée, Anne-Sophie était beaucoup plus vivement frappée par ces nouvelles que si elle était demeurée à Versailles. Les craintes, espoirs, vanités, ambitions de ceux qui composaient la Cour lui apparaissaient si clairement qu'elle les ressentait au plus profond d'elle-même. Était-ce possible qu'elle ait fait partie de ce monde-là ?

— Parle-t-on encore de moi ? demanda-t-elle un soir à son ami.

— Certains ne vous oublient pas. En déshonorant la fille d'un riche bourgeois qui a porté plainte, Liancet a perdu tout crédit. Il n'est plus reçu à Versailles. Soyez patiente, mon amie, dans moins d'un an vous serez de retour et madame de Maintenon ne vous montrera point d'hostilité. Si elle plaide votre cause auprès du roi, et je crois qu'elle le fera, il oubliera votre malencontreuse affaire. Mais prenez garde : pas de liaison tapageuse, pas même d'amourette. Madame de Maintenon tient à une conduite vertueuse.

— Je souhaite le retour de mon mari, lui confia Anne-Sophie.

De Charles, elle n'avait aucune nouvelle. Était-il toujours en Louisiane ou sur le chemin du retour ? S'il regagnait la France, le reverrait-elle ?

La lettre arriva de Paris le lendemain du départ de Briare : Charles était mort de la fièvre jaune, juste avant que Cavelier de La Salle n'annonce qu'il rentrait en remontant le fleuve Illinois où il avait fondé un fort, la Roche affamée. Le mot, bref, était de son beau-père. Elle devait comprendre que, veuve, elle serait moins que jamais la bienvenue chez eux.

Deux jours plus tard, un courrier lui remettait un pli de Bretagne : son père venait de revenir à Dieu.

Il s'était éteint dans les bras de sa femme sans jamais mentionner le nom de sa fille.

On trouva Anne-Sophie assise par terre, recroquevillée dans un coin de sa chambre. Il fallut deux hommes pour la porter dans son lit. Elle ne parlait plus, refusait toute nourriture.

Deux lettres attendaient Viviane rue des Tournelles à son retour de l'Hôpital général. Sur l'une, elle reconnut l'écriture de Jeanne Guyon, l'autre lui était inconnue. Elle décacheta d'emblée la première.

Ma sœur dans le Christ,

Après avoir pris la décision de quitter Gex pour Thonon, j'ai besoin de m'épancher auprès d'un cœur ami. Tout a été difficile pour moi ces derniers temps, on m'a critiquée, on a mis en doute la pureté de mes intentions. L'œuvre des Nouvelles Catholiques ne me convenait pas. Rien n'y était sincère, on n'y décelait aucun élan de l'âme ou du cœur. Je m'y desséchais.

Vous n'êtes pas sans savoir que ma fortune appartient désormais à mes enfants, je jouis d'un revenu certes confortable mais qui, n'attirant plus les convoitises, me rend soudain importune à ceux qui, voilà peu de temps encore, n'avaient pas assez de miel dans la voix pour me complimenter.

Si je n'avais auprès de moi le père Lacombe, je douterais de la sincérité humaine. Cet homme est ma force, ma solidité, mon refuge. Nous avons les mêmes battements de cœur, le même souffle, un enthousiasme semblable à chercher et trouver Dieu. Il est plus avancé que moi sur le chemin, mais m'exhorte et me complimente. Croyez-moi, ma chère amie, lorsqu'il prie il ressemble à un ange.

La médisance nous a obligés à renoncer à des joies innocentes comme nos promenades en barque sur le lac. Les cœurs impurs sont de la boue qui trouble l'eau la plus transparente. Sa main dans la mienne était celle de Joseph attachée à Marie.

On m'avait proposé, comme vous ne l'ignorez pas, de me nommer supérieure des Nouvelles Catholiques. Supérieure après quelques mois dans le couvent, alors qu'on demande trois années à une novice avant de s'engager ! On avait bien endoctriné mon pauvre Lacombe pour qu'il parvienne à me convaincre, mais avec l'aide de l'Esprit saint mon cher père résista. Nous fûmes aussitôt mis au ban de la société. Comme il allait prêcher le carême dans la région d'Aoste, j'ai pris la décision de quitter les Nouvelles Catholiques et de m'établir chez les ursulines à Thonon où j'ai placé ma fille.

J'y suis et la paix m'y attendait, le silence dans lequel je peux fuir le monde pour me réfugier en Dieu.

Vous m'avez inspiré la charité chrétienne et je m'emploie à fonder un hôpital qui, à Thonon, pourra secourir les malades, les infirmes et les personnes qui vivent dans la rue. Le père Lacombe me seconde de tout son cœur et je crois qu'avec l'aide de Dieu et les bonnes volontés qui ne cessent d'affluer, nous atteindrons le but que nous nous sommes fixé. Priez pour moi et donnez-moi vos conseils. Je les suivrai tous avec le plus grand respect.

Hormis cette œuvre qui m'est chère, je fuis les tracas de la vie quotidienne pour prier. À vous que je tiens pour une sainte personne, je peux faire une confidence. Notre monde ne compte pas pour grand-chose, peut-être est-il même une simple illusion. Je ferme les yeux et j'oublie tout, je redeviens petit enfant sans jugement, sans volonté autre que celle de mes parents. J'écris en ce moment un texte, Le Moyen court et très facile de faire oraison, *qui permettra à beaucoup de quitter le minuscule, l'insignifiant, pour rejoindre l'admirable et le grand. Je vous l'enverrai aussitôt que je l'aurai achevé.*

Viviane fronça les sourcils. Elle se méfiait des épanchements des cœurs mystiques, et cependant cette femme la touchait. Pourquoi étaient-elles liées l'une à l'autre ? Parce que Jeanne était une veuve qui toujours avait été mal-aimée, et elle-même une orpheline recueillie par charité et vouée au célibat ?

Elle posa la lettre pour décacheter l'autre pli. Quelques lignes seulement y avaient été écrites visiblement à la hâte : dans son château perdu au milieu de la forêt, Anne-Sophie se laissait dépérir.

16

Automne 1685

À son arrivée dans le Vivarais, Viviane avait douté de pouvoir redonner à sa cousine le goût de vivre. Absente, inerte, à peine Anne-Sophie s'était-elle aperçue de la présence de sa confidente. Seule Marie-Aimée avait pu lui arracher l'ombre d'un sourire. Sortie enfin de sa léthargie, elle ressemblait à un animal blessé. Tout ce qu'elle entreprenait, répétait-elle, était voué à l'échec. Elle portait malheur.

Sans jamais la bousculer ni la heurter, Viviane lui avait parlé. Le vrai malheur, elle le côtoyait chaque jour. Autour d'elle dépérissaient des enfants, les « poussières de la rue » comme certains les nommaient, erraient des fantômes affamés d'un geste de tendresse, d'une oreille compatissante, des êtres qui n'avaient jamais eu un toit au-dessus de leur tête, un vrai repas servi dans une assiette. L'échec d'Anne-Sophie ? Il avait été le fruit de son refus d'écouter Charles, de le comprendre, de lui parler, un entêtement puéril qui avait verrouillé la porte de l'amour. Les souffrances causées par sa relation avec Gaston ? La conséquence d'une fausse humilité qui n'offrait que trop de points communs avec l'orgueil. Elle s'était trompée et avait refusé de l'admettre, se punissait en se flagellant comme ces chrétiens sûrs que, s'ils torturaient leur corps, Dieu les aimerait davantage. Il y avait en elle un grand potentiel d'amour et de générosité qu'elle n'avait jamais su exprimer. Pâle, le visage crispé, Anne-Sophie l'écoutait.

— J'ai accueilli Marie-Aimée, avait-elle un jour murmuré, et je fais la charité.

— Par peur de l'enfer, avait riposté Viviane, pas par amour.

La fin du mois de septembre était paisible. Elles avaient fait quelques promenades avec Marie-Aimée. Suivant les allées forestières qui traversaient une vaste châtaigneraie à travers laquelle le soleil montant jetait des fils de lumière, elles cheminaient à petits pas. À l'orée du bois, des sarments de vigne tordus portaient des grappes violettes qui, pressées, fournissaient un vin aigrelet. On allait bientôt vendanger et dans cette austère contrée, ce seraient quelques jours de fête conclus par un repas pris en commun où l'on servirait en abondance du gibier braconné sur les terres de la duchesse que l'on ne voyait jamais. Dans les hameaux alentour, on savait qu'une dame de Paris séjournait au château, une catholique sans aucun doute. Dans ce pays protestant, on ne désirait pas la voir. Aurait-elle traversé le village, nul ne l'aurait saluée.

Jour après jour, Anne-Sophie reprenait goût à la vie. Elle acceptait maintenant les baisers de Marie-Aimée, les étreintes affectueuses de sa cousine. Coiffés sans tenir compte de la mode, ses cheveux tombaient librement en boucles sur ses épaules et le manque de tout apprêt, de blanc de céruse pour éclaircir le teint, de rouge pour enflammer les pommettes et les lèvres, la rajeunissait.

Viviane l'avait quittée à l'aube de l'hiver en lui laissant l'enfant. Elle allait s'employer à faire lever l'édit de bannissement et, avec l'aide de ses amies, avait bon espoir de réussir.

Le roi avait signé sa grâce au printemps 1685 et Anne-Sophie avait aussitôt rejoint Paris où ses amies, mesdemoiselles de Scudéry et de Lenclos en particulier, lui avaient ouvert les bras.

Sa première apparition à Versailles lui avait procuré une vive émotion. Dans cet immense palais, il semblait que rien ne serait jamais achevé. On agrandissait l'aile du nord, aménageait les communs, de nouveaux appartements avec des couloirs secrets qui permettraient de communiquer incognito. Le parc paraissait plus magnifique encore. Les arbres prenaient une hauteur majestueuse. Les longues allées se faufilaient entre les bosquets, offrant toutes des perspectives qui charmaient le regard des promeneurs, là un bassin, ici une statue ou un kiosque où l'on pouvait s'asseoir. On marchait à l'ombre dans le parfum d'un sous-bois ou au grand soleil au milieu de savants parterres de fleurs. Presque achevée, la machine de Marly allait permettre d'offrir des cascades plus abondantes encore, des jeux d'eau à l'infini.

Entre les promenades, les repas et concerts dans le parc, les invitations à Marly, l'été s'était évanoui comme un rêve. Dès le début de l'automne, la lumière était devenue une impalpable poussière tombant des branchages, drapant les bosquets comme une mousseline légère. Dans les parterres s'épanouissaient des cyclamens de Perse, les dernières roses, des asters étoilés pourpres plantés parmi les sauges d'un bleu violet, de délicats lys des Cafres, des hélianthes d'un jaune d'or, chaque plante parfaitement à sa place, éclatante et digne comme le souverain venu les admirer au cours de ses promenades.

Lorsque Anne-Sophie était revenue au palais pour la première fois, le roi s'était contenté d'incliner la tête. Il la reconnaissait et l'admettait de nouveau à sa cour. Par ce simple signe, tout était dit.

Madame de Maintenon lui avait fait plus chaleureux accueil. Toujours discrète, elle avait pris une grande assurance et il était clair que chacun cherchait à lui plaire. Qu'elle fût devenue l'épouse morganatique du roi était désormais certain.

Mais plus que sa gloire à la Cour, la préoccupation de la marquise était la prochaine ouverture de la Maison royale de Saint-Cyr dont les travaux supervisés par Jules Hardouin-Mansart s'achevaient. Madame de Maintenon, qui veillait à tout, avait voulu des dortoirs clairs et aérés avec des lits point trop douillets pour les futures pensionnaires, dont certaines jouissaient déjà d'une éducation payée par le souverain au château de Noisy-le-Roi. Autour de l'imposant bâtiment à l'architecture dépouillée, on aménageait des jardins, une pièce d'eau, des charmilles où les jeunes demoiselles pourraient se délasser. Les pièces communes, la chapelle offraient de l'harmonie sans magnificence exagérée. Avec la future directrice, son amie madame de Brinon, la marquise de Maintenon avait engagé des dames éducatrices présentant toutes de hautes qualités pédagogiques et morales. Ses protégées seraient entre de bonnes mains. Il était bien entendu que la base de l'enseignement qui leur serait délivré serait de connaître Dieu et la religion catholique, seule capable de leur donner l'amour de la vertu ; viendraient ensuite les leçons d'écriture, de lecture, d'arithmétique, de latin, de dessin, de chant, de musique, d'histoire et de géographie, selon l'âge des élèves et leur avancement dans les études.

Si l'on voulait plaire à madame de Maintenon, force était de s'intéresser à ce projet auquel elle consacrait l'essentiel de son temps. Ses amis lui permettaient de faire face avec sérénité aux humeurs changeantes du roi, à ses exigences, à ses propos parfois blessants.

Loin de Versailles, Jeanne Guyon devait affronter une situation qui ne cessait de se détériorer. Après s'être installée à Thonon où le père Lacombe l'avait rejointe, des cabales, de mauvais ragots, de pernicieuses critiques de ses livres, *Le Moyen court* et *Les Torrents spirituels*, l'avaient forcée à plier bagage en toute hâte, et tandis que l'évêque faisait expulser Lacombe de son diocèse, elle s'était réfugiée à Turin chez la marquise de Pruney qui attendait avec impatience une dame dont on vantait les expériences mystiques.

Ravie de son accueil, Jeanne avait espéré avoir enfin trouvé un havre de paix et l'installation dans le Piémont de Lacombe, en compagnie duquel elle avait fait le voyage avec sa fille et une servante, avait parachevé son bonheur. Elle allait pouvoir s'employer à enseigner, à convaincre, à convertir, à exprimer ses convictions : Dieu était tout, l'homme rien ; mais un être ne pouvait avoir accès à son Créateur qu'en se livrant sans limites, sans obstacle, sans autorité étouffante. Peu à peu, le père Lacombe et elle-même étaient arrivés à la conviction que les hommes devaient s'élancer librement vers l'Amour, comme les fleuves courent vers l'océan. C'était cette indépendance de pensée qu'on lui reprochait. La franchise d'expression dont elle avait usé dans ses livres l'avait fait bannir de Thonon. Sa joie d'écrire était si grande, elle la libérait de tant de souffrances qu'elle se portait mieux depuis qu'elle s'y livrait. Un élan irrésistible la poussait à sa table de travail, l'y maintenant pendant des heures. Elle ne revenait jamais en arrière pour se relire, ne corrigeait rien.

Son voyage de Thonon à Turin avec le père Lacombe avait provoqué des torrents de calomnies. La bonne marquise de Pruney en ayant eu vent, celle-ci lui battait froid désormais.

Quelle infamie n'a-t-on pas prononcée sur notre compte, écrivit Jeanne à Viviane, *quelles insinuations détestables ! Les hommes ont le cœur bien noir, mon amie, pour formuler de telles accusations. Le père Lacombe et moi sommes frère et sœur dans le Christ, liés par une affection inaltérable qui nous a permis de traverser de multiples épreuves. Sans lui, peut-être n'aurais-je pas survécu à mon séjour à Gex qui ne correspondait en rien à ce que j'en espérais. J'allais mourir, il m'a guérie. À Thonon, nous nous sommes employés à suivre ces préceptes : fonder un hôpital, donner un asile aux malades, aux infirmes, aux vieillards abandonnés. J'y ai investi une grande part de mes revenus et des heures de mon temps. Et en dépit d'une conduite que je pensais inattaquable, l'évêque, monseigneur d'Arenthon, me causa mille tourments en me reprochant mes deux ouvrages* Le Moyen court *et* Les Torrents*, remplis, prétend-il, de dangereuses théories. Cet homme me poursuit d'une rancune incompréhensible car je ne lui ai jamais causé de tort. Convoitait-il ma fortune, comme Lacombe me l'assure ? Je ne peux le croire.*

Viviane partageait l'avis du père Lacombe. Monseigneur d'Arenthon, qui n'était point un saint, avait bel et bien détecté dans cette jeune et opulente veuve une source financière capable de faire aboutir ses projets, dont celui de marier avantageusement, le temps venu, un neveu avec la petite Jeanne-Marie. La voir écorner sa fortune pour fonder un hôpital, œuvre dans laquelle il n'avait aucun intérêt particulier, alors qu'elle s'était montrée chiche envers la communauté des Nouvelles Catholiques, avait aigri le prélat. Puisque cette femme n'en faisait qu'à sa tête, elle pouvait bien aller au diable.

Jeanne avouait qu'à Turin elle se serait sentie pleinement heureuse si la marquise, son hôtesse, n'avait assez soudainement changé d'attitude à son égard. Quelle femme avait-elle espéré rencontrer ? Une prophétesse, une nouvelle Thérèse d'Ávila ? Certes, il lui arrivait d'avoir des songes prémonitoires, des visions durant les moments où, l'esprit vide, le corps inerte, comme paralysé, elle se donnait tout entière à Dieu, mais ces moments indicibles lui procuraient un bonheur qu'elle ne pouvait partager. Seul le père Lacombe en avait connaissance.

Autour du château de Pruney, le paysage était charmant. Des cyprès émergeaient d'une terre ocre où paissaient des moutons dans la forte odeur des herbes sauvages. Reine d'une société très policée, la marquise tenait table ouverte autour de laquelle se côtoyaient prélats, supérieurs d'ordres religieux, notabilités locales et aristocrates des environs. On parlait de la triste nécessité d'anéantir les hérésies, du bombardement de Gênes par les Français, d'ouvrages littéraires pieux. Aucun des convives ne lisait de romans ou de pièces de théâtre, considérés comme diaboliques. Jeanne gardait pour elle son goût pour les contes et les récits héroïques.

Sa surprise avait été immense de voir surgir un après-dîner son fils aîné Armand Jacques, arrivé de Montargis. La marquise de Pruney l'avait accueilli aimablement, étonnée de découvrir cet homme austère, au visage grêlé par la petite vérole, qui s'adressait sans la moindre marque d'affection à sa mère. Avec lui, un malaise avait investi le château. On ne pouvait faire semblant d'ignorer que la sainte madame Guyon avait abandonné ses deux fils, le plus jeune encore enfant, en s'enfuyant de Montargis cinq années auparavant avec sa petite Jeanne-Marie, une fillette pâle et silencieuse qu'on prenait en pitié. Sa grand-mère étant décédée, Armand Jacques était venu chercher une mère qui semblait fort peu encline à regagner l'Orléanais. Lacombe était intervenu. Elle devait suivre son fils. Le père barnabite, bien accueilli dans le Piémont, voyait d'un bon œil l'éloignement d'une amie qui avait attiré sur lui beaucoup d'embarras et de calomnies. Associé étroitement à Jeanne, il subissait les conséquences des inimitiés qu'elle avait suscitées par ses paroles et ses écrits. Certes, elle était la personne qu'il admirait le plus au monde, mais tout autant qu'à elle, il se devait à sa communauté, à sa réputation. Le père supérieur l'autorisait à l'accompagner jusqu'à Grenoble. Voulait-on être sûr, à Verceil comme à Turin, qu'elle avait bien regagné la France ?

On attendait avec impatience Jeanne à Grenoble. Une petite communauté qui connaissait sa réputation de mystique et avait lu ses livres brûlait de la recevoir.

Je quitte Turin et la marquise de Pruney, écrivit Jeanne à Viviane, *mais ne compte pas aller jusqu'à Montargis. Armand Jacques aura mes instructions en ce qui concerne la succession de ma belle-mère. Je n'ai plus rien à faire dans cette ville. En rêve, j'ai vu Grenoble comme un havre de paix. Je m'y rends donc le cœur content et espère m'y établir aussi longtemps qu'il plaira à Dieu de m'y maintenir.*

J'ai vu partir le père Lacombe sans trop de chagrin, expliquait-elle dans une autre lettre. *J'ai ici une mission à accomplir. Lacombe est un saint homme mais il est faible, trop sensible. Le monde du surnaturel où je me sens chez moi lui fait peur. Si nous devons nous séparer pour un temps, la prière nous gardera unis.*

Viviane faisait lire désormais à Anne-Sophie les lettres de Jeanne. Celle-ci restait songeuse. Sa cousine, madame de Maintenon, les ducs et duchesses de Chevreuse, de Beauvillier, les duchesses de Mortemart, de Béthune et bien d'autres vivaient dans ce que tous nommaient le « Siècle de Dieu ». Pour oublier l'étouffant absolutisme du roi ? Pour pouvoir s'exprimer dans un pays où tout propos était écouté, rapporté, et pouvait détruire celui ou celle qui l'avait colporté ? Le monde exalté et clos de ces pieuses personnes n'était pas le sien. Dans le Vivarais, elle avait goûté à une liberté acquise dans la douleur et n'était pas prête à s'en priver. Ni pour le roi ni pour Dieu.

17

Été 1686

Tandis que le sud de la France était dévasté par une invasion de sauterelles, la Cour se préparait à se rendre à Saint-Cyr où le roi devait inaugurer la Maison royale avec madame de Maintenon. Apothéose de celle qui s'était imposée comme sa compagne, avait triomphé de ses maîtresses et de ses passades, avait contraint au silence madame de Montespan, son ancienne amie et protectrice, désormais tout juste tolérée à la Cour à titre de mère des princes et princesses légitimés : le duc du Maine, mesdemoiselles de Nantes et de Blois, le comte de Toulouse.

Cette longue bataille que madame de Maintenon avait menée en faveur de l'éducation des filles était une épuisante victoire. Le fonctionnement de l'institution avait été parfaitement organisé par ses soins et ceux de madame de Brinon. Le décor des dortoirs, les costumes des pensionnaires étaient confectionnés ainsi que celui des dames de Saint-Cyr, l'emploi du temps minutieusement arrêté et prêt à être respecté dès l'emménagement des demoiselles, qui arriveraient en carrosses de Noisy-le-Roi où elles demeuraient jusqu'alors, escortées par les gardes suisses. Charmilles, cabinets de verdure, bosquets où l'on avait installé des escarpolettes allaient être visités par Louis XIV en personne.

— Si tu croises monsieur Colbert de Seignelay, remets-lui ce placet, supplia Viviane. J'ai écrit maintes lettres demeurées sans réponse. Il me faut désormais interpeller directement le secrétaire d'État à la Marine.

— Ce sera fait, promit Anne-Sophie en montant dans le carrosse.

Elle connaissait le motif des efforts de sa cousine. Viviane était révoltée par l'injustice exercée envers les galériens qui avaient accompli leur peine. Après des années d'une existence passée dans des conditions atroces, on ne les libérait pas. Le roi avait besoin de sa chiourme et si les nouveaux condamnés n'étaient pas en nombre suffisant pour remplacer les anciens, ceux-ci restaient aux chaînes. Elle avait envoyé en vain de multiples suppliques à des magistrats, des parlementaires comme Achille de Harlay, Guillaume de Lamoignon, à Nicolas de La Reynie, lieutenant général de la police. Seul l'évêque de Marseille avait pris la peine de répondre et d'exposer que ces malheureux recevaient des secours, qu'on les visitait, qu'on transmettait des nouvelles à leurs familles. Il connaissait les abus mentionnés mais n'avait pas le pouvoir d'y mettre un terme. L'arrivée récente d'un nombre important de protestants permettait d'entrevoir l'élargissement de certains ayant purgé leur peine, mais on parlait d'autres guerres pour lesquelles on construisait de nouvelles galères... Ils étaient cinquante mille et on avait besoin d'au moins soixante mille rameurs.

Comment, dans ces conditions, parler de justice, ou de compassion chrétienne ?

Durant cette journée ensoleillée, la bonne humeur, la simplicité furent de mise. On s'était vêtu comme pour une promenade à la campagne, sans falbalas ni éclatants bijoux. Certaines dames qui voulaient plaire portaient ostensiblement des rubans aux couleurs de Saint-Cyr. Une collation servie dehors réunit les pensionnaires un peu intimidées et les courtisans. Bon enfant, le roi accepta de lever son verre au bel avenir de l'établissement, avant de remonter en carrosse, laissant madame de Maintenon reine de la journée.

Louvois l'attendait pour lui faire signer une lettre destinée au marquis de Boufflers. Celui-ci devait éradiquer l'hérésie à Bordeaux et à Montauban. Dans le Languedoc, le duc de Noailles recevait les mêmes consignes. Tous les moyens, tortures, exactions, intimidations, étaient autorisés pour obtenir des conversions.

Alors que chacun regagnait sa voiture pour souper au château, la duchesse de Chevreuse s'empara du bras d'Anne-Sophie.

— Venez là, ma chère, je veux vous présenter un gentilhomme de mes amis.

À deux pas se tenait un homme d'un certain âge, vêtu avec simplicité. Il avait dû être beau autrefois car son visage conservait des traits réguliers. La douceur et l'intelligence du regard frappèrent Anne-Sophie.

— Le comte de Perret, précisa la duchesse. Il est pour mes amis et moi-même un grand soutien dans nos œuvres charitables.

Le comte posa les lèvres sur la main d'Anne-Sophie. Pour la première fois depuis sa rupture avec Gaston, le contact physique d'un homme ne lui était pas odieux.

— Vous vous apprêtez, je le vois, à faire une promenade, remarqua le comte de Perret. Me permettriez-vous de vous accompagner ?

En septembre, l'ambassade du roi de Siam, Phra Naraï, avait impressionné la Cour. En cette belle fin d'été, un concert et des jeux d'eau avaient été ordonnés dans le parc afin de persuader ces êtres extraordinaires de la magnificence de Louis XIV, d'une toute-puissance aussi qui saperait les ambitions commerciales des Hollandais en Extrême-Orient. Entre la Chine et l'Inde, le Siam s'imposait comme un précieux allié. Tous les voyageurs en revenaient éblouis par le raffinement de sa civilisation, le nombre de ses lettrés, surpris par la tolérance de son gouvernement envers les diverses religions, son respect pour toutes les formes de la vie.

Pour la circonstance, Louis XIV avait fait sortir du garde-meuble le mobilier d'argent, fait dresser une estrade royale couverte de tapis de Perse à fond d'or où il trônerait comme le représentant de Dieu sur la terre.

Sur l'estrade royale décorée de flambeaux d'argent se trouvaient le Dauphin, les ducs de Chartres, de Bourbon, du Maine et le comte de Toulouse.

Au nombre de trois, escortés de huit mandarins et de vingt domestiques, les ambassadeurs du roi de Siam n'étaient pas arrivés les mains vides. Outre une lettre enfermée dans trois boîtes, la plus petite en laque du Japon, la deuxième en argent et la troisième en or massif, ils allaient offrir au roi de France des aunes de soieries aux couleurs de pierres précieuses ou nacrées comme des perles, des statuettes d'ivoire représentant des animaux étranges, des parfums aux senteurs d'épices, des saphirs gros comme des œufs de caille.

Mille cinq cents courtisans se pressaient dans la galerie des Glaces, certains juchés sur des tabourets ou des chaises pliantes. Ils avaient fait assaut de luxe et, pour être à la hauteur des plus nantis, beaucoup avaient entamé des revenus censés les faire vivre pendant plusieurs mois. De leurs cassettes, les femmes avaient sorti de somptueux colliers de perles, des pendants d'oreilles, des bracelets, des agrafes de diamant, les hommes avaient fait coudre à leurs vestes des boutons d'or, de nacre ou de pierres précieuses.

Royal, mais visiblement impressionné par ces nobles aux chapeaux pointus avançant vers lui les mains pressées l'une contre l'autre au-dessus de la tête, Louis XIV s'était découvert, un honneur que les ambassadeurs devaient identifier comme une marque de grande considération. Récemment fiévreux et souffrant d'une fistule, le roi ne laissait rien paraître de ses malaises. Avec attention il observait les coiffes coniques faites de mousseline cerclées de couronnes d'or, signes de noblesse. De ces couronnes émergeaient des fleurs au cœur de rubis, des feuilles d'or si légères que le moindre souffle les faisait frémir. Surpris et un peu embarrassé, le roi les vit, parvenus devant le trône, se prosterner le front contre le sol, avant de sortir à reculons de la galerie.

Le soir, on tira dans le parc un feu d'artifice, avant la cascade des grandes eaux suivie d'un médianoche servi dans les bosquets. Des berceaux soigneusement taillés où les tables étaient dressées montaient des odeurs de rose et de réséda. Sur les nappes damassées d'argent s'amoncelaient fruits, pâtisseries et confiseries au milieu de bouquets de lys et de fleurs de la Trinité assemblés dans de hauts vases de vermeil. Derrière les bosquets, des orchestres jouaient des sérénades à la mode que les ambassadeurs siamois semblaient vivement apprécier. Portant de longues robes chamarrées d'or, des pantoufles incrustées de saphirs et de rubis, ils gardaient une impénétrable dignité, refusaient le vin et s'inclinaient profondément devant quiconque leur souhaitait la bienvenue.

Anne-Sophie et Vincent de Perret s'étaient assis sur un banc au pied d'une statue de Mercure prêt à prendre son envol. Un sentiment inhabituel unissait Anne-Sophie à cet homme vieillissant qui ne cessait d'avoir pour elle de touchantes attentions.

Spirituel et cultivé, élégant sans tomber dans le ridicule de certains courtisans dont les vêtements disparaissaient sous les nœuds de rubans et les dentelles, très chrétien sans bigoterie, il avait pris une grande place dans l'esprit de la jeune femme. Chaque jour ou presque, il venait lui rendre visite, un bouquet de grenadines, ses fleurs préférées, à la main. Pressée par lui, elle avait enfin consenti à évoquer les désastres de sa vie, l'échec de son mariage avec Charles, sa disparition au bout du monde, puis sa propre relation dans la souffrance et l'humiliation avec un homme qui avait suscité en elle une violence dont elle se serait crue incapable.

Elle reconnaissait aujourd'hui avoir souhaité sa mort.

— Ne regrettez rien, avait-il prononcé un soir où ils se promenaient dans le petit jardin de la maison de la rue des Tournelles, vous avez beaucoup appris sur le monde, sur vous-même. Les erreurs sont le fruit de la légèreté et de l'ignorance dans lesquelles, hélas, sont élevées les jeunes filles aujourd'hui. Les plus vaniteuses sont en même temps dépourvues de tout amour-propre. On les jette dans le monde face à des inconnus, parfois d'excellentes personnes, souvent des loups qui les dévorent sans qu'elles sachent se défendre. Ne perdez donc plus de temps à déplorer le passé. Cueillez les fruits de ses enseignements et vivez, regardez autour de vous, sachez écouter et bien vite vous donnerez un sens profond à votre existence, croyez-moi.

Anne-Sophie savait Vincent de Perret intime des ducs et duchesses du parti dévot, du jeune abbé Fénelon dont madame de Maintenon appréciait vivement les écrits. Au moins une fois par semaine, ils se réunissaient dans le salon de l'une ou l'autre pour tenter de changer une société où l'égoïsme et le goût du luxe ne laissaient guère de place à la compassion et à la solidarité. Mais pour transformer cette société, il fallait réformer le pouvoir politique. La marquise de Maintenon leur paraissait être une envoyée de Dieu. Son influence sur le roi, sa grande piété, sa profonde connaissance de la Cour comme des gens sans panache ni grandeur faisaient d'elle une précieuse alliée.

Pas encore prête à nouer des liens plus intimes avec le comte de Perret, Anne-Sophie appréciait néanmoins sa présence. Il l'écoutait avec intérêt et respect, n'avait pas la timidité glacée de Charles ni l'arrogance et le despotisme de Gaston. Celui-ci avait disparu. Réfugié en Bretagne ? Établi dans une obscure province où il trouvait des proies faciles ? Elle ne s'en souciait pas. Cet homme pour lequel elle s'était déshonorée ne lui inspirait plus qu'indifférence. Vincent de Perret avait raison, les pages tournées achevaient bien des chapitres.

18

Fin 1686

Le cloître de Notre-Dame où s'étaient installées Jeanne Guyon et sa fille offrait, au cœur de Paris, un havre de paix. Dans la tiédeur du début de l'automne, on pouvait se promener parmi les plantes médicinales aux odeurs puissantes, les fleurs quasi sauvages qui poussaient librement autour d'un petit bassin où cascadait un jet d'eau. Auprès de Jeanne Guyon, Viviane avait retrouvé Marie de Béthune-Charost accourue pour embrasser son amie. La fille de Fouquet menait une vie discrète, beaucoup soupçonnaient par ordre du roi.

Il fallut tout un après-midi pour que la pieuse veuve de Montargis vienne à bout du récit des pérégrinations qui stupéfièrent ses interlocutrices. À Grenoble, une communauté de dévots l'avait accueillie avec chaleur. Leurs preuves d'amitié, d'estime même, avaient amenuisé sa peine d'être séparée de son cher Lacombe qui regagnait Verceil. Jeanne resta discrète sur leurs adieux. Se reverraient-ils ? Dieu qui connaissait la pureté de leur cœur les assisterait.

Remplie d'une énergie qu'elle accordait à la Grâce, Jeanne avait commencé à prêcher avec chaleur le Pur

Amour. Sa simplicité, sa foi ardente, son éloquence aussi avaient conquis les âmes. Ses fidèles avaient tous les âges, venaient de toutes les origines.

Étienne Le Camus, évêque de Grenoble, précisa Jeanne, était venu en personne l'écouter. Ancien aumônier du roi, il avait eu des mœurs dissipées, avant de se convertir. Les deux ouvrages qu'elle avait écrits circulaient. On louait sa poésie inspirée, la force de ses convictions, on s'enthousiasmait sur la facilité avec laquelle on pouvait rejoindre le cœur même de Dieu après avoir abandonné toutes préoccupations relatives au monde.

Qui avait commencé à propager sur elle des calomnies ? Certains l'accusaient d'avoir traité des chrétiens d'idolâtres, parce qu'ils se prosternaient dans le seul but de marchander des avantages avec Dieu, et maints ecclésiastiques de pharisiens. D'autres insinuaient que cette femme qui prétendait revenir aux sources n'était qu'une hérétique, un membre de la religion soi-disant réformée.

Surprise, la duchesse de Béthune-Charost écouta Jeanne narrer avec calme la montée contre elle d'une vague d'hostilité. Le groupe de ses fidèles s'était amenuisé. « Pourquoi tout ce bruit, lui reprochait Lacombe, n'avez-vous pas trop cédé à l'émotion, à des sentiments généreux mais très personnels ? Vous affirmez être poussée par le souffle du Saint-Esprit. Rentrez en vous-même et essayez d'identifier les forces qui déterminent votre comportement. Je ne nie pas formellement qu'elles puissent venir de Dieu. Veillez et priez, ma chère sœur, afin qu'Il vous éclaire. »

Elle avait beaucoup prié en effet et peu dormi, jusqu'au jour où l'évêque de Grenoble en personne était venu, tout sourire, lui conseiller de quitter la ville. Savait-ellc qu'outre la suspicion d'hérésie, certains, une petite minorité de chrétiens bien sûr, l'accusaient de sorcellerie quand elle évoquait ses visions ? Pourquoi ne se rendrait-elle pas à Marseille ? Vivait là-bas un saint aveugle, François Malaval, dont la théologie était proche de la sienne. Il était fort respecté et l'évêque avait bon espoir que dans cette ville elle le serait également. Jeanne narra son départ de Grenoble avec sa fillette dont la santé restait fragile.

À ce point du récit, Viviane ne put s'empêcher d'intervenir. Ne faisait-elle pas le malheur de cette enfant en l'entraînant sur les routes comme une bohémienne ? Jeanne parut surprise.

— Dieu veille sur elle, répliqua-t-elle seulement de sa voix douce et déterminée.

À Marseille, l'accueil reçu n'avait pas été aussi chaleureux que l'évêque de Grenoble le lui avait laissé supposer. Mais sa rencontre avec Malaval qui, quelques années plus tôt, avait publié un recueil très semblable à son *Moyen court et très facile de faire oraison* l'avait remplie de joie. Éduqué, doux et compréhensif, l'aveugle savait le grec, le latin, la philosophie, la théologie, le droit canon. Elle s'était trouvée bien humble devant lui. Mais leur piété les rapprochait. L'un comme l'autre s'estimaient de simples feuilles poussées par la brise du Saint-Esprit. Dieu l'avait privé de la vue à l'âge de neuf mois ? Il se soumettait entièrement à Sa volonté. Estimé à Marseille, honoré par l'évêque Étienne de Puget, visité par des gens de haute naissance comme la reine Christine de Suède avec laquelle il entretenait une correspondance suivie, il avait recommandé à Jeanne Guyon de ne pas se soucier de l'estime ou de la mésestime d'autrui. Dieu était en elle et elle était en Dieu, cette certitude devait l'emporter sur toute considération humaine. Jeanne avoua alors que ces paroles l'avaient remplie d'une grande paix. Le saint homme venait de conforter sa volonté de réunir autour d'elle une communauté d'âmes d'élite. Une telle force l'animait qu'elle ne doutait pas d'y parvenir. « On vous critiquera, l'avait avertie Malaval, j'ai moi-même des ennemis à Rome qui m'accusent d'être un quiétiste, un disciple de Molinos dont la doctrine a été condamnée. Mais je ne m'en soucie pas. La Vérité est avec moi et nul ne m'empêchera de penser que toute âme doit s'abîmer dans l'amour divin. Seul l'Amour compte, soyez-en persuadée. Il ne capitule jamais. »

Dans cette cité aux mœurs méditerranéennes, Jeanne avait vite compris qu'il n'y avait pas de place pour une veuve dont aucun homme ne garantissait la vertu.

— J'ai quitté Marseille, poursuivit-elle de sa voix tranquille, et me suis embarquée pour Savone, toute joyeuse de savoir l'Esprit saint me mener. J'avais dans l'idée de rejoindre la bonne marquise de Pruney et de m'établir pour un temps dans son château. Mais Dieu avait d'autres projets me concernant. Une tempête empêchant tout accostage à Savone, c'est à Gênes que Jeanne-Marie, mes deux servantes et moi-même avons débarqué. Seules, perdues, nous avons chanté ensemble le magnificat et organisé au plus tôt un départ de cette ville où, pour l'avoir bombardée récemment, les Français n'étaient plus les bienvenus. Il nous fut impossible de trouver une litière pour nous mener à Pruney. La seule route praticable était celle de Verceil où résidait le père Lacombe. J'y vis un signe de Dieu.

— Ne vous fallait-il pas plutôt regagner Montargis où votre fils vous avait suppliée de le rejoindre ? ne put s'empêcher de s'exclamer la duchesse.

— Je n'avais plus d'argent, continua Jeanne comme si elle n'avait rien entendu. Nous devions nous contenter de pain, de fromage, des fruits abondants dans cette région et de l'amour de Dieu qui jamais ne me faisait défaut. Nous en avions grand besoin, car notre route vers Verceil fut une longue et douloureuse épreuve. Nous avions loué une modeste voiture tirée par deux mules. C'était inconfortable mais peu m'importait. Je priais, je chantais avec mes servantes. Nul ne nous avait averties que les bandits pullulaient en forêt, mais nous le découvrîmes assez tôt par nous-mêmes. Après nous avoir arrêtées, fouillées, ces brigands durent constater que nous n'avions ni sou ni maille. Fut-ce le dépit, les pleurs de ma fille ou la main de Dieu qui les éloigna, je ne sais, mais nous pûmes reprendre notre chemin. Pas pour longtemps hélas, car notre muletier, terrorisé par cette aventure, nous faussa compagnie. Il fallut nous réfugier dans la première auberge, une masure décrépite et enfumée. À peine achevé un médiocre souper, deux hommes vinrent me proposer leurs services. La route de Verceil leur était familière et ils nous mèneraient dans cette ville sans encombre. La tenancière de l'auberge nous observait, mes servantes et moi, d'un œil méfiant. « Nous ne souhaitons pas vous garder au-delà d'une nuit, m'annonça-t-elle enfin d'un ton méchant. Les ribaudes n'ont pas leur place ici. »

La duchesse et Viviane ne purent s'empêcher de rire. Les pérégrinations de la malheureuse ressemblaient fort à celles de Don Quichotte et, si elles n'avaient su Jeanne dépourvue de toute malice, la tentation aurait été forte de penser que ces mésaventures venaient de son imagination. Mais leur amie, la voix égale, poursuivit son récit.

— Nous prîmes la route à l'aube. La pluie, hélas, se mit à tomber, détrempant une route aux profondes ornières. Point d'auberge. Il fallut se résigner à passer la nuit dans un moulin abandonné avec nos deux muletiers. Au cœur de la nuit, ces hommes se jetèrent sur mes deux servantes. Je ne pus que réveiller mon enfant et me réfugier avec elle dans la forêt où les pauvres filles me rejoignirent bientôt. Leurs vêtements déchirés étaient la preuve d'une affreuse lutte dont elles étaient sorties victorieuses avec l'aide de la Providence. Nous nous terrâmes jusqu'à l'aube dans une futaie. Au lever du soleil, nos agresseurs avaient disparu mais, grâce à Dieu, la charrette et nos deux mules nous attendaient. Verceil nous apparut enfin comme la cité de Dieu. J'y comptais des amis et je savais que le père Lacombe m'attendait. Nous fûmes en effet accueillies, réconfortées, nourries et logées. Bien que Lacombe m'ait serrée dans ses bras, je fus surprise de la distance qu'il semblait désormais vouloir mettre entre nous. Que lui avait-on dit sur mon compte ? Que craignait-il ? Bien vite je compris le motif de sa réserve : mon demi-frère Dominique de Lamotte, un barnabite, lui avait écrit, l'accusant de vouloir s'approprier ce qui me restait de fortune et de me pousser au prosélytisme pour lequel je n'avais aucune compétence. Quant à moi, je reçus ma part de remontrances dans une longue missive que l'on me remit quelques jours plus tard. J'étais folle, affirmait mon demi-frère, j'avais provoqué le malheur de mes fils et œuvrais à celui de ma fille. Il allait faire en sorte que l'on m'ôtât toute possibilité d'exercer sur eux mes droits maternels.

— C'est la raison pour laquelle je vous ai suppliée de venir à Paris pour rencontrer monsieur de Lamotte et régler une fois pour toutes vos affaires financières. Dieu merci, vous m'avez écoutée, intervint la duchesse de Béthune-Charost.

Le soir tombait, l'angélus sonna. Jeanne avait presque achevé son récit. Dans un moment, elle partagerait le souper des sœurs dans le réfectoire et songerait à un couvent où elle pourrait installer sa petite fille.

— J'ai en effet suivi vos conseils, chère amie, et quitté Verceil la mort dans l'âme. Un sombre pressentiment me disait que je ne reverrais plus le père Lacombe dans cette vie. Sans oser nous toucher mais les yeux pleins de larmes, nous nous séparâmes. À Turin, je séjournai brièvement chez la marquise de Pruney qui ne semblait pas désireuse de me retenir, avant de regagner Grenoble. Les amis que j'y avais laissés m'ouvrirent les bras. Mon recueil *Le Moyen court* était très lu et apprécié dans la ville. Curieusement, l'évêque se montra affable. Si je désirais agrandir l'hôpital que j'y avais fondé, il m'assisterait par tous les moyens possibles. Je refusai. Grâce à vous, ma chère amie, ma décision était prise, je devais me rendre à Paris. J'y étais depuis quelques semaines quand la foudre tomba sur moi : Lacombe venait d'être arrêté et enfermé chez les pères de la Doctrine chrétienne. Sans aucun doute mon demi-frère était au cœur du complot destiné à l'anéantir.

Dans la voiture qui les attendait près de Notre-Dame, la duchesse et Viviane demeurèrent un moment silencieuses. Animée d'une foi inébranlable, leur amie ne semblait craindre personne. Les yeux tournés vers le ciel, elle allait son chemin, le cœur naïf et pur, animée cependant d'ambitions qui n'étaient point toutes spirituelles. Son besoin d'être écoutée, comprise, admirée provenait d'une formidable quête d'amour. Elle se savait de noble naissance, fortunée et ne doutait pas que les portes les plus verrouillées s'ouvriraient devant elle. Mais avait-elle bien sondé le cœur des hommes ? Lacombe désormais prisonnier, qu'allait-on chercher à faire dire à cet homme craintif qui n'avait aucun sens des réalités ?

— Je tremble pour notre amie, murmura enfin Marie, il me semble que se sont levées contre elle des forces destinées à l'écraser.

19

1689

Dans les salons, à la Cour, les conversations allaient bon train. Au début du mois de janvier, on apprit les fiançailles de la fille de Jeanne, une enfant de douze ans, avec le comte de Vaux, fils aîné du défunt Fouquet et demi-frère de Marie de Béthune-Charost. La cérémonie se déroula sans la présence d'aucun membre de la famille Guyon ou Lamotte, à l'exception de Jeanne. Celle qui, suspecte de quiétisme, avait été enfermée plus de huit mois triomphait aujourd'hui de monseigneur d'Arenthon, un de ses accusateurs les plus implacables. Consterné par le refus opiniâtre de Jeanne d'unir sa fillette à son neveu, il avait répandu les plus affreuses calomnies contre la mère, relayées par l'hypocrite évêque de Grenoble. Ne lui avait-il pas fait cependant mille grâces lorsqu'elle était revenue dans son évêché ?

Privée de liberté, éloignée de sa famille, Jeanne Guyon avait fait preuve d'une admirable sérénité. Interrogée, houspillée, menacée, elle avait admis qu'elle avait en effet rencontré François Malaval que tout le monde tenait pour un saint homme, mais elle s'était défendue d'être une fidèle de Molinos dont elle savait qu'il avait été condamné par l'Église.

Ses amis s'étaient battus pour son élargissement. Viviane ne doutait pas de la sincérité de Jeanne, mais sa quête spirituelle se mêlait trop à celle d'une reconnaissance mondaine. Soutenue par tant de grandes dames, devant sa liberté à madame de Maintenon, elle ne cachait pas ses satisfactions d'amour-propre. Se voyait-elle déjà à Versailles ? La lettre qu'elle avait écrite au père de La Chaise, confesseur du roi, pouvait en être la preuve. Celle-ci avait été lue avec suspicion. Trop prématurée, trop flatteuse. Quasi ignorante de la Cour, Jeanne croyait que ses élans spontanés et pleins d'amour y seraient bien accueillis. Quelle illusion !

Depuis plusieurs semaines, le pensionnat de Saint-Cyr était en effervescence. Le roi en personne viendrait à la première représentation d'*Esther*, accompagné par les princes du sang, les roi et reine d'Angleterre et quelques courtisans en faveur. On affirmait que, dans sa pièce, Racine avait dépeint Louis XIV sous les traits d'Assuérus, madame de Montespan sous ceux de Vashti, tandis que Louvois était Aman. Marguerite de Villette, nièce de madame de Maintenon, que l'on disait fort talentueuse, jouait Esther.

Conviés à Saint-Cyr, Anne-Sophie et Vincent de Perret avaient décidé de profiter de cette occasion pour rendre public un mariage qui, compte tenu de leurs âges et de leurs veuvages respectifs, avait été célébré discrètement quelques semaines plus tôt dans leur paroisse parisienne.

Il avait fallu plus d'une année à Anne-Sophie pour accepter de s'unir à un homme qui l'avait conquise par sa discrétion et ses attentions. Leur communauté d'esprit et de cœur lui faisait oublier les vingt-huit ans qui les séparaient.

Veuf jeune d'une femme qu'il avait beaucoup aimée, père d'une fille unique, heureusement mariée en Provence, grand-père de quatre petits-fils, le comte de Perret s'était jusqu'alors satisfait d'une existence partagée entre ses devoirs mondains et ses responsabilités chrétiennes. Membre de la Compagnie du Saint-Sacrement fondée par son ami le duc de Ventadour, il avait, à sa dissolution par le roi, rejoint un cercle de proches qui partageaient ses aspirations. Le roi voyait avec inquiétude grandir une société secrète comptant en son sein d'éminents personnages comme le prince de Conti, le comte d'Argenson, Guillaume de Lamoignon, premier président du parlement de Paris, et le propre frère de Fouquet.

L'affection du comte de Perret avait permis à Anne-Sophie de mûrir enfin. La longue cour qu'il lui avait faite la remplissait de gratitude. D'elle, il n'avait jamais rien exigé. À son âge, déclarait-il avec un fin sourire, il avait tout son temps. Vincent prenait soin d'elle comme personne au monde n'aurait pu le faire.

Mariée, elle s'était donnée à lui avec confiance et la tendre sensualité de son vieil époux l'avait bouleversée. Dans ses bras elle avait découvert un monde de bienveillance, de générosité, de joie aussi. La violence, qui jusqu'alors avait été une norme dans ses rapports amoureux, se faisait complicité, altruisme, douceur dans les mots comme dans les caresses.

Elle avait alors osé recevoir puis donner, un rôle nouveau pour elle qui la remplissait d'une grande émotion.

— On t'a mise dans les bras d'un nigaud puis d'un goujat, avait-il plaisanté une nuit où elle pleurait après avoir joui. Il est facile pour moi de faire belle figure.

Proche de Viviane, paternel envers Marie-Aimée, Vincent leur avait offert une vie de famille. Le chevalier de Briare, dont l'esprit et l'optimisme étaient appréciés de tous, les rejoignait volontiers.

Le nouveau couple ne se rendait à Versailles que lorsque leur devoir l'exigeait, préférant la société parisienne plus libre que celle des courtisans. Dociles en apparence, ceux-ci n'étaient que domptés et leurs instincts de fauves restaient vifs. Entassés dans des logements souvent exigus et inconfortables, ils étaient plus de mille à vivre au palais, toujours en mouvement, guettant un geste, un regard du roi, une invitation à Marly.

Pour obtenir de l'argent, le roi vendait les charges les plus extravagantes : gouverneur des carpes, capitaine des menus plaisirs. Une fois possesseur de l'une de ces charges, celui qui avait déboursé gros cherchait à gagner plus qu'il n'avait investi. En approchant Louis XIV, il devenait un personnage important et pouvait prétendre à un mariage avantageux. Quelle jeune fille fortunée de la bourgeoisie ne pouvait-elle ambitionner d'être l'épouse du gouverneur des carpes ? Au milieu de cette vénalité, le roi assumait, imperturbable, son rigide et immuable emploi du temps. Soleil régnant au milieu de planètes et d'étoiles mineures, il avait fait peindre ou sculpter partout son emblème.

Quand un opéra célébrait sa gloire, il en chantonnait volontiers les phrases les plus flatteuses. Jamais un mot de critique ne sortait des lèvres de ses adorateurs. Pour les entendre, il fallait se rendre à Paris où l'on s'exprimait sans contrainte au milieu d'intimes. Là, on osait blâmer et se moquer du roi et de sa cour. Le couplet sur Chamillart devenu ministre parce qu'il excellait au billard, distraction fort prônée par Louis XIV, avait beaucoup égayé :

Ci-gît le fameux Chamillart
De son roi le protonotaire
Qui fut un héros au billard
Un zéro dans le ministère.

— La religion est devenue un spectacle guindé et superficiel, une suite de gestes et de mots, avait un jour remarqué le comte de Perret en revenant d'une procession à Versailles. Aujourd'hui, il faut être dévot ou feindre de l'être si l'on veut survivre à la Cour.

— Notre époque est le Siècle de Dieu et non celui de l'homme, avait observé Anne-Sophie. Les uns font semblant d'être pieux, les autres pèchent par fanatisme religieux. Jeanne Guyon répondra-t-elle aux aspirations de madame de Maintenon qui lui ouvre les portes de Saint-Cyr ? Il m'arrive d'en douter.

20

Été 1691

La mort subite de Louvois après sa disgrâce suscita des rumeurs d'empoisonnement, vite étouffées. Il laissait sa place aux Affaires étrangères à son fils, Michel Le Tellier, marquis de Barbezieux. Le duc de Beauvillier était fait ministre d'État. La famille de ce dernier et en particulier son beau-frère Chevreuse, tous unis par leurs affinités religieuses et liés à madame de Maintenon, devenaient des personnages de premier plan.

À nouveau en guerre, le royaume se pétrifiait sous le poids d'un autoritarisme qui ne cessait de s'amplifier, tandis que sporadiquement, faisant suite à de mauvaises récoltes après des printemps trop pluvieux, des étés de sécheresse, des révoltes paysannes éclataient dans les provinces.

À quarante-trois ans, un âge fort avancé pour une première maternité, Anne-Sophie donna le jour à un petit garçon baptisé Nicolas, le prénom de Fouquet. Marie-Aimée, sa marraine, portait au nouveau-né une tendresse touchante mais son caractère s'était assombri. Bien éduquée, entourée d'affection, la jeune fille affrontait de temps à autre violemment son entourage, et Viviane comme Anne-Sophie s'interrogeaient sur son avenir. Avant la naissance de Nicolas, Anne-Sophie avait pensé l'envoyer en Bretagne afin qu'elle y prenne soin de sa mère désormais quasi impotente, mais Viviane s'y était opposée. De quel droit sa cousine pensait-elle pouvoir disposer de Marie-Aimée ? Sa fille ne désirant pas entrer au couvent, on lui trouverait une place dans le monde : un mariage avec un honnête homme et, si elle refusait, une position de lectrice ou celle de dame de compagnie, toutes deux fort honorables.

Après des années de lutte, d'enthousiasme, de désenchantement aussi, Viviane s'était endurcie. Avec satisfaction, elle constatait que ses efforts en faveur des galériens portaient leurs fruits. Des juges osaient braver l'indifférence royale et ordonnaient l'élargissement des condamnés qui avaient accompli leur peine. Des prêtres les encourageaient, exhortaient en chaire leurs paroissiens pour qu'ils s'insurgent contre de telles iniquités. Quant aux protestants condamnés aux galères, il fallait leur laisser le choix de s'expatrier. En menant des guerres arbitraires qui arrachaient des laboureurs à leurs champs, des pâtres à leurs troupeaux, des artisans à leurs échoppes, qui jetaient des prisonniers, coupables ou non, dans les cales des galères, le roi, quoi qu'il puisse prétendre, ne se montrait pas bon chrétien.

Approchée par un prêtre, le père Luc, qui allait escorter une chaîne de réprouvés à Marseille, Viviane accepta de rencontrer un jeune domestique condamné à vingt ans de galère pour avoir agressé la fille de son maître. Fils du majordome de monsieur de Firemont, Jean-Philippe avait reçu une bonne éducation chez les dominicains avant d'être mis à l'entretien des lustres, des flambeaux et de l'argenterie. Constance, la fille du marquis, une jeune personne de son âge, lui avait-elle fait des avances ? Avait-il mal perçu des signes innocents pour elle, explicites pour lui ? Un matin, il avait tenté de l'embrasser. Les hurlements de Constance avaient attiré le père, qui avait assommé le jeune homme. On l'avait incarcéré sur-le-champ comme violeur, jugé et condamné à ramer vingt années durant dans les galères royales. C'était inique. Rien ne prouvait réellement qu'il fût coupable car la victime était restée obstinément muette. On ne pouvait abandonner ce garçon, par ailleurs bon chrétien. Viviane accepterait-elle de lui écrire par l'intermédiaire de l'aumônier des galères ? Elle pourrait aussi lui faire parvenir des vêtements chauds, quelques douceurs.

Précédée du père Luc, Viviane pénétra au Grand Châtelet dans un cachot meublé d'une paillasse et d'une chaise. Dans un coin, on voyait un seau de toilette, une cruche de fer-blanc. À la suite de l'intervention d'un des frères dominicains qui l'avaient instruit, on avait épargné au prisonnier une cellule commune où les violents abusaient des faibles. Tout ce pour quoi Viviane n'avait cessé de se battre était réuni dans ce garçon frêle au regard à la fois méfiant et apeuré. Sans aucun moyen de se défendre, il pourrait bien, pour survivre, devenir lui aussi une bête fauve.

Avant de le quitter, elle promit de l'aider et l'embrassa comme un frère. Il se mit à pleurer.

— Je serai attentif, promit le père Luc. S'il ne supporte pas ce long voyage à pied, je me débrouillerai pour le prendre en carriole.

La veille du départ de la chaîne, Viviane revint avec Vincent de Perret et Marie-Aimée. Elle désirait que la jeune fille sache ce qu'était la détresse absolue. La vue de ce que l'humanité considérait comme son rebut pourrait amoindrir sa propre colère. Si l'injustice qu'elle avait subie à la naissance avait été réparée, ce jeune homme, lui, devait affronter une épreuve qui pourrait avoir raison de son âme.

Dans le cachot, Jean-Philippe et Marie-Aimée n'échangèrent pas un mot mais s'observèrent longuement comme s'ils se mesuraient. La jeune fille quitta le Grand Châtelet murée en elle-même. Questionnée par Viviane sur la raison de son silence, elle lui répondit avec impertinence.

Le lendemain, ne la voyant pas à l'heure du souper, on monta dans sa chambre. Sur son lit, elle avait laissé un mot adressé à Viviane.

Ne cherchez pas à me retrouver. Je dois découvrir seule mon avenir. M'unir à un vieux bourgeois qui m'épousera pour ma dot en me reprochant ma naissance honteuse jusqu'à la fin de ses jours ou devenir la dame de compagnie d'une personne qui me traitera en subalterne me font horreur. Vous avez Nicolas, votre héritier légitime, et serez fière de lui. Je l'aime infiniment. Je vous dois tout et n'ai donc pas de mots pour vous dire ma gratitude. Vous resterez dans mon cœur à jamais.

Vincent courut chez monsieur de La Reynie. Il fallait coûte que coûte retrouver cette jeune personne qui était en danger. Elle faisait partie intégrante de leur famille et celle-ci ne ménagerait ni efforts ni ressources pour la voir revenir. Le lieutenant de police écouta poliment. Des filles en rupture de ban à l'âge de la puberté, il y en avait des milliers. Les unes revenaient chez elles, d'autres ne réapparaissaient jamais. Beaucoup finissaient prostituées dans les grandes villes ou mendiaient avec un bébé conçu un soir où des scélérats les avaient soûlées et violées.

— On fera une enquête, promit-il.

Vincent de Perret le quitta, peu rassuré.

— Madame de Maintenon a prié Jeanne Guyon de ne plus mettre les pieds à Saint-Cyr.

Dans la « petite Église » fondée par la veuve de Montargis, nul ne pouvait cacher son émoi. Fénelon le premier qui, depuis une rencontre avec Jeanne au château de Beynes chez la duchesse de Béthune-Charost, lui vouait une profonde estime.

Tous les jeudis, les Chevreuse, les Beauvillier, la duchesse de Béthune, madame de Mortemart, Fénelon et souvent madame de Miramion se réunissaient pour écouter Jeanne qui leur parlait de l'oubli de soi et les exhortait à une confiance en Dieu si absolue que l'enfer lui-même n'était plus une menace. Si Dieu optait pour la damnation, il fallait tout autant L'aimer. Chacun, au centre de ce cercle, savait combien cette doctrine contrariait les préceptes de l'Église pour laquelle les actes devaient l'emporter sur les mots. Mais comment ne pas se laisser griser par sa foi, la chaleur de ses convictions, sa sincérité aussi à travers les épreuves qu'elle avait subies ? Comme un bambin par ses parents, elle se laissait guider par Dieu. Ce retour à l'esprit d'enfance avait orienté le groupe vers Jésus petit garçon, soumis à son père et à sa mère. Les esprits critiques, les ratiocineurs se perdaient en supputations intellectuelles qui, en devenant trop subtiles, s'égaraient : on ne pouvait ni comprendre ni expliquer le pouvoir de Dieu, il fallait l'admettre en toute humilité. La récompense était source d'une lumière si vive qu'elle éblouissait, coupait le souffle. La duchesse de Beauvillier n'avait-elle pas dû délacer elle-même le corset de Jeanne un jour où l'excès de grâce la suffoquait ?

Au lieu de réciter des prières devenues si familières qu'à peine prêtait-on attention aux mots, le groupe de ceux qui s'étaient nommés les « michelins » ou « ceux qui avancent » méditait en silence sur la signification du péché, la pratique des vertus, le divorce entre l'âme éternelle et le corps, simple feuille balayée par le souffle de la mort.

D'abord méfiant, Fénelon avait été submergé lui aussi par la vague d'amour que Jeanne savait former, faire monter en puissance puis déferler. Aux vertus de cette femme, à sa foi, il était difficile de rester insensible. Il avait cédé.

Berger désormais du petit troupeau réuni autour de Jeanne, il avait accueilli avec chaleur madame de Maintenon, en quête de véritables sentiments de fraternité et d'amitié. Les michelins lui offraient tout ce dont elle était privée à Versailles : une grande sincérité, une affection authentique, une pratique de la religion qui n'était pas que verbe et grimaces. Leur conception d'une société plus juste, plus fraternelle la séduisait aussi. Mais le roi y serait-il sensible ? Rien ne le laissait présager.

Invitée à Saint-Cyr, choyée, Jeanne avait fait lire aux élèves son *Moyen court* et ses *Torrents*. Fénelon s'était vu confier par Beauvillier la charge de précepteur du duc de Bourgogne, une mission difficile aux responsabilités considérables. Secret, impatient, coléreux, l'enfant accorderait-il sa confiance ? Les michelins nourrissaient les plus grands espoirs. Grâce à Fénelon, le prince deviendrait, au jour décidé par Dieu, un grand roi, un souverain juste qui œuvrerait véritablement au bonheur de son peuple.

Et aujourd'hui, Jeanne était tancée par madame de Maintenon ? Priée par elle de ne plus revenir à Saint-Cyr ? C'était impossible à croire.

Calme, sans montrer le moindre ressentiment, le duc de Beauvillier tentait d'expliquer ce soudain bannissement. Après avoir lu les œuvres de Jeanne, emportées par des élans mystiques, certaines élèves devenaient incontrôlables, refusant de participer aux tâches ménagères, comme la règle le stipulait, pour « se mettre en oraison ». Puisque rien ne comptait hormis l'amour de Dieu, pourquoi faire son lit ? Pourquoi balayer le dortoir ? Mieux valait mille fois se perdre dans une adoration béate.

On s'alarma et madame de La Maisonfort, cousine germaine de Jeanne, en dépit de l'immense influence dont elle jouissait à Saint-Cyr, ne put apaiser les doutes de madame de Maintenon. Avait-elle introduit le loup dans la bergerie ? Les accusations de quiétisme portées contre cette femme pourraient-elles être fondées ? Avait-elle été aveugle à ce point ? La passivité face à l'amour de Dieu conduisait-elle à la plus totale apathie ? Hantée par ces questions, elle avait voulu obtenir du roi une opinion sur le Pur Amour. Lui aurait-elle parlé chinois qu'il ne l'aurait pas mieux comprise. Jamais il ne recevrait Jeanne Guyon. « Et qu'on ne m'importune plus avec cette femme », avait-il enfin exigé d'un ton sec. Madame de Maintenon avait été pétrifiée. Sa propre position à la Cour était en jeu. Malgré sa grande affection pour Fénelon et son admiration pour Jeanne, jamais elle ne mettrait en péril sa place.

— Vous ne pouvez trop blâmer notre amie, nota le duc de Beauvillier. Elle garde son amitié pour notre cher Fénelon qui restera auprès du duc de Bourgogne dont je suis toujours le gouverneur. Cet enfant progresse vite et les espoirs que nous fondons sur lui sont absolument justifiés. Nous formons un futur roi, nous lui apprenons ses devoirs et lui inspirons ce que doit être une politique chrétienne. Fénelon a su se faire beaucoup aimer, admirer. Il a la confiance absolue du prince et de son frère d'Anjou. Nous avons donc toujours raison d'espérer et le bannissement de notre chère amie de Saint-Cyr est peut-être un bienfait selon les plans de Dieu.

Lasse, Viviane écouta Vincent de Perret rapporter l'intervention du duc. Le royaume étouffait sous les querelles religieuses. N'y avait-il pas beaucoup d'orgueil dans ces prétentions à connaître les volontés de Dieu ? Ses propres certitudes étaient inébranlables : était chrétien celui qui soulageait, consolait les affligés, nourrissait les affamés, couvrait ceux qui grelottaient. À quarante-cinq ans, ses nuits sans sommeil à arpenter les rues de Paris l'avaient vieillie. Et la disparition de Marie-Aimée lui brisait le cœur. L'incertitude qu'elle avait de son sort était pire que de la savoir morte. En dépit des enquêtes menées à Paris et en province, personne n'avait trouvé la moindre piste. Sa fille avait disparu.

Rue des Tournelles, le petit Nicolas grandissait auprès d'un père qui, en dépit de sa gaieté et de son optimisme, devenait un vieillard. Comment sa cousine n'avait-elle pas deviné que la naissance de cet enfant portait un coup très cruel à Marie-Aimée ! Viviane aurait dû aussitôt s'installer avec elle dans un logement indépendant. À ses yeux, Marie-Aimée était une jeune fille heureuse ! Quel n'avait pas été son aveuglement !

— Ne me parlez plus de Jeanne, demanda-t-elle à Vincent de Perret. Elle se veut hors du monde. Je la connais bien. Certes, elle est sincère, elle a la foi mais trop d'orgueil. Je ne l'accablerai pas davantage. Même son abandon du malheureux Lacombe en faveur de Fénelon doit avoir une explication autre que l'ambition. Je n'ai plus la force de la chercher et je refuse d'entrer dans le jeu des ennemis du quiétisme qui se déchaînent non par conviction religieuse, mais pour compromettre un rival, faire incarcérer un gêneur, ruiner une réputation. La dispute, mon cher cousin, n'est pas religieuse, elle est devenue politique et dès lors ne me concerne pas.

21

1694

À la suite d'un hiver glacial, une famine sans précédent ravageait la France. La Seine avait gelé et les cadavres des vagabonds, la plupart des ouvriers agricoles, des apprentis venus tenter de survivre à Paris et qui n'avaient pu trouver refuge dans les hospices, jonchaient les rues. On ramassait les corps au petit matin. Un édit du roi allait permettre de chasser de la capitale les mendiants qui y résidaient depuis moins d'un an.

Anne-Sophie revenait du palais de Versailles où d'énormes bûches brûlaient dans les cheminées. Frigorifiées, les dames circulaient en chaise à porteurs dans le château, emmitouflées dans leurs fourrures, les pieds sur des chaufferettes. Il y en avait un si grand nombre que des files d'attente se formaient pour passer les portes.

Monsieur, frère du roi, avait convié quelques amis à admirer trois tableaux de prix qu'il venait de faire installer dans un petit salon de son appartement, sur des panneaux peints en or et en ivoire ornés de feuilles d'acanthe et de guirlandes unies par des nœuds de rubans. Cinq nouveaux lustres de cristal étaient pendus au plafond. Les hôtes s'extasiaient, y compris la princesse Palatine, femme de Monsieur, peu portée pourtant sur les nouveautés à la mode. Le prince avait offert une petite collation de fruits exotiques accompagnés de vin de Madère. Ils avaient été dégustés avec gourmandise.

Bien qu'il fût tard dans l'après-midi, Anne-Sophie avait voulu rentrer à Paris. Vincent souffrait d'une crise de rhumatismes et ne pouvait se mouvoir qu'avec peine. Jamais il ne se plaignait, mais Anne-Sophie n'ignorait pas que mille petits maux dus à la vieillesse l'accablaient.

Une flèche de sa voiture avait rompu à Saint-Cloud et il avait fallu réparer. En dépit de sa chaufferette, Anne-Sophie était gelée. Allait-elle attraper une pneumonie pour avoir accepté l'invitation de Monsieur ? Année après année, Versailles empoisonnait l'esprit. En dépit de la saleté, de la puanteur, de toutes sortes d'incommodités, on ne pouvait s'empêcher de venir rejoindre la foule qui s'y pressait, avide d'apercevoir le roi, d'obtenir une invitation à un concert, à un bal, à Marly surtout, summum des ambitions. Dans ce petit château tranquille où les courtisans logeaient dans des pavillons indépendants, on côtoyait le « Soleil », on se chauffait à ses rayons, on l'adorait, comme autrefois les païens qui se tournaient vers l'astre de feu pour le supplier de combler leurs vœux. Versailles, avec ses ors et ses cristaux, ses parfums, ses velours et ses soieries, était un poison. Là, on ne s'appartenait plus, on obéissait à un ordre immuable réglé par une gigantesque horloge qui ponctuait les existences heure après heure, minute après minute. À la suite de beaucoup d'états d'âme et de brefs moments où elle avait tenté d'exister par elle-même, madame de Maintenon avait accepté sa dépendance. Elle vivrait pour le roi et par le roi, à la fois son épouse, son amie, sa directrice de conscience, son souffre-douleur. Que pesait Jeanne Guyon en face d'un tel adversaire et que pèserait Fénelon si le roi lui ôtait sa confiance ?

Bossuet et le père de La Chaise étaient parvenus à exercer sur le souverain une influence déterminante. Ni l'un ni l'autre n'éprouvaient le moindre attrait pour le mysticisme. La vie spirituelle de Louis XIV était établie comme son emploi du temps : messes, prières, Te Deum, vêpres et complies.

Les doctrines nées dans le siècle se détournaient du monde. Mais n'était-ce pas l'orgueil qui les disposait à discourir sur la grâce, à rechercher l'isolement, à avoir des prémonitions sur le salut, des visions, à composer des opuscules foisonnant d'images baroques, comme ceux de Jeanne Guyon qui ponctuait ses œuvres des mots « Époux divin » ou « Fiancé céleste » qui les « fécondaient » et gonflaient leurs seins du « lait de la Grâce », avec une dévotion excessive envers Jésus nourrisson, petit être docile ? Selon ces vues, la France avait besoin d'un rapide changement de politique pour mettre un frein à l'absolutisme. Faire cesser toutes les guerres injustifiées, donner une certaine indépendance aux provinces, réfréner le favoritisme qui donnait le pouvoir à des incapables, mettre les richesses du royaume au service de tous, et non d'une poignée de nantis et de financiers. Le roi devait enfin entendre les critiques et les accepter.

Arrivée devant son hôtel de la rue des Tournelles, Anne-Sophie eut la surprise de voir Viviane qui l'attendait dans le vestibule, enroulée dans une cape de gros lainage brun, les pieds chaussés de galoches fourrées.

— Je pars, dit-elle simplement en serrant entre les siennes les mains de sa cousine. On vient de repérer Marie-Aimée à Marseille où elle vit depuis deux ans, mariée et mère de deux enfants. Je ne puis attendre un instant pour la rejoindre !

Aucun argument avancé par Anne-Sophie, le froid glacial, la longueur du voyage, la famine régnant dans la campagne, le grand nombre de malfaiteurs s'attaquant aux voyageurs, rien ne sembla avoir le moindre effet sur sa cousine. Sa décision était prise. Elle accepta seulement l'offre d'Anne-Sophie de mettre à sa disposition l'une de ses voitures équipée pour les voyages. Le peu d'argent qu'elle possédait en propre lui permettrait d'assurer les frais de nourriture et d'hébergement.

— Prie pour moi. Je t'écrirai. Ne te fais pas de souci, ce ne sont pas les aléas d'une entreprise qui importent, mais son motif.

À peine la voiture disparue au coin de la rue, Anne-Sophie avait éclaté en sanglots. Tout se disloquait autour d'elle, sa mère était morte, le château de son enfance repris par un lointain cousin, ses vieilles amies, mademoiselle de Scudéry et Ninon de Lenclos, ayant atteint un âge avancé, se repliaient sur elles-mêmes. À quatre-vingt-sept ans, l'« incomparable Sapho » était devenue tellement sourde que même l'usage d'un cornet ne la secourait plus. La carte de Tendre était oubliée, les amis ne se pressaient plus autour d'elle en aussi grand nombre. Édentée, elle qui avait été si gourmande ne se nourrissait plus que de soupes et de compotes. Mais ses yeux lui permettaient toujours de lire un peu et son esprit restait vif. Chaque semaine, Anne-Sophie la visitait, ensemble elles évoquaient les bonheurs du passé dans le jardin quand le temps était beau, dans le salon jaune si le ciel se montrait hostile. Respectée, admirée, elle recherchait cependant la solitude. Une vieille femme ne gardait-elle pas sa dignité en demeurant dans l'ombre ? Grâce à l'intervention de sa chère madame de Maintenon, le roi lui avait octroyé une pension de deux mille livres. C'était plus que suffisant pour un gracieux cadre de vie, un jardin planté de roses et de jasmins, des vêtements confortables, ses bêtes et des livres.

Quant à Ninon, dont la séduction et l'intelligence avaient fait une légende, dont les formules piquantes – « Une femme qui n'a aimé qu'un homme ne connaîtra jamais l'amour », « Les hommes d'esprit ont moins de résistance dans l'alcôve que les imbéciles », ou encore : « La durée en amitié n'est pas moins rare que la durée en amour. Il fut un temps où je me piquais de l'un, je ne me pique plus que de l'autre » – avaient marqué Anne-Sophie, elle ne lisait plus qu'à l'aide d'une loupe et devenait casanière. Dans ses accès de mélancolie, elle disait souhaiter la mort. Le monde nouveau l'effrayait, on ne riait plus d'un rien comme autrefois, on s'ennuyait – un verbe inconnu pour elle au cours de sa vie. Autrefois libre-penseuse, elle était revenue à Dieu et n'aimait plus que la conversation des nombreux ecclésiastiques qui venaient la visiter. Il lui était doux d'espérer revoir dans un autre monde ses vieux amis décédés.

Anne-Sophie la quittait toujours sereine. Il y avait dans cette femme une jeunesse d'esprit, une originalité, une combativité qui ne pouvaient mourir. Ninon aimait Vincent, un homme pour lequel, avouait-elle, elle aurait pu faire des folies autrefois, et gardait pour lui des coquetteries. Quand elle lui raconterait le départ éperdu de Viviane, Anne-Sophie devinait son sourire. « Laissez-la faire, ma chère amie, dirait-elle sans doute. Votre cousine est très attachée à cette enfant. J'aurais fait de même autrefois pour un homme aimé. »

Passé Auxerre où Viviane avait dormi dans un relais de poste qui offrait quelques chambres malpropres, la voiture s'immobilisa dans une fondrière. Impuissant à la dégager, le cocher partit en maugréant au village voisin pour demander du secours.

Une dizaine d'hommes surgirent, poussant des brouettes remplies de branchages. Avant de se mettre au travail, ils exigèrent de l'argent. Viviane dut marchander. La dame savait-elle combien coûtait maintenant une livre de pain ? Une once de lard ? La voiture enfin extirpée de l'ornière, elle paya leur dû à ses sauveteurs, offrit un peu de pain gardé dans le coffre avec la nourriture destinée à son voyage. Les mains se tendirent fébrilement, les doigts agrippèrent les petits pains blancs avant de les enfouir dans les poches. Ils veulent les partager avec leur famille, pensa-t-elle.

Les larmes aux yeux, elle posa quelques questions, mais, le regard méfiant, presque hostile, personne n'y répondit.

Avant Chalon-sur-Saône, Viviane découvrit la misère absolue. Au milieu d'un paysage glacé, désolé, les villages semblaient morts. On ne voyait ni chien, ni chat, ni volaille, ni bétail. Tous abattus pour être dévorés ? Sans viande, sans pain, sans les légumes qui avaient gelé dans les potagers, que restait-il alors aux villageois pour subsister ?

Soudain, elle fit arrêter la voiture. Au bord de la route, une femme vêtue d'un caraco de coton, d'une jupe, d'un châle troué sur les épaules, les pieds nus dans des sabots remplis de paille, berçait un enfant livide, inerte. Viviane ôta de son cou une écharpe de laine, sortit du coffre un pain et une tranche de jambon. Incrédule, la femme la regarda avant de tendre une main tremblante. Puis, précautionneusement, elle rompit le pain en petits morceaux et tenta de nourrir son enfant mort.

Après la traversée de Lyon, pétrifiée, Viviane aperçut le long de la route des cadavres gelés, squelettiques, gisant ici et là. Des villages entiers étaient déserts. Leurs habitants avaient dû chercher à gagner Valence où ils grossiraient la foule des indigents. Dans les labours gelés, des enfants tentaient d'extirper quelques racines qu'ils dévoraient encore pleines de terre. Au relais de poste, Viviane posa des questions. Ces pauvres gens n'avaient-ils plus de réserves de céréales pour faire du pain ? Le maître de poste ricana. La dame ignorait-elle que le roi avait fait réquisitionner blé et fourrage pour ses soldats et leurs chevaux ? On se battait, à ce qu'on disait, dans les Flandres. Les gens d'ici avaient mangé leurs chiens et leurs chats, se faisaient du bouillon avec les os et devaient se contenter de raves et de topinambours qu'ils accommodaient en ragoût avec des trognons de choux et les boyaux des bêtes mortes de faim. Personne n'avait vu de pain depuis belle lurette. On cuisait des glands, des fougères qui, dans des corps épuisés, provoquaient souvent des diarrhées mortelles.

— L'évêché ne vous secourt-il pas ? se révolta Viviane.

L'homme se contenta de hausser les épaules. Le roi, l'évêque, qu'on ne lui parle pas de ces gens-là. Mais les curés, oui, se dépensaient pour leurs ouailles. Crevant de faim, ils restaient malgré tout actifs, prêts à réconforter, à administrer les derniers sacrements. Après avoir mangé les restes d'un lapin de garenne pourri, leur vicaire était mort la semaine précédente. Les cloches, depuis, restaient muettes. Dieu les avait abandonnés.

— Dieu ne décide pas du chaud et du froid, balbutia Viviane.

— Peut-être bien, madame, mais ne dit-on pas que c'est Lui qui a placé le roi sur le trône de France ?

Le voyage n'en finissait pas et le cocher comme la voyageuse étaient épuisés. La voiture s'embourba à nouveau, puis versa près d'Orange. Le temps était plus doux, mais la misère semblait égale. Ses provisions presque épuisées, Viviane ne pouvait rien offrir. Si jeûner ne l'affligeait guère, le cocher, lui, avait besoin de se sustenter. On ne mangeait qu'une fois par jour, à la tombée de la nuit, un triste repas pris au bord de la route ou dans l'arrière-salle d'une quelconque auberge.

Mille questions hantaient Viviane durant ses nuits de mauvais sommeil. Comment sa fille était-elle arrivée à Marseille et pourquoi cette ville si éloignée de Paris ? Quelle folie ou quel désespoir l'avait ainsi jetée sur les routes ? N'avait-elle pas su la comprendre, l'aimer assez ? Pourrait-elle la persuader, elle et sa famille, de revenir à Paris ? Elle louerait alors un logis convenable pour les installer, trouverait de l'ouvrage pour le mari, une gentille gouvernante pour les enfants.

Marseille n'était plus très loin quand Viviane découvrit une rangée d'ormes où se balançaient des pendus. Dévorés par les rapaces, leurs cadavres laissaient apparaître les os. Prise d'un malaise, elle voulut descendre de voiture.

— Des brigands, madame, soupira le cocher. On les pend sitôt attrapés. Comment sinon assurer la sécurité des voyageurs ?

— Marseille, madame ! Nous y voilà enfin.

Au loin, Viviane aperçut des clochers s'élevant d'une masse de toits couverts de tuiles ocre. On distinguait aussi le haut de quelques mâts au-dessus desquels tournoyaient des mouettes. Dans les faubourgs s'alignaient des maisons de pierre où s'accrochaient des vignes ou des rosiers derrière des haies d'ifs taillés. Çà et là s'élevaient des bouquets d'oliviers, des touffes de térébinthes. Tirant des charrettes, des ânes trottaient, des enfants pieds nus couraient le long de la route, tendant la main au passage du carrosse pour tenter d'obtenir une piécette ou une friandise. Dans la ville, les rues étaient étroites, bordées de nombreuses échoppes, d'ateliers fabriquant des outils et accessoires destinés aux navires. L'odeur était forte, mélange d'huile d'olive, de poisson, de poix, d'ordures aussi qui s'entassaient aux carrefours.

— Allons-nous chez les sœurs ? interrogea le cocher.

Averties de son arrivée par courrier, les filles de la Charité de Marseille attendaient Viviane, prêtes à l'héberger aussi longtemps qu'elle le souhaiterait. Sa venue était pour elles un événement considérable. Enfin on allait avoir des nouvelles de Paris ! En ces temps de misère, les voyageurs étaient rares.

— Allons d'abord chez l'exempt de police. On m'a dit que je le trouverais dans une rue qui donne sur le quai, près de l'arsenal.

Sans tarder, elle voulait savoir où vivait Marie-Aimée, afin de frapper à sa porte dès le lendemain matin.

La nuit tombait. À Paris, on l'avait prévenue que les galères restant à quai en hiver, les condamnés, leurs fers aux pieds, se répandaient dans la ville pour exercer de petits métiers, côtoyant de nombreuses filles de joie, des matelots en rupture d'engagement, des mendiants, des ruraux venus trouver une meilleure fortune en ville, des voleurs, des errants. Elle devait se montrer prudente et surtout ne pas s'aventurer la nuit dans le quartier du port. Viviane se moquait de ces conseils. Elle avait traversé la France dans des conditions épouvantables pour retrouver sa fille et n'allait pas se laisser intimider par de tels obstacles.

— La voiture ne passera pas dans ces ruelles, madame, je vous conjure d'aller chez les sœurs afin que je puisse la remiser, nourrir et abreuver les chevaux.

Demain matin, je vous escorterai bien volontiers chez l'exempt de police, puis chez madame Marie-Aimée si vous le désirez.

À contrecœur, Viviane dut s'incliner. Le vieux serviteur d'Anne-Sophie avait raison. Par son entêtement, elle pouvait le mettre dans une situation embarrassante.

Après un Te Deum chanté dans la chapelle avec la douzaine de filles de la Charité installées dans une maison appartenant aux religieuses de Saint-Joseph de l'Apparition, Viviane put prendre du repos.

En fort petit nombre, les filles de la Charité faisaient de leur mieux pour subvenir à la considérable demande de secours. Ville de garnison qui logeait environ trois mille cinq cents hommes, Marseille était, avec Brest, le plus grand port de France. Les navires amenaient certes de la richesse mais aussi des épidémies qui ravageaient périodiquement la ville. Vingt mille personnes étaient employées à l'administration des galères, hauts ou petits fonctionnaires qui, à voir quotidiennement les forçats, avaient fini par s'endurcir et considérer la chiourme comme du bétail. L'excédent d'hommes par rapport aux femmes expliquait la multitude des filles de joie de tous âges qui, souvent malades, survivaient dans des conditions lamentables. Chassées des places publiques, elles officiaient dans les ruelles autour du port où s'alignaient des masures qui empestaient la sardine, l'oignon et l'ail. Dans ces quartiers, les flambées de violence étaient fréquentes ; des bagarres opposaient les clans, armés de couteaux ou de poinçons. Les blessés étaient traînés à l'hôpital où ils refusaient de livrer leur identité. Les sœurs les soignaient du mieux qu'elles pouvaient, avant de les renvoyer, la plupart du temps, vers des ennemis qui ruminaient leur vengeance. Privés de la protection d'un éclairage public, les rares passants, des boutiquiers pour la plupart, portaient un flambeau et se faisaient escorter par des domestiques armés. Outre les malfrats, il fallait braver les ivrognes et les prostituées qui s'accrochaient aux vêtements des hommes. Pires que les ruelles étaient les quais où dormait la lie de l'humanité, ombres lamentables, souvent accompagnées de chiens rendus féroces par la faim, que même les galériens évitaient. De jour, les sœurs de la Charité s'y risquaient par groupes de trois pour secourir les mourants, la plupart atteints du mal italien ou rongés par de mauvais alcools. Défigurées, squelettiques, certaines prostituées avaient voulu travailler jusqu'au bout de leurs forces avant d'échouer entre les rouleaux de cordages et des barils de poissons séchés.

L'exempt de police accueillit Viviane avec politesse. Il consulta les dossiers des enquêteurs, puis ceux des avocats payés par la dame et un gentilhomme parisien, le comte de Firemont. Sa fille habitait sur la butte des Moulins. Elle était honnêtement mariée à un clerc de notaire et avait deux enfants, une fille de deux ans et un garçon d'un an, tous deux baptisés.

Viviane croyait rêver. Heureusement mariée, mère, Marie-Aimée n'avait pas éprouvé le besoin de lui écrire ?

— Nous allons vous conduire, proposa l'exempt. Votre fille ignore votre présence à Marseille. Elle peut vous ouvrir sa porte comme vous la claquer au nez. Soyez prête à tout. La police ne peut la forcer à vous recevoir.

Le long du trajet, Viviane crut défaillir à plusieurs reprises. La voiture de louage bringuebalait sur les pavés des ruelles obscurcies par le linge mis à sécher qui formait comme un toit. Beaucoup de celles-ci communiquant par des escaliers, la voiture devait faire des détours et le trajet lui sembla interminable. Elle ne voyait aucun jardin, aucun espace où pourraient jouer les enfants. Dans les maisons entassées les unes contre les autres semblaient vivre côte à côte commerçants, bourgeois et ouvriers, les plus riches occupant les logis en façade, les autres relégués dans des bâtiments donnant sur des cours obscures et malodorantes aperçues derrière les portails.

— Vous voilà rendue, madame, clama le policier. Je vais vous attendre avec le cocher dans cet estaminet.

Du doigt, il indiqua une maison où pendait une enseigne, *Au Phénix*. Un oiseau peint en couleurs criardes y figurait.

Restée seule, Viviane essaya de contrôler sa respiration. Allait-elle se sauver alors que Marie-Aimée était derrière cette porte ? Pourquoi, à cet instant, pensait-elle à Jeanne Guyon qui avait abandonné ses deux fils ?

Soudain Marie-Aimée fut devant elle. Un court instant, les deux femmes s'observèrent, pétrifiées. Puis Viviane ouvrit les bras.

— Enfin ! murmura-t-elle.

Marie-Aimée fit chauffer du lait, posa un reste de gâteau sur la table. Tout était propre, un chat sommeillait sur l'appui de la fenêtre.

— Les enfants dorment, dit-elle en servant le lait. Vous les verrez tout à l'heure.

Viviane émiettait le gâteau. Comment trouver les mots justes après tout ce temps ? Comment faire comprendre à Marie-Aimée que le passé n'avait plus d'importance ? Elle ne devait ni se justifier ni prononcer des mots qui pourraient la blesser.

La jeune femme se redressa sur sa chaise, les yeux brillants. Il était clair qu'elle voulait parler. D'une voix assurée, presque impersonnelle, elle évoqua sa rencontre avec Jean-Philippe à la prison. Elle avait aussitôt perçu que son crime était imaginaire. En face d'elle se tenait un être qui lui ressemblait comme un frère, un homme bien éduqué mais d'obscure naissance, marqué par la société d'une tache indélébile. Il avait besoin d'elle et elle de lui. Abandonner celle qu'elle considérait comme sa mère, Anne-Sophie, Vincent et Nicolas, sa « famille », n'avait certes pas été facile. Mais qu'avait pensé sa véritable mère en la déposant aux Enfants-Trouvés ? Sûrement qu'elle agissait au mieux. C'était cet exemple qu'elle avait voulu suivre. Il lui avait fallu six mois pour parvenir à Marseille. Au bout de cinq, elle avait dépensé le peu d'argent qu'elle possédait. Elle avait dû prendre un emploi de femme de chambre à Lyon et pu terminer le voyage en coche. Rentrer ensuite en rapport avec le père Luc avait été facile. D'abord très hostile, il avait fini par accepter de l'aider et elle avait réussi à le convaincre qu'une rupture temporaire avec sa famille d'adoption pouvait être bénéfique pour elle.

Grâce à lui, elle avait trouvé un emploi de brodeuse dans une maison qui fournissait maints évêchés de France. Le maître brodeur l'avait logée.

Jean-Philippe et elle s'étaient revus et il n'avait pas fallu plus de trois rencontres pour qu'ils se promettent le mariage. Grâce à ses économies, elle avait loué les services d'un avocat. Il s'était rendu à Paris pour approcher le confesseur de la jeune Constance de Firemont. Pressée par celui-ci et probablement prise de remords, Constance avait fini par avouer qu'elle n'avait pas refusé ce simple baiser. Jamais Jean-Philippe n'avait eu de gestes inappropriés, comme elle l'avait laissé entendre pour s'innocenter. Elle avait éprouvé tout simplement un grand émoi qui lui avait fait perdre la tête. L'avocat et le prêtre avaient prié la fille de parler à son père. Celui-ci s'était montré consterné. Il avait toujours éprouvé de l'intérêt pour le fils de son maître d'hôtel et sa colère avait été grande de voir ce jeune homme abuser de sa confiance. Comme il était bon chrétien et que l'injustice lui était intolérable, il était prêt à dépenser la somme qui serait nécessaire pour obtenir son élargissement.

Son argent et son influence avaient fait merveille. Deux mois plus tard, Jean-Philippe était à nouveau jugé à Marseille et acquitté. Après qu'il eut trouvé un emploi chez un notaire, ils s'étaient mariés. Leur fille, Viviane, était née dix mois plus tard, suivie par Éloi, prénom du père de Jean-Philippe. Ces naissances et l'amour de son mari avaient apaisé Marie-Aimée. Elle n'avait plus eu de cauchemars lui montrant sa mère qui pleurait, la maison de la rue des Tournelles en ruine, Nicolas abandonné. Mille fois elle avait été tentée d'écrire, mais toujours y avait renoncé. Certaines décisions n'étaient-elles pas définitives ? Son propre abandon en était la preuve. À quoi aurait servi que sa mère naturelle cherche à la retrouver ? À leur briser le cœur à l'une comme à l'autre ? À s'accuser ? À se justifier ?

— Il n'y aura rien de tel entre nous, affirma Viviane. Je t'ai recueillie et chérie, tu m'as acceptée et aimée. Que pourrait-on ajouter ? Dieu a voulu que nos chemins se croisent et je sais que nous avons beaucoup encore à nous donner. J'avais le dessein de te ramener à Paris avec moi. J'y renonce bien volontiers puisque je te vois heureuse. L'amour ne donne pas le droit de posséder. Ta souffrance, mon enfant, je l'imagine sans effort. N'oublie pas qu'orpheline et pauvre, j'ai été recueillie par un oncle et une tante. Crois-tu que cette épreuve se soit passée sans douleur ? Penses-tu que de côtoyer ma cousine Anne-Sophie, fêtée, gâtée, n'a jamais soulevé en moi de jalousie ? Puis je l'ai vue multiplier les erreurs, souffrir, et j'ai compris que tout comme Dieu, le bonheur n'est pas un dû. Ce qui compte n'est pas l'amour mais la nature de l'amour. Celui que j'éprouve pour toi est indépendant des aléas de la vie.

Viviane passa la fin de l'hiver et le printemps à Marseille. Entre la famille de Marie-Aimée et l'aide qu'elle offrait aux sœurs de la Charité, elle n'avait guère le temps de regretter Paris. On parlait dans les gazettes d'une victoire du duc de Noailles en Catalogne, d'une grève des ouvriers qui immobilisait les métiers à tisser à Lyon comme à Tours. Le prix du pain ne cessait d'augmenter, au point que le travail journalier d'un tisserand ne permettait plus d'cn acheter une livre.

Jean-Philippe restait marqué par l'atroce marche de la chaîne entre Paris et Marseille. La cicatrice du fer rouge, stigmatisant son infamie, apposée sur son épaule à l'arrivée au bagne le faisait toujours souffrir. Il avait fait jurer à Marie-Aimée que jamais ses enfants ne la verraient.

Lui aussi avait désiré parler à Viviane qu'il considérait comme leur bienfaitrice. Elle qui se dévouait pour les réprouvés, les morts vivants, devait connaître la vie d'un galérien. Vêtu d'un pantalon et d'une chemise de toile rouges jamais lavés, il avait été placé sur le banc qu'il occuperait désormais dans « sa » galère. Ils étaient cinq côte à côte. Que l'on sc révolte ou, pire, tente de se sauver, et les quatre autres étaient sauvagement bastonnés. Chacun surveillait l'autre. Aussi étrange que cela pouvait paraître, de petites libertés rendaient cependant possibles des trafics de toutes sortes et permettaient aux plus habiles de survivre : trocs, emplois occasionnels chez des boutiquiers qui désiraient nettoyer leurs cours ou curer leurs fosses d'aisances. Avec la piécette qu'on leur glissait, ils pouvaient acheter du poisson séché, une orange, des légumes, de quoi compléter l'horrible brouet qu'on leur servait deux fois par jour, mélange innommable de fèves mal cuites, de trognons de choux, de porc rance ou de morue avariée. Tout autant que de la chiourme, les officiers se méfiaient les uns des autres. Un placet, une lettre anonyme pouvaient dénoncer ces petites libertés qui, grâce à la générosité des commerçants, leur étaient également profitables.

Chaque semaine, les aumôniers venaient offrir leur secours, se consacrant principalement aux galériens protestants qu'ils cherchaient à convertir. Le père Luc faisait exception, il était mort du choléra un mois après sa libération.

Les protestants condamnés pour leur foi jetaient une tache indélébile sur l'image du roi. Comment, à la Cour, pouvait-on garder le silence ? Ils étaient des centaines, raflés dans leurs villages, pressés de se convertir et, s'ils s'obstinaient, enchaînés et envoyés au bagne avec les criminels, les déserteurs, les contrebandiers, les voleurs. Savait-on à Paris que l'on obligeait les protestants à assister à la messe célébrée tous les dimanches et jours de fête à la poupe des galères ? Ceux qui refusaient étaient garrottés et bastonnés. Viviane imaginait-elle en quoi consistait la bastonnade ? On étendait le condamné à plat ventre, torse nu sur le pont, maintenu aux bras et aux jambes par deux autres forçats. Un Turc frappait avec une corde goudronnée et, si on le jugeait trop clément, un officier lui-même administrait des coups de bâton. Le supplice était public. Maints honnêtes Marseillais venaient y assister en famille, étonnés de voir mourir sous les coups certains suppliciés. Quant aux survivants, on les menait en charrette à l'hôpital royal des forçats où des personnes de cœur comme les filles de la Charité les pansaient.

Le roi avait-il une conscience ?

Dès le printemps, les galères reprenaient la mer. La chiourme était répartie par quartiers d'une heure et demie aux rames suivie d'une heure de repos. Douze rames de chaque côté de la proue au milieu du navire, treize jusqu'à la poupe. Toutes les manœuvres se faisaient au sifflet, langage complexe que les galériens entendaient parfaitement. Si, en cas de nécessité, il fallait accélérer la cadence, la chiourme entière était mise aux rames et le fouet jamais bien loin.

Arrivés au port, certains rameurs, exténués et meurtris, ne pouvaient quitter leur banc. Après des coups de nerf de bœuf, des marins traînaient les corps ensanglantés jusqu'à la chaîne comme s'ils étaient des charognes.

— Je n'ai survécu que parce que mes tourments ont cessé au bout de six mois. Imaginez-vous, madame, dans quel état nous arrivions de Paris ? Trois à quatre lieues par jour chargés de chaînes, de brèves nuits dans des écuries sur de la paille corrompue, la marche dans la boue jusqu'aux chevilles quand il pleuvait, les poux, la gale et un bol de soupe aux pois et à l'huile par jour avec une tranche de pain de son. Grâce au père Luc, on me mit sur un charriot lorsque je fus pris de diarrhées. Le pus de la gale traversait ma chemise, mes propres excréments mon pantalon. En arrivant à Marseille, un condamné sur trois avait péri ou se trouvait à toute extrémité.

Pétrifiée, Viviane avait laissé Jean-Philippe achever son récit. Grâce à l'attention de sa famille, il arrivait aujourd'hui à oublier, mais il n'y avait pas un dimanche où il n'allait faire l'aumône aux galériens. Certains de ses corameurs, après trois ans de supplice, étaient morts, beaucoup avaient été envoyés à Dunkerque pour les besoins de la guerre. Il ne connaissait plus que trois ou quatre pauvres hères qui avaient plus ou moins perdu la tête.

Quand, à la fin du moi de mai, Viviane reprit la route de Paris, sa foi était devenue solide comme un roc. Désormais, elle ne se sentait plus rien en commun avec Jeanne Guyon et sa petite Église où l'on se plaisait à redevenir un enfant docile devant Dieu. Ne prétendait-on pas que Fénelon lui-même, pour retrouver son innocence, s'adonnait à des jeux de garçonnet comme le volant, la toupie, le cerceau ? Et elle devait faire effort pour ne pas honnir le roi qui ne pensait qu'à la guerre, aux divertissements et qui, en dépit de maintes suppliques, refusait de soulager les souffrances des condamnés pour leur foi.

22

1695

Pour financer la guerre, il avait fallu encore lever de nouveaux impôts. Le contrôleur général des Finances, monsieur de Pontchartrain, avait mis en place une capitation, impôt pesant sur chaque chef de famille.

Le froid était revenu, mordant comme l'année précédente, et l'on se désespérait. Le royaume se relèverait-il d'une telle misère ? On parlait de centaines de milliers de personnes ayant péri de froid et de faim qui s'ajoutaient aux innombrables soldats morts au feu, à la multitude des protestants pourchassés et jetés aux galères quand ils n'avaient pas été massacrés au cours d'infâmes dragonnades.

La vie à Paris continuait tant bien que mal. Hommes et femmes fortunés s'achetaient des pelisses de fourrure, des manchons, des bonnets de coton ou de laine. On déboisait ses domaines pour que le feu ne s'éteigne pas dans les cheminées et on payait légumes, fruits, pain et laitages un prix exorbitant.

Les ronds de mademoiselle de Scudéry, rudement frappés par la mort de son ami de cœur Pellisson, et ceux de Ninon de Lenclos ne réunissaient que peu de monde. Il fallait pour se déplacer braver le vent glacé, le verglas, apercevoir derrière les vitres des carrosses le spectacle désolant des miséreux en haillons et pieds nus.

Dès le mois de janvier, la duchesse de Beauvillier ouvrit son salon trois fois par semaine aux membres de la petite Église qui, tous, demeuraient à quelques pas de son hôtel. Bouleversés par la semi-disgrâce de Fénelon, atterrés par la situation difficile de celle qui était l'âme de leur cercle, Jeanne Guyon, ils étaient déterminés à faire rentrer le premier dans les faveurs royales et à secourir la seconde. La marquise de Maintenon les avait abandonnés. Incapable de remettre en cause sa position, son influence, elle avait opté pour la docilité. Le roi ne voulait pas entendre parler de quiétisme ? Elle le reniait, et bien que Fénelon fît merveille auprès du duc de Bourgogne, elle avait pris envers lui ses distances. Il fallait l'éloigner en douceur de Versailles, le séparer d'un élève sur lequel il avait trop d'influence. Ne disait-on pas qu'il désirait faire de lui un monarque qui ne vivrait que pour son peuple, la justice et la paix ? C'était narguer ouvertement son grand-père en l'accusant d'être tout le contraire.

L'archevêché de Cambrai étant vacant, le roi avait décidé de l'attribuer à Fénelon. C'était un honneur suffisamment éloigné pour que ce bel esprit, cet homme généreux et idéaliste n'apparaisse plus guère à la Cour. Bossuet avait chaudement appuyé cette nomination. Il aimait Fénelon et le redoutait. Esprit trop libre, celui-ci ne comprenait pas que l'État et l'Église étaient un. Critiquer la révocation de l'édit de Nantes, les guerres, la monarchie de droit divin sapait les fondements du royaume de France. Toute sa vie, Bossuet avait mis son génie au service du roi et il n'était pas prêt à tolérer les fauteurs de troubles. Comme il était impossible de s'attaquer aux Beauvillier ou aux Chevreuse, personnages trop considérables, il s'était retourné, en accord avec madame de Maintenon, contre Fénelon, puis Jeanne Guyon, dont il n'allait faire qu'une bouchée. Cette illuminée, cette orgueilleuse prétendait communiquer avec Dieu sans l'intermédiaire de l'Église ! Elle se permettait de prêcher et, il en était sûr, de comploter.

Elle lui avait adressé maintes lettres l'année précédente, désireuse non seulement de l'amadouer mais aussi de le convaincre du bien-fondé de sa mission. Exclue *ad vitam aeternam* de Saint-Cyr, elle était présentement sous l'œil d'une commission composée de lui-même, de Noailles, évêque de Châlons, et de Louis Tronson, le vénérable supérieur de Saint-Sulpice. Ils se réunissaient à Issy dans la résidence du vieux Tronson pour juger cette doctrine douteuse approuvée par Fénelon. Ensorcelé par la veuve de Montargis, ce lettré, cet homme profondément religieux secouait lui aussi ce qu'il prétendait être un joug et qui, pour Bossuet, était un chemin royal. Celui-ci comptait un allié : Harlay de Champvallon, archevêque de Paris, qui haïssait Jeanne Guyon et voulait sa perte. Parce qu'elle avait refusé autrefois de lui confier l'administration de sa fortune ? Parce qu'elle l'ignorait ? Bossuet ne cherchait pas à en savoir plus.

— Notre chère Jeanne Guyon s'est montrée bien légère en décidant de se livrer à monsieur de Meaux, soupira la duchesse de Chevreuse. La voilà seule face à un adversaire redoutable.

— Deux grands chrétiens cependant, nota Vincent de Perret.

Le duc de Beauvillier restait pensif.

— Monsieur de Meaux est un guerrier et n'aura de cesse de l'avoir à sa merci. Elle lui a confié ses écrits : *Le Moyen court*, *Les Torrents*, ses commentaires du Cantique des cantiques, l'histoire de sa vie. Qu'en tirera-t-il ? Il se rit des visionnaires et des mystiques.

— Jeanne Guyon est combative, elle aussi.

Plus par amitié que par sympathie pour leur doctrine, Anne-Sophie se joignait volontiers désormais au cercle de la petite Église. L'affection de tous lui faisait oublier l'affaiblissement physique de Vincent. Il ne quittait plus qu'exceptionnellement leur logis pour se rendre à Versailles. Ses forces, il les consacrait toutes à la petite Église. La décision de Jeanne Guyon de se mettre « sous la protection » de Bossuet à Meaux l'avait, comme les autres, consterné. Plein d'une sympathie condescendante pour les femmes, habitué à les diriger dans leurs hésitations, leurs scrupules, Bossuet ne tolérerait aucune résistance.

— La Cour s'est saisie de cette affaire, remarqua la duchesse de Chevreuse avec tristesse. On ne parle que de cela et les pires médisances circulent, qui embarrassent notre amie madame de Maintenon. Elle ne souhaitait pas accabler ainsi Fénelon mais ne pourra désormais l'épargner. C'est pour elle une épreuve douloureuse. Jamais elle n'avait imaginé qu'en livrant Jeanne Guyon à monsieur de Meaux, elle lui offrait tout à la fois monsieur de Fénelon. Cette histoire la dépasse aujourd'hui et je la sais fort malheureuse.

— Depuis le jour où celle-ci a cessé de lui plaire, madame de Maintenon a voulu sa perte. Ne la voyez pas meilleure qu'elle ne l'est. Notre fidélité à Jeanne l'exaspère et Bossuet ne fait rien pour l'apaiser.

— Monsieur de Meaux se méprend sur elle. Bossuet a-t-il jamais lu saint Jean de la Croix, Thérèse d'Ávila ?

— Il avoue lui-même qu'il ne comprend pas leur jargon.

Les domestiques étaient venus allumer lustres et flambeaux. Une pluie glacée fouettait les carreaux de l'hôtel de Beauvillier. On disait que la température allait encore chuter. Il fallait rentrer chez soi.

— Je crains, remarqua la duchesse de Béthune-Charost en s'enroulant dans une cape de martre, que Bossuet n'aille fouiller dans la vie de Jeanne Guyon pour en extirper ce malheureux père Lacombe, devenu à moitié fou après tant d'années de prison. À défaut de pouvoir nous attaquer, on pourrait lui faire avouer n'importe quoi. Qu'il ait eu des relations condamnables avec notre amie, par exemple. On voudra faire d'elle une victime propitiatoire. Madame de Maintenon, monsieur de Meaux nous voient en conspirateurs au service de monsieur le duc de Bourgogne, aucun d'entre vous n'ignore cela.

En dépit des grands feux qui crépitaient dans les cheminées de son hôtel de la rue des Tournelles, Anne-Sophie grelottait. Il faudrait encore garder ses pelisses jusqu'au moment du coucher.

Viviane n'apparaissait que tard dans la nuit. Sa cousine l'inquiétait. À moins de cinquante ans, elle était usée. Ses cheveux avaient blanchi, elle avait perdu quelques dents, se tenait un peu voûtée. Elle avait été cependant une jolie jeune fille, qui aurait pu épouser le cadet d'une bonne famille provinciale. Dieu la destinait à autre chose.

Toujours vêtue de gris ou de noir depuis son retour de Marseille, Viviane se confiait moins et Anne-Sophie se demandait si sa cousine n'était pas déjà détachée de la vie. Qu'attendait-elle sinon son salut éternel ? Marie-Aimée lui écrivait trois ou quatre fois l'an, Nicolas la chérissait, mais y attachait-elle de l'importance ? Hormis à ses malades, elle semblait indifférente à tout. Lui faudrait-il dire bientôt adieu à sa plus vieille amie ? Il fallait s'interdire d'avoir des idées noires que le temps et les événements favorisaient. Anne-Sophie voulait acheter une terre, un petit château pas trop loin de Paris où Nicolas puisse, durant l'été, profiter d'un air sain. Pour éviter toute mauvaise rencontre, l'enfant ne sortait qu'en voiture et le jardin de la rue des Tournelles n'était pas suffisamment vaste pour un garçon de quatre ans plein de vie. Mais Vincent aurait-il la force d'entreprendre des voyages, aussi courts soient-ils ?

Son ami le chevalier de Briare la pressait d'acheter une jolie demeure à Saint-Jean-les-Deux-Jumeaux, petite ville située à douze lieues de Paris. Il l'avait visitée et était tombé amoureux de la vue sur la vallée de la Marne. L'empressement du cher homme avait fait sourire Anne-Sophie. Sans doute se voyait-il paressant et rimaillant sous les ombrages durant l'été tout en recevant aisément les visites de ses amis. Au moins lui resterait-il. Âgé de tout juste un demi-siècle, il était aussi alerte qu'un jeune homme alors qu'elle-même, à quarante-sept ans, se sentait souvent bien lasse.

En dépit du froid, les théâtres affichaient complet. On donnait des concerts au Palais-Royal et les mêmes conversations circulaient à la Cour : la princesse Palatine soupçonnait madame de Maintenon de faire pression sur le roi pour que le mariage de sa fille, mademoiselle d'Orléans, et du Dauphin n'ait pas lieu. Celui-ci avait finalement promis qu'il ne consentirait pas à cette union et la « vieille ordure », comme la Palatine nommait l'épouse morganatique du roi, avait gagné. Sa perfidie, prétendait l'Allemande, n'avait point de limites. Voyait-elle le roi s'éloigner, elle se prétendait mourante pour le ramener à elle. Ces manœuvres pitoyables produisaient toujours l'effet escompté.

Au début de février, Viviane reçut une longue lettre de Jeanne Guyon, du couvent de la Visitation de Meaux. Les sœurs, qui semblaient prévenues contre elle, l'avaient accueillie sans chaleur au terme d'un atroce voyage en plein janvier. Sa voiture avait versé et elle avait dû attendre des secours pendant quatre heures dans un froid polaire. Sa santé en avait été affectée au point qu'à peine arrivée, elle avait dû prendre le lit. Mais en dépit de sa faiblesse, elle avait aussitôt écrit à Bossuet, lui assurant qu'elle priait à son intention et lui était dévouée jusqu'à la mort.

Pourquoi ce pathétique besoin de plaire, d'être aimée ? pensait Viviane. Jeanne savait si bien s'humilier pour mieux redresser la tête une fois acceptée ! Mais si elle comptait avoir de l'empire sur l'évêque de Meaux comme elle en avait eu sur Lacombe puis Fénelon, elle faisait fausse route. Bossuet jouerait avec cette femme comme le chat avec la souris.

Je me suis installée tant bien que mal, continuait-elle, *avec ma statue de l'Enfant Jésus, mes reliques, mes livres et mes oiseaux qui, n'ayant pas péri, ont dû tout comme moi être protégés par le Bon Dieu durant notre voyage.*

À peine avais-je achevé ma lettre à monsieur de Meaux que j'en commençais une pour madame de Maintenon à laquelle j'affirmais mon indéfectible amitié. Je lui garantissais que monsieur de Meaux reconnaîtrait bien vite ma sincérité. Mes voix, mes songes, mes intuitions viennent de Dieu. Je ne suis qu'un récipient dans lequel Il verse Sa Grâce. Les messieurs du comité d'Issy peuvent condamner des paroles malheureuses, pas des intentions.

J'ai fait copie de cette lettre à monsieur de Meaux afin qu'il sache que je n'ai rien à lui cacher.

Une missive de la duchesse de Chevreuse m'a rejointe le surlendemain. Tous mes frères et sœurs de la petite Église, mes chers michelins, espèrent toujours que Fénelon aura l'archevêché de Paris au cas où Harlay de Champvallon viendrait à mourir. On le dit en très mauvaise santé. Si mon cher Saint Bon[1] *revient à Paris, tout est*

1. Fénelon.

encore possible car il se rapprochera alors de monseigneur le duc de Bourgogne qui lui reste fort attaché. Tous sont mes enfants, je les chéris et suis prête à les nourrir et à les abreuver du lait de l'Amour jusqu'à mes derniers jours.

À nouveau, Viviane interrompit sa lecture. Elle se souvenait que Fénelon nommait parfois Jeanne « maman téton ». Comment cette femme pouvait-elle prétendre être la mère des michelins ? Jamais dans ses lettres elle n'évoquait ses propres enfants. Jeanne-Marie, âgée maintenant de dix-neuf ans, vivait dans l'immense château de Vaux-le-Vicomte. Elle refusait de faire partie de la petite Église et ne voyait que très rarement une mère qui l'avait séparée de ses frères pour l'entraîner comme une vagabonde sur les routes. Quelle amertume profonde avait poussé cette femme à trancher net avec son passé en sacrifiant sa propre famille ? Quelle vieillesse se préparait-elle quand, affaiblie, infirme peut-être, elle se tournerait vers des enfants qui la rejetteraient à leur tour ? L'amour divin remplirait-il sa solitude ?

La fin de la lettre évoquait un premier entretien avec Bossuet. Il lui avait rappelé que lors des premières réunions de la commission d'Issy auxquelles participaient Noailles, Tronson et lui-même, on n'avait pas jugé favorablement sa doctrine. Elle s'était écriée qu'elle n'en avait point : elle n'était qu'un canal entre Dieu et ses amis. Bossuet avait alors semblé agacé. Et ses écrits ? Elle les avait composés inspirée par des images qui s'imposaient fortement à elle au point de la bouleverser. Elle était le torrent impétueux, le lac serein sous les nuages, la montagne solide et fière, le vent que nul ne pouvait arrêter. Dieu la dominait au point de briser en elle toute volonté, tout désir d'indépendance. Le bonheur terrestre n'était point pour elle, elle ne l'ignorait pas mais elle refusait l'injustice et considérait comme abusifs les entretiens d'Issy. Bossuet l'avait alors quittée tout en lui promettant de la faire communier. Il célébrerait une messe le lendemain et elle pourrait approcher de la sainte table. N'était-ce pas la preuve qu'il la considérait comme membre à part entière de l'Église ?

En avril, Anne-Sophie signa l'acte d'achat de la terre de Saint-Jean et Vincent put faire le voyage. Avec son belvédère qui dominait la Marne, sa roseraie, son jardin un peu sauvage, le petit château leur avait plu. Les domestiques, hormis un valet et une femme de chambre, couchant dans les communs, on se sentait chez soi.

À Saint-Jean, ils apprirent la mort de La Fontaine. Anne-Sophie l'avait souvent rencontré chez mademoiselle de Scudéry. Celle-ci perdait encore un de ses fidèles. Sa vieille amie n'écrivait plus de romans mais, en dépit de sa mauvaise vue, ne renonçait pas aux vers ni à sa correspondance avec des admirateurs vivant au loin. Dans toute l'Europe, elle était encore célèbre. Comme sa surdité l'empêchait d'aller entendre les sermons des grands prédicateurs, on les copiait pour qu'elle les lise dans sa chambre. Mademoiselle de Scudéry ne viendrait pas à Saint-Jean, pas plus que Ninon qui ne quittait plus Paris, mais restait assidue aux ronds qui se tenaient dans son quartier du Marais.

Viviane appréciait cette retraite campagnarde où elle pouvait donner du repos à un corps de plus en plus affaibli. Incapable cependant de rester tout à fait inactive, elle avait le dessein d'ouvrir une école de filles et un petit hôpital où l'on offrirait des soins aux blessés légers et des herbes médicinales aux malades. Pressée par sa cousine, Anne-Sophie avait accepté de faire cultiver dans le potager un carré de simples dont les feuilles séchées embaumaient le grenier.

À Versailles, la vie continuait son immuable cours. Dans un ultime geste d'amitié, madame de Maintenon voulut que Fénelon soit consacré évêque par Bossuet à Saint-Cyr. Les entretiens d'Issy se poursuivaient et de voir reprocher à celui qui avait été si proche d'elle des écrits non conformes à la foi catholique la mettait mal à l'aise. Qu'on écrase Jeanne Guyon, certes elle l'acceptait, mais elle souhaitait que Fénelon soit épargné autant que possible.

La cérémonie fut simple et très émouvante. Toutes les demoiselles chantèrent et leur recueillement, leur discipline indiquaient clairement que l'ordre était revenu à Saint-Cyr. La doctrine du Pur Amour était bel et bien oubliée. Fénelon lui-même se disait détaché de celle qui autrefois l'avait tant séduit. Mais s'il ne voyait plus Jeanne, son influence sur lui persistait. Face à leurs ennemis communs, il ne l'abandonnerait pas.

En posant la mitre sur la tête de son vieil ami, assisté par les évêques de Chartres et d'Amiens, Bossuet semblait avoir mis de côté leurs différends, mais Anne-Sophie savait que c'était mal le connaître.

Monsieur de Meaux n'oubliait rien. Il était l'ami du roi, un pilier de l'Église catholique gallicane, l'ecclésiastique le plus important du royaume. La présence à Saint-Cyr des fils du Grand Dauphin, des ducs de Beauvillier et de Chevreuse l'attestait. Et que pouvait-il craindre ? Trois jours plus tard, Fénelon prendrait la route de Cambrai.

Le décès, quelques jours plus tard, de l'archevêque de Paris redonna espoir à la petite Église, un espoir de courte durée. On ne rappela pas Fénelon de Cambrai, mais on offrit Paris à Louis Antoine de Noailles, soutenu par madame de Maintenon et ses amis, un homme doux, paisible jusqu'à la lâcheté, qui ne créerait pas de vagues. Il était soupçonné d'avoir des sympathies jansénistes ? Peu importait, au moins n'était-il pas quiétiste.

Dans le sillage de l'évêque de Châlons, l'évêque de Chartres, Godet-Desmarais, ancien confesseur de madame de Maintenon et demeuré son ami proche, demanda à lire les écrits de Fénelon et de Jeanne Guyon toujours recluse au couvent de la Visitation. Très vite, il livra son opinion : ces ouvrages étaient bel et bien empreints de quiétisme, hérésie condamnée à Rome en la personne de Molinos. Il fallait sévir, vite et fermement.

Bossuet se raidit encore. Jeanne refusait de signer une soumission ? Il la briserait. Des témoignages défavorables sur elle lui parvenaient par ailleurs de Gex, de Grenoble. Quelles avaient été ses relations exactes avec Lacombe ? Une union spirituelle ou physique ? On rapportait aussi qu'elle aurait porté une affection douteuse à une petite servante, une certaine Cateau

Barbe, qui avait à moitié avoué, avant de se rétracter, des mœurs contraires à la bienséance.

Face à un Bossuet exaspéré, Jeanne tomba malade et prit le lit. Il fallait en finir, même si le duc de Beauvillier conseillait à madame de Maintenon de le tempérer. Ce bon duc ignorait-il que madame de Maintenon et monsieur de Meaux n'avaient qu'une pensée ? Ne savait-il pas qu'il passait le plus clair de son temps à écrire un ouvrage réfutant l'*Explication des maximes des saints sur la vie intérieure* de Fénelon ? Un livre où l'archevêque de Cambrai s'appuyait sur une légion de mystiques, sanctifiés ou non, mais tous appuyés par l'Église ?

Harcelée, tancée, menacée puis consolée, encouragée, Jeanne finit par céder et signer. Elle reconnaissait avoir involontairement émis des théories que l'Église catholique pouvait désapprouver, même si elles ne contenaient aucun élément subversif. Elle était elle-même une fille docile et soumise. On pouvait censurer ses ouvrages, mais pas l'accuser d'hérésie. Le lendemain, elle reçut l'autorisation d'aller prendre les eaux de Bourbon-l'Archambault. Interdiction cependant lui était faite de s'installer à Paris, de prêcher et d'évangéliser.

Son amie la duchesse de Mortemart, accompagnée de sa nièce, la duchesse de Morstein, vint la chercher à Meaux. La lettre très ferme de madame de Maintenon adressée à Bossuet et exigeant que Jeanne restât sous sa « protection » arriva trop tard. Et à Bourbon-l'Archambault, nul n'avait vu une dénommée Jeanne de Lamotte-Guyon. La veuve de Montargis avait disparu.

23

1699

Anne-Sophie reçut la lettre au pire moment. Alité depuis plus de deux mois, Vincent de Perret était à toute extrémité. Le courrier avait été envoyé par le notaire pour lequel Jean-Philippe travaillait.

Tenir la plume exige de moi un si grand courage qu'il me faut l'aide de Dieu pour tracer chaque mot. Mais votre soutien, madame, m'est absolument nécessaire.

Jean-Philippe Berger était un clerc dont je n'avais qu'à me louer. Peu à peu, grâce à l'affection de Marie-Aimée et de leurs enfants, il semblait non pas oublier mais laisser derrière lui l'injustice dont il avait été victime. Il se sentait toutefois lié moralement à ses anciens frères de malheur et se rendait chaque dimanche sur le quai des galères pour leur offrir quelque réconfort tant en paroles qu'en menus dons. Révolté par le sort réservé aux protestants condamnés au bagne pour leur foi, sensible à leurs souffrances, il en vint peu à peu à les partager si intimement en esprit qu'il résolut de se convertir afin de braver une société qu'il jugeait inique. Il me l'annonça et je lui fis jurer de garder son secret. Sa femme le suivit dans sa résolution et se fit elle aussi huguenote, foi dans laquelle seraient élevés leurs deux enfants. Liés l'un à l'autre par l'indignation qui les animait, ils rejoignirent des organisations secrètes créées pour aider les forçats protestants à s'évader ou pour offrir un réconfort spirituel et matériel à ceux qui restaient enchaînés. Faisant preuve d'un admirable courage, des pasteurs les tenaient informés des efforts faits en leur faveur par des cours étrangères, celle de la reine d'Angleterre en particulier. On ne les oubliait pas.

Une de ces organisations ayant été dénoncée, deux pasteurs furent emprisonnés et pendus, des galériens protestants, jugés séditieux, bastonnés à mort. La police enquêta afin de découvrir leurs complices à Marseille.

Un dimanche, Jean-Philippe se présenta comme de coutume à l'arsenal des galères et demanda à parler au commandant du navire sur lequel il avait ramé. Lorsque celui-ci se présenta, Jean-Philippe le regarda en face, sortit un pistolet de sa poche et déclara fermement : « Monsieur, voici un huguenot que vous n'attraperez pas. » Puis il se brûla la cervelle.

Je n'ose trancher si cet acte affreux fut provoqué par la folie ou par un courage admirable. On refusa de l'enterrer chrétiennement et le malheureux repose en dehors du cimetière, jeté dans un trou sans cercueil, comme un chien.

Marie-Aimée, votre protégée, montre une étonnante fermeté. Ordre m'a été donné de la chasser de la maison qu'elle occupe et dont je suis le propriétaire. À cause des deux enfants, j'ai obtenu une rémission d'un mois. Venez vite les recueillir. Ils sont tous trois dans une situation affreuse : madame Berger risque d'être jetée en prison et ses enfants placés dans un foyer catholique.

C'est elle qui m'a parlé de vous, sans toutefois me permettre de vous écrire. J'ai transgressé sa volonté dans l'intérêt de sa famille. Hâtez-vous. Je ne peux garantir sa sécurité au-delà de la fin du mois de mai.

Votre humble et dévoué serviteur,

Antoine Reversin, notaire.

— Rien ne m'empêchera de prendre la route ! déclara Viviane. Aurais-tu la gentillesse de mettre une fois encore à ma disposition ton carrosse de voyage ? Je partirai demain matin, sinon je prendrai le coche.

— Le carrosse sera prêt au lever du soleil, promit Anne-Sophie.

Elle n'avait pas cherché à raisonner sa cousine. Une force au-delà du bon sens animait Viviane, pourtant l'ombre d'elle-même. Outre les différents maux dus à l'usure de son pauvre corps, elle souffrait de la poitrine, était vite oppressée, hors d'haleine. Mais aucun conseil raisonnable ne l'arrêterait. Clouée au chevet de Vincent, Anne-Sophie ne pouvait lui prêter assistance. La vie ne lui offrirait désormais que des chagrins. Elle avait cependant éprouvé un bonheur nostalgique à la nouvelle qu'une colonie française allait être solidement implantée à Biloxi, en Louisiane, sous la direction de Pierre Le Moyne, un proche ami de Charles. Son enfance, la Bretagne, l'hôtel des Vieilleville, morts tous les deux, lui semblaient faire partie d'un autre monde. Elle était différente maintenant, meilleure peut-être, mais dépouillée d'illusions. À bientôt huit ans, Nicolas avait une personnalité complexe, tantôt insouciant, tantôt rebelle, prêt à tout contredire, à tout condamner. Il rêvait d'une carrière militaire que son nom lui offrirait facilement. Un jour, il serait exposé à tous les périls, et elle une vieille dame fragile à l'aube d'une longue attente.

Viviane l'embrassa. Quand la portière de la voiture se referma, Anne-Sophie eut la gorge nouée. Se reverraient-elles ? Le temps cependant était beau, les routes seraient carrossables, le cocher était débrouillard et résolu. Elle lui avait adjoint un jeune garçon qui venait d'entrer à son service et pourrait lui donner un coup de main en cas de difficulté. Viviane avait fermement décliné l'aide d'une femme de chambre qui, avait-elle prétendu, ne lui causerait que des embarras. Elle-même se souciait peu de la qualité des lits, de la propreté des chambres, de la saveur des repas. Il n'était pas évident qu'une autre s'en accommodât.

La voiture disparue au coin de la rue, Anne-Sophie se reprit. Vincent avait passé une mauvaise nuit, il fallait lui montrer bon visage. Et Nicolas lui en voulait d'avoir annulé une sortie place Royale où aurait lieu un carrousel. En se couchant la veille, il avait refusé de l'embrasser.

Au relais d'Orléans, Viviane monta directement dans sa chambre. Elle avait froid, ses pensées se brouillaient. Les visages d'Anne-Sophie, de Charles de Vieilleville, de Gaston, de Vincent venaient à sa mémoire avec ceux de presque inconnus croisés lors de soupers donnés rue des Tournelles. Qui étaient ces gens ? Des fantômes affamés cherchant en autrui de quoi nourrir leurs misères intérieures ? Elle était lasse de la société mondaine, fatiguée aussi des exigences de certains malades jamais satisfaits des soins prodigués. Qui s'était jamais occupé d'elle ? Qui avait cherché à savoir si elle avait besoin d'amour ? Marie-Aimée elle-même s'était éloignée sans remords. Pourquoi en aurait-elle eu ? Le destin des enfants était de vivre leur propre vie. Serait-elle atteinte d'une maladie incurable, nul autour d'elle ne le saurait. Lui posait-on jamais de questions ? Jetait-on un châle sur ses épaules lorsqu'il faisait froid ? Lui glissait-on jamais un mot affectueux à l'oreille ? Nicolas, qui autrefois était un enfant cajoleur, se laissait désormais embrasser avec réticence. Aujourd'hui elle avait l'impression de vivre au milieu d'un désert. Tout n'était qu'illusion.

Madame, votre parente s'est trouvée mal alors qu'une servante de l'auberge où nous logions lui portait de la soupe et du pain. Accourus à son chevet avec un médecin, nous n'avons pu la ranimer. Je demande humblement à madame la comtesse ses instructions pour le transport du corps.

La lettre écrite par le cocher tomba des mains d'Anne-Sophie. Elle ne pouvait proférer un mot, pas même pleurer. Machinalement, elle se dirigea vers son secrétaire. Le jeune valet venu à cheval d'Orléans attendait sa réponse pour rejoindre aussitôt l'auberge.

Je serai là demain. C'est moi qui accompagnerai ma chère cousine à sa dernière demeure. Elle sera ensevelie dans le carré de terre que le comte de Perret a acquis dans le cimetière de l'église Saint-Jean-Baptiste à Saint-Jean. Attendez-moi pour la toilette mortuaire et la mise en bière, mais demandez à des religieuses de veiller sur le corps nuit et jour.

Elle devait maintenant rassembler ses esprits, se rendre chez Vincent, lui annoncer le décès de Viviane et son propre départ le jour même. Ses pensées ne devaient tourner qu'autour de l'organisation matérielle de ce voyage. Il fallait écarter celles qui provoquaient trop de souffrance.

Après les obsèques, Anne-Sophie ne put prendre une nuit de repos au château. À Paris, l'état de Vincent était alarmant. Mais une sorte d'insensibilité la coupait du malheur. Elle était prête à enterrer son mari comme elle avait enterré sa cousine. Tout était extérieur à elle. Elle écrirait les faire-part de deuil, répondrait aux condoléances, recevrait les visites, veillerait à ce que ses amis se voient offrir à boire et à manger, se coucherait le soir, proposerait à Nicolas une promenade aux Tuileries, puis abandonnerait tout le monde pour s'enfermer à Saint-Jean dans le silence et la paix.

L'agonie de Vincent de Perret fut courte. Il ne s'alimentait plus, demeurait les yeux clos sans paraître souffrir, mais respirait avec peine. Anne-Sophie fit venir un prêtre et il reçut l'extrême-onction. Réunis autour de lui, sa famille, à l'exception de sa fille aînée déjà sexagénaire qui était incapable de faire le voyage d'Aix-en-Provence à Paris, et les domestiques sanglotaient. Il avait été un époux et un père aimant, un maître juste et bon.

— Merci pour le bonheur que tu m'as donné, murmura Anne-Sophie à son oreille après la cérémonie. De là où tu seras, continue à veiller sur nous.

Chacun à Versailles lisait *Les Aventures de Télémaque* que venait de faire publier l'archevêque de Cambrai. Fénelon, si docilement soumis au terme d'une âpre lutte contre Bossuet, montrait qu'il avait gardé intact son esprit hardi, presque insolent. Qu'en penserait le roi ? Après le scandale causé par son *Explication des maximes des saints*, ouvrage qui avait effrayé madame de Maintenon et outré Bossuet, chacun optait pour la prudence. Monsieur de Cambrai ne méritait pas qu'on s'exposât pour lui à la disgrâce royale. On prétendait que si Fénelon se taisait, il n'oubliait rien. La publication des *Aventures de Télémaque* en était la preuve. L'ouvrage avait été composé quelques années plus tôt pour le duc de Bourgogne, alors l'élève de Fénelon, qui, disait-on, l'avait fort apprécié. On répétait des phrases extraites du livre : « L'homme véritablement libre est celui dégagé de toute crainte et de tout désir. » Était-ce là une boutade ? Qui n'avait peur de rien ? Qui n'espérait rien ? Le roi ne s'était pas exprimé. Nul n'ignorait toutefois que cette critique acerbe de sa politique et de sa personnalité devait le scandaliser. Le duc de Bourgogne ayant été « enchanté » par la lecture de l'ouvrage, il fallait enterrer l'affaire purement et simplement. Fénelon conservait à la Cour des amis fidèles comme les Chevreuse et les Beauvillier qui, tout comme son ancien précepteur, voyaient dans le duc de Bourgogne, petit-fils du roi, un nouveau Saint Louis. Sous son règne, la France renaîtrait, connaîtrait la justice, la prospérité. L'État serait respecté, le roi considéré comme le père de tous ses sujets sans exception. Il mettrait sa gloire à donner du pain plutôt qu'à garder quelques places fortes aux frontières.

La lettre anonyme et cinglante adressée au roi quelques années plus tôt ne pouvait avoir été rédigée que par Fénelon. Qui d'autre pouvait juger ses « petites pratiques religieuses superficielles » ? Évoquer le « bandeau fatal qui obstruait sa vue et l'empêchait de contempler la misère du peuple » ? Quelle cire dans ses oreilles le rendait « sourd aux gémissements des opprimés » ? Quel orgueil le poussait à « vendre des charges inutiles pour couvrir les dépenses de l'État, à lever des impôts intolérables afin de mener des guerres inutiles, à distribuer fonctions et bénéfices ecclésiastiques en en conservant une part afin de faire danser sa cour, d'agrandir encore le palais de Versailles » !

Les courtisans étaient scandalisés. Allait-on bientôt leur reprocher à eux aussi les dépenses engagées pour tenir leur rang, une passion du jeu qui donnait un peu de sel à la monotonie de leurs journées ? Quant à la foi, chacun avait le droit d'avoir sa petite religion à soi. Celle du roi en valait une autre et elle était plus aisée à comprendre que les méandres spirituels de madame Guyon qui, sous ses airs de sainte-nitouche, ambitionnait de gouverner avec ses amis l'esprit du duc de Bourgogne. Pourquoi pas celui du roi lui-même ! La petite Église et ses michelins étaient bel et bien prêts à distribuer les plus hauts postes du gouvernement à leurs créatures. On en avait la preuve.

Plutôt que de prendre des risques en émettant une opinion sur le *Télémaque* de monsieur de Cambrai, mieux valait évoquer la mauvaise santé du roi d'Espagne qui pouvait passer de vie à trépas sans héritier. Le duc d'Anjou, second fils du Dauphin, était pressenti pour occuper son trône et raffermir ainsi la puissance française en Europe. On s'intéressait aussi aux couches récentes de la duchesse de Lorraine, fille de Monsieur et de la princesse Palatine, et au décès du comte de Perret qui avait atteint un âge si avancé que nulle jeune personne ne le connaissait à la Cour. L'avaient pleuré quelques antiquités qui évoquaient sa gaieté et son esprit, ne réservant leurs critiques que pour son second mariage avec une femme compromise dans l'affaire des Poisons.

Anne-Sophie ne se rendait plus à Versailles. Elle vivait principalement sur ses terres de Saint-Jean-les-Deux-Jumeaux où quelques fidèles venaient la visiter. La perte de sa sainte cousine et d'un mari qu'elle chérissait l'avait prématurément vieillie. Désormais elle ne ferait plus la coquette à la Cour. Autrefois, le roi avait apprécié sa compagnie et on avait murmuré son nom comme maîtresse possible, mais elle s'était jetée dans les bras d'un faquin et avait payé fort cher cette erreur.

Certaines dames chuchotaient derrière leurs éventails que la raison de la retraite d'Anne-Sophie de Perret en province était la présence d'une fille adoptive de sa cousine qui venait on ne savait d'où et qui, protestante, s'était réfugiée chez elle pour ne pas être appréhendée. C'était difficile à croire.

24

1701

Les guerres n'en finissaient pas. Celle contre les Hollandais faisait rage et on s'étripait toujours sur la question du jansénisme et du quiétisme dont les dernières vagues ne voulaient point mourir. Une nouvelle polémique avait éclaté quand des théologiens de la Sorbonne avaient permis d'accorder l'absolution à un janséniste mourant. Les jésuites s'étaient révoltés.

Cachée rue Popincourt après son départ de Meaux, puis arrêtée et embastillée, Jeanne y croupissait depuis deux ans, livrée à ses juges et privée de toute visite, y compris celle de sa fille qui avait fait à plusieurs reprises le voyage de Vaux-le-Vicomte à Paris pour se voir refoulée. Aucune intervention de ses amis pour mettre fin à cet isolement n'avait eu le moindre effet. Il était clair que madame de Maintenon, Bossuet et, par conséquent, le roi lui-même voulaient tourner définitivement la page du quiétisme. Fénelon isolé dans son archevêché de Cambrai, François Malaval très âgé et désormais silencieux, il ne restait plus qu'à écraser madame Guyon.

Mais la tâche ne se révélait pas aussi facile qu'on l'avait espéré. Face aux plus hautes autorités civiles comme religieuses, la veuve de Montargis se défendait bec et ongles. On lui mit sous les yeux une lettre d'aveux du malheureux père Lacombe transféré du donjon de Vincennes à une prison de Lourdes. Pressé d'avouer ses « relations coupables » avec Jeanne, le pauvre homme dont l'esprit s'égarait avait écrit :

C'est devant Dieu, madame, que je reconnais sincèrement qu'il y a eu de l'illusion, de l'erreur et du péché dans certaines choses qui sont arrivées avec trop de liberté entre nous, et que je rejette et déteste toute conduite qui s'écarte des commandements de Dieu ou de ceux de l'Église.

— La lettre est un faux, remarqua simplement Jeanne après l'avoir lue, ou il faut que ce pauvre père l'ait dictée sous la contrainte.

À la Bastille, elle dut se soumettre aux interrogations de La Reynie, lieutenant général de police, de Desgrez, un de ses exempts, du père Pirot, un éminent théologien qui avait acquis une grande notoriété en ramenant à Dieu la marquise de Brinvilliers à la veille de son exécution.

La chambre qu'elle occupait dans la forteresse était oppressante. L'air n'y parvenait que par une mince fenêtre grillagée percée dans un mur de six pieds d'épaisseur. En vain, elle avait sollicité le droit de faire une courte promenade quotidienne. Cette pièce et le réduit adjacent où couchaient ses deux servantes étaient son univers. Elle l'acceptait. Dieu avait voulu cette réclusion afin qu'elle perçoive plus clairement encore l'inexistence de toute chose. Ses interrogateurs, le père Pirot en particulier, exigèrent des explications sur ce qu'elle avait écrit au sujet de la prière. Le chrétien ne devait rien demander à Dieu, seulement créer en lui un vide immense que seul Il pouvait combler.

— Dieu sait mieux que moi ce dont j'ai besoin, répétait-elle.

— Vous ne souhaitez donc pas être sauvée ?

— Si Dieu veut me jeter en enfer, j'accepte Sa volonté.

Pirot semblait exaspéré.

— Mais vous êtes sur la terre, madame, entourée par vos frères et sœurs, et donc en principe soucieuse de leur bonheur. Vous péchez par orgueil en pensant que Dieu vous a choisie, vous, pour sauver le monde. Ne vous voyez-vous pas comme l'épouse du Christ, la femme de l'Apocalypse qui créera un ordre nouveau ? Vous avez bien parlé d'une chambre à deux lits où vous coucheriez en compagnie de la Vierge Marie ?

— C'était une image.

— Vous vous contredisez sans cesse, madame, affirmant un jour que vous n'êtes rien pour prétendre le lendemain que vous êtes une prophétesse, élue parmi les élues. Vous avez des visions, n'est-ce pas ?

— En effet, mais je peux affirmer qu'elles viennent de Dieu.

— Je les considère, moi, comme fort intéressées à votre propre gloire. Vous vous dites l'âme de la petite Église des michelins et vous vous verriez volontiers être celle de la cour du roi de France !

— Je compte le duc de Bourgogne pour un grand prince. Son règne sera incomparable.

— Il concrétiserait les rêves de monsieur de Fénelon ?

L'évocation de Fénelon la faisait toujours souffrir. Elle avait triomphé quand il s'était rendu à elle. Un érudit, un grand théologien qui la prenait pour maître à penser ! C'était bien Dieu qui l'inspirait. Qu'on la tienne pour folle lui était de peu d'importance. Après des années de souffrance, elle avait trouvé seule une vérité qu'elle défendrait au prix de sa misérable vie terrestre.

Desgrez, Pirot et les autres la quittaient toujours hostiles. Elle les oubliait, s'efforçait de redevenir une petite enfant. Confiante, pure, innocente.

En septembre, une alliance entre l'Angleterre, les Provinces-Unies et le Saint-Empire contre la France avait été signée à La Haye. Une guerre pour la succession d'Espagne dont on pressentait l'âpreté commençait. Le peuple de France était exsangue. Depuis l'avènement du roi, les conflits armés se succédaient et les traités de paix qui les concluaient n'étaient jamais longtemps respectés. Tant de villes et de villages avaient été décimés, tant de récoltes saccagées, tant de blé, de fourrage nécessaires à la vie réquisitionnés, tant de femmes, d'enfants malmenés, tant de jeunes tués au combat ! Et le roi voulait toujours plus d'argent. On imposait tout et mettait en vente les biens des insolvables. À la Cour, pourtant, on disculpait toujours le souverain. « Dieu sera pour nous, le roi est pieux », affirmait madame de Maintenon.

Louis n'avait-il pas rétabli le catholicisme dans son royaume ? Le jansénisme serait vite étouffé, le quiétisme écrasé, les protestants matés. Les conversions n'étaient-elles pas nombreuses ? N'était-ce pas l'éclatante justification de l'abrogation de l'édit de Nantes ? Certains, il est vrai, insinuaient que maints huguenots se faisaient baptiser pour échapper aux galères. Il ne fallait pas les croire : c'était Dieu qui jetait Sa lumière dans leurs cœurs.

Dans ses terres de Saint-Jean, Anne-Sophie ne s'intéressait que de loin aux échanges de vues qui agitaient la Cour. Responsable d'une Marie-Aimée devenue fantasque, de ses enfants et de Nicolas, elle devait faire passer leurs intérêts avant les siens. Que souhaitait-elle, par ailleurs, sinon finir sa propre vie en paix ?

Pour l'amour de sa fille et de son fils, Marie-Aimée avait accepté de paraître de temps à autre à la messe du dimanche, mais jamais elle n'adressait la parole au curé qui venait souvent au château. Un jeune abbé enseignait aux deux garçons le latin, la géographie, l'histoire, la base des mathématiques, l'italien. La jeune Viviane assistait à quelques cours, complétés par ceux d'une préceptrice qui lui apprenait la musique et le dessin. Bientôt, Nicolas devrait quitter la maison pour recevoir l'éducation d'un gentilhomme destiné à devenir officier du roi. Éloi et Viviane, dont l'avenir serait plus modeste, resteraient auprès d'elle. Les enfants de Marie-Aimée, sans doute marqués par les drames qui s'étaient abattus sur eux, étaient trop sensibles, démesurément attachés à leur mère. Celle-ci, souvent craintive, les empêchait de participer aux jeux de leur âge s'ils comportaient le moindre danger.

Elle s'était entêtée à vouloir gagner sa vie et avait repris des activités de brodeuse pour l'archevêché de Paris. Anne-Sophie aimait la regarder travailler au milieu de ses bobines de soie multicolores, de fil d'or et d'argent. Elle, la protestante, brodait chasubles, étoles, manipules, chapes, mitres, dalmatiques, voiles de ciboire comme elle aurait fait pour des robes de bal ou les dessous de jupe d'une grande coquette. Seule, elle éduquait ses enfants dans la foi réformée. Jamais Anne-Sophie n'en parlait. D'un commun accord, elles gardaient privés certains domaines de leur vie.

La matinée était douce quand Anne-Sophie déplia le billet écrit par Ninon de Lenclos. Leur chère mademoiselle de Scudéry venait de s'éteindre chrétiennement auprès d'un prêtre, si soudainement qu'aucun de ses amis n'avait pu venir l'embrasser une ultime fois. Les obsèques auraient lieu à sa paroisse de Saint-Nicolas des Champs le surlendemain. L'archevêque de Paris, monsieur de Noailles, avait rejeté son souhait d'être inhumée dans la chapelle de l'hôpital des Enfants-Rouges où elle était allée souvent prier. Cette femme jamais mariée voulait reposer au milieu des orphelins.

Anne-Sophie fit aussitôt préparer sa voiture. Encore une fois, elle allait dire adieu à une personne aimée. Et Ninon, âgée de quatre-vingt-cinq ans, allait-elle longtemps survivre à l'« incomparable » ?

L'église était bondée. Tous les fidèles de mademoiselle de Scudéry, ceux qui avaient hanté son salon année après année, parcouru en long et en large la carte de Tendre, ses lecteurs les plus enthousiastes étaient présents. Le roi avait dépêché le duc de Bouillon et madame de Maintenon sa nièce, madame de Caylus. L'un comme l'autre souhaitaient honorer celle qui avait porté haut les lettres françaises dans l'Europe tout entière. On lisait ses ouvrages jusqu'en Russie, et ses héros, par la familiarité de leurs noms, semblaient faire partie de la vie réelle.

Anne-Sophie allait regagner ses terres lorsque la nouvelle s'était répandue : Monsieur, frère du roi, était tombé inerte dans sa chambre et ne pouvait plus prononcer un mot. Déjà sa femme cherchait dans ses secrétaires et cabinets secrets les lettres de ses mignons afin de les brûler. À aucun prix elles ne devaient tomber entre les mains de malveillants. En dépit des soins d'une foule de médecins qui le saignaient, le purgeaient, lui faisaient prendre de l'émétique et des gouttes d'Angleterre, la condition du prince ne s'améliorait pas. On avait perdu tout espoir. Son fils le veillait. Monsieur, petit homme rond, précieux, coquet, qui s'était montré bon chef de guerre, avait souffert de l'égocentrisme de son frère. Jaloux de ses succès aux armes, le roi l'avait contraint à mener une existence frivole, peuplée des intrigues de ses chers amis dont le plus aimé était le chevalier de Lorraine.

Le douze juin en fin de matinée, le souverain vint au chevet du prince, qui ne le reconnut pas. À midi, on constata son décès. Alitée à cause d'une forte fièvre, la duchesse d'Orléans accourut malgré tout. Épouse négligée mais satisfaite de son sort, la princesse Palatine était attachée à ce mari qui lui avait donné deux enfants. Avant de la bouder quand elle s'était déclarée l'ennemie de madame de Maintenon, traitant celle-ci de vieille guenon, d'ordure et autres sobriquets désobligeants. La mort de Monsieur devait les rapprocher et, à la Cour, chacun attendait une réconciliation avec le roi. Mais combien de temps la pittoresque princesse Palatine pourrait-elle dissimuler son hostilité envers la marquise ?

Par respect pour le nom qu'elle portait, Anne-Sophie voulut assister à la messe de funérailles. Elle y retrouva ses amis les Beauvillier, les Chevreuse, madame de Mortemart, la duchesse de Béthune-Charost, tous membres de la confrérie du Pur Amour qu'avait fondée Jeanne Guyon, mais aussi leurs ennemis Bossuet, le duc de Saint-Simon, et madame de Maintenon elle-même depuis son brusque retournement. Vincent disparu, Anne-Sophie n'assistait plus aux réunions de la petite Église. Qu'avait-elle à y gagner ? En son for intérieur, le Pur Amour, qui voulait les michelins « dans la main de leur Maître comme une girouette agitée par le vent ou un guenillon dans la gueule d'un chien », lui semblait une doctrine excessive. Et les sociétés secrètes ne l'attiraient pas. Vivantes et multiples depuis la Ligue, destinées à faire triompher politiquement les desseins des dévots, elles réunissaient les plus grands noms de France aussi bien que les bourgeois nantis et influents. On y exprimait des idées généreuses et idéalistes de partage et de fraternité.

Après la cérémonie funéraire, on rejoignit Versailles où une collation fut servie. La duchesse d'Orléans se fit excuser, mais le nouveau duc eut pour chacun des mots courtois. Joueur, amateur de femmes, charmeur, intelligent, Philippe, duc de Chartres, s'était uni, avant le décès de son père, à sa cousine germaine, mademoiselle de Blois, fille du roi et de madame de Montespan, alors qu'il était amoureux de l'aînée, mademoiselle de Nantes, épouse du fils contrefait du prince de Bourbon-Condé. Philippe ne nommait point autrement sa femme que par le nom de « madame Lucifer ». Mais le couple était fécond et avait déjà mis au monde quatre filles, dont l'aînée, mademoiselle de Valois, était morte avant de fêter sa première année.

Avant de regagner Saint-Jean-les-Deux-Jumeaux, Anne-Sophie s'arrêta dans son hôtel parisien. Tout lui rappelait Viviane, Vincent, mais aussi, hélas, Gaston. Marié à une héritière d'ascendance bourgeoise et d'un certain âge, il vivait en Charente. Elle n'en avait point d'autres nouvelles et ne cherchait pas à en obtenir.

Les meubles étaient couverts de housses, le jardin un peu négligé. Allait-elle vendre cette demeure ? Louer un appartement dans un couvent accueillant des dames de la noblesse provinciale lorsqu'elles venaient à Paris, des veuves comme elle ou de vieilles demoiselles ? Un ultime déménagement avant la tombe. Elle devait réfléchir.

Sur le bord de la route, à une lieue de Saint-Jean, elle aperçut un de ses valets.

— Madame la comtesse, on a enlevé mademoiselle Viviane et monsieur Éloi à leur mère pour les confier à des religieux qui les catéchiseront. Quant à madame Berger, après une dénonciation, elle a été incarcérée au Bon-Pasteur avec les filles repenties !

25

1702

Après des mois de démarches, de suppliques adressées à ses amis et au roi lui-même, Anne-Sophie avait remporté une semi-victoire. Mais la révolte des protestants dans les Cévennes, le meurtre du grand vicaire de l'évêque de Mende, le début de la guerre des camisards qui éclatait en plein conflit de la Succession d'Espagne avaient considérablement gêné ses efforts. Secourir une catholique relapse ? On gardait le silence ou détournait la tête. Dans les Cévennes, les huguenots multipliaient les attaques à main armée, les meurtres de « papistes ». On avait exécuté quelques chefs mais point le jeune Jean Cavalier qui menait les rebelles. Sa tête était mise à prix.

Enfin, à l'automne, Anne-Sophie reçut quelques encouragements de ses amis de la petite Église. On ne pouvait abandonner la fille adoptive de celle que tous considéraient comme une sainte. À défaut de celui de Jeanne Guyon qui croupissait toujours à la Bastille, on réussirait à obtenir l'élargissement de Marie-Aimée, à la condition qu'elle accepte de vivre dans un couvent. Celui-ci serait choisi avec soin et on obtiendrait des religieuses qu'elles laissent leur pensionnaire dans le confort et la paix. Quant aux enfants, il fallait les placer dans des institutions catholiques de bonne renommée qui les éduqueraient avec des rejetons de familles honorables.

Anne-Sophie agréa à toutes les conditions. Récupérer Marie-Aimée et ses enfants à Saint-Jean était un rêve impossible. Il fallait accepter ce compromis. Ramener d'autre part Viviane et Éloi à la foi catholique était un noble mobile que tous ses amis approuvaient. Quant à Marie-Aimée, on devait la laisser avec son chagrin, sa rancœur et lui faire saisir les conséquences funestes de son abjuration.

Le cœur serré, Anne-Sophie se rendit un matin de décembre chez les filles du Bon-Pasteur, rue du Cherche-Midi. En dépit de quelques buissons prétendant mettre une note de verdure dans une cour grise où le soleil pénétrait chichement, l'endroit était sinistre. Dans l'aile droite logeaient les religieuses, dans l'aile gauche leurs « protégées », d'anciennes prostituées ou des protestantes qui refusaient d'abjurer. Au centre, on trouvait un parloir, un réfectoire, une petite bibliothèque et la chapelle à laquelle on pouvait accéder par l'un et l'autre bâtiment. Durant les offices, les religieuses occupaient la droite de la nef, les filles repenties la gauche. Le parloir était peint en gris, les murs ornés de portraits de la fondatrice, Marie Madeleine de Ciz, et de Jésus portant dans ses bras un agneau. En simple toile bise, les rideaux restaient à moitié clos, plongeant la pièce dans une semi-obscurité.

Assise sur une chaise paillée, Anne-Sophie attendait, l'angoisse au cœur. Quelle femme allait-elle revoir ? Certes pas la Marie-Aimée de la rue des Tournelles, pas même la veuve venue se réfugier chez elle avec ses deux enfants. Pourraient-elles se parler avec le cœur ou celui de Marie-Aimée était-il mort ?

Sous l'uniforme, une robe de lainage gris, des galoches de cuir à semelle de bois, une coiffe de toile blanche, Marie-Aimée semblait plus mince et plus diaphane encore. Elle ne sourit pas à Anne-Sophie, ne l'embrassa pas. Muette, elle s'installa sur la chaise qui lui faisait face et garda les yeux baissés.

À mots mesurés, Anne-Sophie lui exposa les résolutions prises à son sujet. Elle ne pouvait, hélas, être réunie à ses enfants pour le moment, mais elle promettait sur l'honneur que Viviane et Éloi seraient protégés, éduqués et entretenus dans l'affection et le respect de leur mère. Elle avait bon espoir de pouvoir les faire se retrouver une fois l'an, le jour de Noël. Il fallait espérer ! Aussitôt les décisions appliquées, elle l'informerait régulièrement de la santé et des progrès de ses enfants.

— Ils sont redevenus catholiques, n'est-ce pas ? interrogea Marie-Aimée d'une voix blanche.

— En effet. Si tu les chéris, tu dois leur souhaiter un avenir heureux. Huguenots en France, ils ne pourraient prétendre à rien, ni mariage ni position honorables. Ta mère en aurait eu le cœur brisé. Quant à toi, mon enfant, ta conscience seule te dictera ta conduite. Si tu refuses de réintégrer le sein de l'Église, on ne t'y contraindra point. Abjure et tu reviendras chez toi pour être réunie à tes enfants.

Marie-Aimée se mordit les lèvres, ses mains tremblaient. Anne-Sophie craignit un instant qu'elle se trouve mal.

— Où allez-vous m'enfermer ?

— Il ne s'agit pas de prison mais d'un couvent où tu seras en mesure de te livrer aux activités que tu prises et de côtoyer des personnes de qualité. Tu t'y vêtiras à ta guise et je pourvoirai à tous tes besoins. Notre choix s'est arrêté sur la Visitation de Chaillot[1]. On t'y attend et tu pourras quitter ce détestable établissement du Domaine.

— Détestable pour vous, ma tante, parce qu'il abrite des réprouvées. Avez-vous oublié que je viens des Enfants-Trouvés ?

Anne-Sophie dut faire un effort pour ne pas perdre son sang-froid. Marie-Aimée cherchait un terrain de polémique sur lequel elle refusait de s'aventurer.

— La mère de Viviane et d'Éloi ne peut vivre avec des prostituées, répliqua-t-elle d'un ton neutre. Au fond de toi-même, mon enfant, je sais que tu m'approuves.

Elle se leva. Cet entretien jetait le plus grand désordre dans son esprit. Si elle s'attendrissait, la somme des efforts investis pour trouver une juste solution au sort de Marie-Aimée risquait d'être réduite à néant.

— Nous embrasserons-nous, ma fille ?

Marie-Aimée s'approcha et Anne-Sophie la serra contre elle.

---

1. Couvent fondé par Henriette de France, fille du roi Henri IV et reine d'Angleterre.

— Que Dieu te bénisse. Je prie pour toi et tes chers enfants chaque jour.

Brusquement la jeune femme se dégaga.

— Priez pour la France, ma tante, prononça-t-elle d'une voix glacée. Ce pays et le roi ont plus besoin que moi du secours de Dieu.

Avant Noël, Viviane s'installa chez les bernardines de l'abbaye-aux-Bois, et Éloi au collège des oratoriens de Juilly, proche de Saint-Jean. Les deux enfants de Marie-Aimée semblaient indifférents à tout, ne répondaient que brièvement aux questions qu'on leur posait et refusaient tout contact physique. Le moindre changement dans leur routine les plongeait dans une telle angoisse qu'ils pouvaient refuser de s'alimenter. Une vie réglée, douce, ponctuée d'études et de loisirs, des compagnes ou compagnons de leur âge allaient les apaiser et la religion leur apporter un grand secours, Anne-Sophie n'en doutait pas. Elle avait fait confectionner de jolis trousseaux aux deux enfants afin qu'ils fassent bonne figure au milieu des autres garçons et fillettes. Inscrits sous le nom de Kerdélant, ils allaient être aussitôt acceptés, et se trouveraient une famille par le cœur. Par ailleurs, Nicolas allait rejoindre Juilly dans une classe plus avancée que celle d'Éloi, mais les deux garçons se côtoieraient souvent. Tout était arrangé pour le mieux et Anne-Sophie put passer un paisible Noël avec son vieil ami Briare, l'abbé de Châteauneuf et le maréchal de Clérambault, ces deux derniers admirateurs assidus de Ninon de Lenclos, hommes brillants et un peu excentriques comme elle les aimait. On parla de l'ancien temps, de l'époque des salons, de mademoiselle de Scudéry, des folies de leur belle amie qui régnait sur ses « martyrs », par ailleurs fort bien traités.

À Versailles, le parti du duc de Bourgogne se réjouissait. Le prince venait d'entrer au Conseil d'en haut et participait aux décisions du gouvernement. Quoique le Grand Dauphin, son père, en dépit de sa monstrueuse obésité, se fût bien remis d'une attaque d'apoplexie, il apprenait son métier de futur roi. Veuf de Marie Anne Christine de Bavière, le Grand Dauphin avait épousé secrètement sa maîtresse, mademoiselle de Choin, elle-même plantureuse et dotée d'une gigantesque poitrine. Isolé dans son château de Meudon, il s'opposait fréquemment à la politique de son père qui s'en irritait jusqu'à la colère. Mais l'un comme l'autre soutenaient avec ardeur la candidature du duc d'Anjou, le second fils de l'héritier du trône, à la couronne d'Espagne. La guerre qui cherchait à l'imposer faisait rage.

Après les succès de la France en Italie, l'Angleterre, les Provinces-Unies, l'Autriche et le Saint Empire étaient entrés dans le conflit armé. On se battait aussi sur les mers où les Français, grâce à la vaillance et l'audace de leurs corsaires, remportaient de belles victoires. Mais le succès final semblait encore lointain. Épuisé, le royaume devait fournir des hommes, des victuailles, des chevaux, du fourrage. On ne respectait plus Louis XIV, des libelles contre le tyran commençaient à circuler, condamnant son goût immodéré pour la gloire aux dépens du bonheur du peuple. Des révoltes paysannes éclataient ici et là, vite étouffées.

Les rebelles manquaient de tout. Seuls les camisards ne déposaient pas les armes. En pleine guerre de succession, Cavalier dans les Cévennes, Plon dans le Vivarais, le Dauphiné et le Bas-Languedoc avaient pu lever dix mille protestants jeunes et prêts à en découdre contre leurs oppresseurs papistes.

L'année ne s'achevait pas dans l'optimisme. La princesse Palatine avait écrit à sa mère la duchesse de Hanovre :

On ne voit que des mères affligées à Versailles, le roi seul paraît tout à fait serein. Vous savez sans doute que les flottes anglaise et hollandaise ont brûlé tous les vaisseaux du roi à Vigo, en Galice. Cette année-ci n'est pas heureuse. S'il arrive un bonheur, il est immédiatement suivi d'un malheur.

26

1704

Pour la troisième année consécutive, les vignes avaient gelé au sud de la Loire. Dès avril, cependant, le froid céda la place à un printemps clément qui redonnait espoir. Tout l'hiver, Anne-Sophie s'était dépensée pour soulager la misère des villageois, faisant porter victuailles et bois de chauffage aux plus démunis. Me voilà comme Viviane, pensait-elle, du haut du Ciel elle doit m'encourager. Sans doute serait-elle heureuse et fière de voir la famille de sa Marie-Aimée sauvée de la déchéance. En nouant des liens amicaux avec leurs condisciples, Éloi et Viviane avaient retrouvé la joie de vivre. Ils acceptaient volontiers les leçons de catéchisme et assistaient avec ferveur aux offices. Rarement ils posaient des questions sur leur mère, mais Anne-Sophie se faisait un devoir de leur donner de ses nouvelles. Elle allait bien, excellait dans ses ouvrages de broderie, lisait beaucoup et s'était fait quelques amies. Bientôt, sans doute, leur écrirait-elle.

En réalité, Marie-Aimée reprenait avec difficulté une vie normale. Mais le temps faisait son œuvre et Anne-Sophie avait bon espoir de la voir revenir un jour ou l'autre dans le sein de l'Église. Alors elle pourrait regagner Saint-Jean et la vie de famille reprendrait son cours.

En dépit des visites de ses intimes, Anne-Sophie se sentait seule et de tristes souvenirs la submergeaient. Pour s'égayer, elle faisait atteler et se rendait de temps à autre à Meaux ou à Paris voir Bossuet qui, très affaibli mais toujours aussi combatif, appréciait sa compagnie. Elle reconnaissait avoir eu de l'amitié pour Fénelon, n'était-ce pas également son cas ? Bossuet en convenait, mais le ton entre eux était monté si vite que l'orgueil seul avait empêché tout retour en arrière. Érudits, philosophes, ils avaient travaillé jusqu'à la limite de l'épuisement pour avoir raison l'un de l'autre. Lui-même avait triomphé, mais sa victoire lui laissait un goût amer. Fénelon, il l'espérait, pardonnerait et prierait pour lui lorsqu'il ne serait plus.

Le douze avril, l'« aigle de Meaux » expira. L'indifférence apparente du roi à cette nouvelle frappa les courtisans. Leur souverain était-il à ce point isolé en lui-même ? Orgueilleux au point de ne plus admettre éprouver de sentiments ?

Des décisions tombaient qui surprenaient. Quelques mois plus tôt, influencé sans doute par madame de Maintenon qui gardait dans le cœur un peu de pitié pour celle qui avait été son amie, Louis XIV avait enfin permis l'élargissement de Jeanne Guyon. Elle avait pu quitter la Bastille, escortée de son fils aîné, à la condition qu'elle résidât sur la terre qu'il possédait à Blois, sans jamais tenter de s'établir ailleurs. Pour en fournir la preuve, elle devait comparaître périodiquement chez le gouverneur. Les membres de la petite Église avaient été interloqués. Ce fils qu'elle avait quitté voilà vingt-quatre ans la connaissait à peine. Comment sa femme accueillerait-elle sa belle-mère ? N'aurait-elle pas des idées préconçues contre elle ? Responsable et geôlier de sa mère, Armand Jacques Guyon se trouvait dans une situation difficile et, en venant la chercher à la Bastille, n'avait guère montré d'enthousiasme.

Le roi ayant interdit par ailleurs que Jeanne entretienne avec qui que ce soit la moindre correspondance, les lettres écrites par les duchesses de Beauvillier, de Chevreuse et de Béthune-Charost étaient restées sans réponse. Son fils donnait de temps à autre des nouvelles de sa mère : elle priait, se promenait dans le parc et écrivait des cantiques qu'elle s'était mis en tête de faire chanter aux domestiques. Douce et autoritaire tout à la fois, elle avait des relations difficiles avec sa bru qui venait de donner le jour à une petite fille. Il priait Dieu que les rapports entre les deux femmes ne s'enveniment pas. Sa mère, confiait-il parfois aux duchesses, lui avait apporté plus de chagrins que de joies. Elles ne pouvaient le croire. Jeanne était un modèle pour tous les michelins. Nonobstant sa disgrâce, on lisait à haute voix ses œuvres. Certains passages, certes, étaient excessifs ou naïfs, mais chaque phrase, chaque mot établissait la victoire de l'Amour sur les rites, de la prière sur la liturgie. Et ses visions offraient les plus folles espérances. Elle avait « vu » le duc de Bourgogne roi de France, souverain généreux, juste et pacifique. Avec lui triompheraient les idées de Fénelon et celles de la petite Église. Commencerait alors un âge d'or pour la France.

Replié à Cambrai, Fénelon communiquait rarement avec ceux qui avaient partagé ses espérances comme ses luttes, et que sa condamnation avait anéantis. Gardait-il de l'admiration pour la pensée de Jeanne Guyon ? Nul ne le savait. Il semblait actif et finalement heureux dans son diocèse.

À Saint-Jean, Anne-Sophie finit, elle aussi, par trouver la sérénité. En vieillissant, Briare se détachait de ses « beaux amis » avides de cadeaux et chiches en affection. Il s'installa chez elle pour plusieurs semaines. Plongé dans ses livres de poésie, friand de botanique, bon campagnard mais toujours coquet, il était mis à la dernière mode, ce qui la faisait sourire. À quoi bon des plumes sur son chapeau lorsque l'on se promenait sous la bruine, des nœuds de rubans à ses souliers pour traverser les ruisseaux ? Avec l'âge, il s'était découvert une âme de père et s'intéressait de près à Viviane et Éloi qui, pour les vacances, regagnaient le château avec Nicolas. À douze ans, Viviane était déjà très féminine et un peu maniérée. Elle aimait son couvent, les religieuses qui les enseignaient, comptait de multiples amies et s'initiait à la musique avec ravissement. On lui faisait apprendre le clavecin et la harpe. Éloi, qui allait avoir dix ans, montrait de si bonnes dispositions pour les études que l'on avait ajouté l'enseignement du grec à celui du latin. Contrairement à Nicolas, les exercices physiques le rebutaient et il avait refusé net d'apprendre les armes. Les oratoriens ne le bousculaient pas. L'enfant pouvait être tenté par l'Église. Si tel était le cas, point n'était besoin de savoir manier l'épée.

En pleines vacances, on apprit à Saint-Jean la mise à sac de la Bavière par les Français. Une moisson abondante, les gerbes engrangées permettaient aux paysans de souffler. Mais, à Versailles, l'humeur était à la tristesse. Monsieur de Marillac avait perdu son fils unique, la princesse de Conti son cousin, le chevalier de La Vallière. Des mères anxieuses de recevoir des nouvelles de leurs fils, des femmes de leurs maris tentaient d'en obtenir par les rares officiers encore présents à la Cour. Ceux-ci n'en avaient point, le courrier ne passait plus. Et personne, pas même madame de Maintenon, n'osait aborder le roi. On n'évoquait avec lui que l'heureuse naissance du duc de Bretagne, premier fils du duc de Bourgogne. La descendance des Bourbons était solidement enracinée.

En octobre, les camisards de Jean Cavalier déposaient honorablement les armes après l'intervention du maréchal de Villars. Mais certains protestants, comme le berger Pierre Laporte, refusaient la paix. Ils ne voulaient pas d'un pardon mais le retour pur et simple des libertés dont ils jouissaient avant la révocation de l'édit de Nantes.

Le mois suivant, Marie-Aimée rentra dans le sein de l'Église. Lassitude ? Désillusion sur le bien-fondé de sa révolte ? Sa vie au couvent convenait à la veuve qu'elle était. Sa seule exigence était de revoir sa fille et son fils aussi souvent que possible et d'être laissée en paix. Anne-Sophie fut cruellement déçue. Marie-Aimée la punissait.

27

1706-1707

La guerre engloutissait tant d'or que le roi devait désormais trente millions de livres au banquier Samuel Bernard. Mais l'hiver ayant été clément et le printemps doux, le prix du pain s'était effondré. On pouvait enfin se nourrir convenablement avec le salaire d'une journée de travail.

Les fêtes de Noël offrirent à Anne-Sophie et sa famille trois jours de bonheur. Tous réunis rue des Tournelles, ils réussirent à enterrer pour un moment rancœurs, amertumes et chagrins. Ensemble, ils assistèrent à la messe de minuit célébrée dans leur paroisse et se régalèrent d'une bourriche d'huîtres, de brioches aux cédrats et de beignets.

Durant l'office, Anne-Sophie avait observé Marie-Aimée du coin de l'œil. Les yeux baissés sur son livre de messe, elle ne récitait aucune prière et, seule de la famille, n'avait pas communié. Anne-Sophie s'était abstenue de toute question.

Quelques jours après que Marie-Aimée eut regagné l'abbaye-aux-Bois, une lettre arriva à Saint-Jean. Avant même d'en faire sauter le cachet, Anne-Sophie reconnut l'écriture de Jeanne. Elle s'était détachée sentimentalement comme religieusement de cette femme, mais elles étaient liées par tant de souvenirs qu'elle ne pouvait l'ignorer tout à fait.

La coutume de présenter des vœux à ses amis à l'aube d'une nouvelle année me fait prendre la plume. De tout cœur je vous souhaite, ma chère amie, à vous et votre famille, des jours à venir dans la paix du Seigneur.

Incapable de supporter davantage les tracasseries de ma bru, j'ai quitté la maison de mon fils pour me réfugier dans un modeste logis près de Blois. L'autorisation m'en a été donnée par le gouverneur lui-même et, aussitôt celle-ci obtenue, j'ai emménagé dans cette paisible retraite où je vis seule avec les fidèles servantes qui avaient partagé mon triste sort à la prison de la Bastille. Ma nouvelle demeure est bâtie au milieu d'un verger. J'y ai récolté des pommes et de belles poires sur les quenouilles en espalier. Tout au fond du jardin s'élève une gloriette où je peux composer des cantiques. Au bord du ruisselet qui en est proche, des grenouilles s'égosillent à la tombée de la nuit. Une haie me sépare des champs du fermier voisin, un honnête homme, père de cinq fils.

Je ne pouvais plus vivre chez mes enfants. Ma bru refusait absolument tout conseil, aussi désintéressé et affectueux fût-il. Elle en était venue à me reprocher le vin que je buvais, le café et le chocolat dont j'ai toujours été friande, me rappelant sans cesse que ces denrées étaient hors de prix.

Il est vrai que je ne leur offrais qu'une modeste pension, la presque intégralité de ma fortune ayant déjà été partagée entre mes enfants. Mon fils était sans cesse de l'avis de sa femme. Lui et moi sommes des étrangers l'un pour l'autre. Combien j'aurais préféré être confiée aux soins de ma fille à Vaux-le-Vicomte ! Mais des esprits malintentionnés ont suggéré qu'elle ne voulait peut-être pas de moi. Je ne les crois guère. Si je suis une plume entre les mains de Dieu, je devrais l'être aussi dans celles de mes enfants.

M'établir en ville reste un dessein qui me tient à cœur. Ici, les personnes soutenues dans leur foi par mes écrits ne peuvent me visiter commodément. Les chemins de campagne sont mauvais, et impraticables en cas de fortes pluies ou de neige.

Viendriez-vous me voir avec vos chers enfants ? Je vous attends.

J'écris beaucoup à monsieur de Cambrai. Saint Bon a supporté ses épreuves avec une patience angélique. Dieu nous a bien éprouvés, lui et moi. Que Sa volonté soit faite. Il ne me répond qu'une fois l'an, mais je ne doute pas un instant de la communion de nos âmes. Plus que jamais nous nous sentons de petits enfants qui n'éludent ni le bonheur ni le malheur et les acceptent pareillement.

Anne-Sophie resta songeuse. Cette petite femme qui chantait des cantiques sous ses pommiers avait réussi à fâcher l'Église et la Cour, à dresser l'un contre l'autre les deux plus éminents prélats de France, à contraindre de fameux théologiens à examiner point par point le quiétisme avant de le condamner ! Elle avait mis madame de Maintenon en difficulté, irrité le Grand Dauphin en privilégiant son fils, le duc de Bourgogne, qu'elle avait vu en songe sur le trône. Elle avait suscité le dévouement inconditionnel des puissants Beauvillier,

Chevreuse, de son amie Marie de Béthune-Charost et de bien d'autres encore. La princesse Palatine, le duc de Saint-Simon, Jean de La Bruyère s'étaient moqués d'elle. Le malheureux religieux barnabite si lié à Jeanne était devenu fou dans une prison qui ne s'ouvrirait jamais, ses propres enfants la négligeaient alors que de parfaits étrangers accouraient à Blois pour la connaître, en majorité des protestants anglais, hollandais, séduits par le dépouillement de sa foi. Une femme peu ordinaire, tout à la fois ambitieuse et détachée de tout, orgueilleuse et humble. Un roc et une feuille volant au vent.

En ce début d'année, Anne-Sophie n'avait plus beaucoup d'amis auxquels présenter ses vœux de bonheur et de bonne santé. Ninon s'était éteinte quelques mois plus tôt, paisiblement, sans souffrir. Elle avait accepté de recevoir l'extrême-onction, mais Anne-Sophie devinait que cette concession avait été faite afin de contenter ses amis religieux. L'abbé de Châteauneuf avait écrit une petite épitaphe qu'on avait lue après les obsèques :

Il n'est rien que la mort ne dompte
Ninon qui près d'un siècle a servi les amours
Vient de finir enfin ses jours
Inconstante dans ses désirs
Délicate dans ses plaisirs
Pour ses amis fidèle et sage
Pour ses amants tendre et volage.

Tous ses fidèles étaient présents dans l'église Saint-Paul. Une grande émotion régnait. Cette femme charmante, légère, intelligente n'avait eu comme ennemis que d'austères gens qui ne la connaissaient point.

Maître Arouet, son notaire, avait ouvert le testament. Elle laissait de l'argent à des œuvres, à ses domestiques, la somme la plus importante à une personne anonyme, probablement le fils qu'elle avait eu de Villarceaux, quelques livres à François Marie, le fils d'Arouet[1], un jeune garçon plein d'esprit.

On avait fait l'inventaire des meubles. C'était un moment douloureux et Anne-Sophie avait voulu une dernière fois se rendre chez son amie avant que tout ne soit dispersé.

Dans le vestibule était posée sa chaise à porteurs doublée de satin à rayures jaunes et aux rideaux de taffetas. Dans la chambre de Ninon, des étiquettes étaient déjà collées sur le lit majestueux autour duquel, à l'heure du repos, elle réunissait ses proches, les six chaises, les quatre fauteuils tapissés de gros de Tours cramoisi. Un clerc évaluait le paravent aux panneaux de brocart, les deux petites tables de Chine, le guéridon et tous les tableaux qu'elle avait tant aimés, si familiers à ses amis qu'il était impossible de les contempler sans penser à elle. Ninon était là encore, sa jolie silhouette passait de pièce en pièce, son rire résonnait léger, tellement séducteur. Cette femme était née pour plaire et elle avait séduit jusqu'à sa mort. Faite de tolérance et d'amour, sa philosophie ignorait la rigidité. Un esprit indulgent et libre qui n'avait jamais nourri

1. Le futur Voltaire.

envers quiconque de rancune ou de jalousie. Un être harmonieux.

Anne-Sophie l'avait enviée. Il fallait, pour être aussi désinvolte, une force d'âme qu'elle n'avait point.

À la fin du mois, elle dut se rendre à Versailles, un monde désormais incompréhensible pour elle. Les jeunes s'écartaient des gens âgés comme s'ils étaient porteurs de la peste et quand ils devaient les écouter, c'était avec un sourire sarcastique aux lèvres. On essayait de se divertir en dépit des horreurs de la guerre, de la misère du peuple, d'une nouvelle révolte qui avait éclaté dans le Quercy, semblable à celles qui s'étaient succédé à la fin du siècle précédent. Cette jacquerie des croquants avait été provoquée par l'élévation des taxes sur l'enregistrement des mariages et des baptêmes. Des centaines de paysans s'étaient assemblés à Florensac et avaient pillé des maisons de notables. À Montauban, le maréchal de Montreuil avait reçu l'ordre de mater la rébellion et de pendre les meneurs sans autre forme de procès.

Vauban avait réagi. Il fallait installer en France une justice fiscale, faire payer à tous une dîme royale, soit un dixième des revenus. En lisant l'opuscule qu'il venait de faire publier clandestinement, le roi avait froncé les sourcils. La disgrâce de celui qui avait tant œuvré pour défendre la France semblait prochaine.

Rien à la Cour n'inspira à Anne-Sophie le désir d'y demeurer plus qu'il n'était nécessaire. On donna une comédie de Poisson, *Le Baron de La Crasse*, qui ne fit guère rire. En réalité, l'unique sujet de conversation était la guerre d'Espagne où victoires et revers se succédaient. L'archiduc autrichien briguait lui aussi le trône et jouissait de puissants alliés, déterminés à barrer la route aux ambitions françaises. Lassée par tant de déplaisirs, madame de Maintenon se réfugiait à Saint-Cyr aussi souvent qu'elle le pouvait. Là, au milieu des enseignantes et des élèves, elle retrouvait un peu de sérénité, oubliait pour un moment la guerre, les révoltes paysannes, les mauvaises humeurs royales et les pamphlets hostiles qui circulaient dans Paris.

Notre père qui êtes à Versailles, votre nom n'est plus glorifié, votre royaume n'est plus si grand, votre volonté n'est plus faite sur la terre ni sur l'onde. Donnez-nous notre pain qui nous manque de tous côtés. Pardonnez à nos ennemis qui nous ont battus mais non à nos généraux qui les ont laissé faire. Ne succombez pas à toutes les tentations de la Maintenon et délivrez-nous de Chamillart[1].

L'épouse morganatique du roi souhaitait conclure ce désastreux conflit par un traité de paix honorable. Mais à la Cour, la marquise avait des adversaires, le jeune duc d'Orléans en particulier, qui voulait prouver ses qualités de guerrier pour faire oublier une légèreté que sa mère, la détestable princesse Palatine, excusait toujours. Sous des airs bon enfant, l'Allemande était pétrie d'orgueil. Sans relâche, elle avait dénigré les enfants du roi et de madame de Montespan que madame de Maintenon considérait comme les siens pour les avoir élevés. Mais le mariage de son précieux fils unique avec mademoiselle

1. Contrôleur des Finances, puis secrétaire d'État à la Guerre.

de Blois, que madame la duchesse d'Orléans douairière considérait comme un déshonneur, avait cependant été conclu, tout comme celui du prince de Condé avec mademoiselle de Nantes.

Tout se fanait à Versailles. On dansait sans joie, les rires devenaient des rictus et bon nombre d'officiers rentrés de la guerre se traînaient sur des béquilles ou se faisaient pousser sur des chaises roulantes. On n'osait pleurer les morts, de peur de fâcher le roi.

Avec l'arrivée du printemps, le parc retrouva sa majestueuse beauté. S'y promener en causant demeurait un perpétuel bonheur. Nul n'avait de pouvoir contre le soleil, les petits nuages ronds, la brise, le parfum des fleurs, les ondées, les jeux de lumière sur l'eau du Grand Canal.

Le destin, cependant, semblait décidé à altérer ces agréments. En mars, on enterra Vauban, en mai la belle Athénaïs de Montespan, et peu après, le petit duc de Bretagne, fils premier-né du duc de Bourgogne. L'ancienne favorite n'avait pas soixante ans, sa beauté s'était envolée. Corpulente, sa peau de blonde flétrie, les cheveux grisonnants, elle savait que le roi ne la supportait à la Cour qu'à cause de ses enfants. Ses obsèques furent honteuses. La dépouille mortelle demeura longtemps presque abandonnée, tandis que les chanoines de la Sainte-Chapelle de Bourbon-l'Archambault, station thermale où elle s'était éteinte, et les prêtres de sa paroisse se disputaient âprement la préséance.

Dans l'église presque déserte, la messe de requiem à peine dite, le corps fut descendu dans un caveau commun avant que le duc d'Antin, son seul fils légitime, la ramène dans le tombeau de famille à Poitiers. Il ne semblait guère pressé d'accomplir ce geste filial, mais sachant sa mère à l'agonie, il s'était précipité à Bourbon et, sans demander de nouvelles de la mourante, avait exigé sa cassette. La clef, lui avait-on répondu, était toujours sur elle. Fort irrité, il avait alors gravi en toute hâte les escaliers, fait irruption dans la chambre de sa mère et, sans lui dire un mot, avait fouillé le corps. S'étant emparé de la clef, il avait ouvert la cassette, intercepté des lettres et des bijoux, avant de reprendre la route sans une larme. Nul ne pouvait accabler cet homme, délaissé tout enfant par une mère qui avait ridiculisé son époux et jeté l'opprobre sur les Mortemart.

On ouvrit le testament. Madame de Montespan laissait son cœur au couvent de La Flèche, son corps à l'abbaye de Saint-Germain, ses entrailles à celle de Saint-Menoux. La Flèche et Saint-Germain acceptèrent le legs ainsi que Saint-Menoux, mais il fallait leur apporter les entrailles. On les confia à un paysan qui devait se rendre à l'abbaye. Mais comme elles empestaient, il les jeta dans un fossé où des chiens errants et des bêtes sauvages les dévorèrent.

Le roi ne montrait point de chagrin. Pour lui, madame de Montespan avait disparu depuis longtemps. Était-il envahi par ses souvenirs lorsqu'on tirait les courtines de son lit et qu'il se retrouvait seul la nuit ? Était-il hanté par les morts ? Ou, du haut de sa prodigieuse hauteur, ne voyait-il ses sujets que comme de minuscules fourmis dont les chagrins et les joies ne le concernaient pas ?

Dès le mois de juin, la canicule avait paralysé la France. Le moindre geste était pénible et les paysans ne parvenaient à travailler aux champs que tôt le matin ou tard dans l'après-midi. Dès l'aube, l'atmosphère tremblait de chaleur et, avec la montée du soleil, la lumière blanche écrasait tout. Les maisons n'apportaient point de fraîcheur et, à Paris, on dormait dans la rue au milieu des ordures qui dégageaient des odeurs putrides. Des épidémies étaient à craindre et le roi ordonna que l'on jetât de l'eau dans les caniveaux afin que déjections, urine et matières fécales soient entraînées vers la Seine ou la Bièvre. Mais l'eau était rare et les mouches harcelaient.

Pour se rafraîchir, les Parisiens se pressaient dans les débits de boissons qui écoulaient avec grand profit leurs tonneaux de bière et de mauvais vin. Des rixes éclataient. Pour maintenir l'ordre dans une ville qui pouvait s'enflammer, le lieutenant de police sanctionnait brutalement le moindre débordement. De violents orages inondaient les rues et les rez-de-chaussée des masures, noyant des vieillards grabataires et des enfants au berceau. Sans ardeur, l'armée aidait à nettoyer, mais les soldats, des invalides pour la plupart car les bien-portants étaient à la guerre, passaient davantage de temps dans les tavernes que dans la rue, le balai ou la pelle à la main.

Le roi ne chassait plus que tôt le matin. Il regagnait ensuite le palais où les volets restaient clos. La chaleur ne lui ôtait point son célèbre appétit et en dépit de la goutte qui le travaillait, de la rareté et du mauvais état de ses dents, il avalait rôtis, ragoûts, pâtisseries sans modération. Les somnolences, congestions, dysenteries ne décourageaient en rien sa gourmandise.

En plein cœur de l'été, alors que l'on ne pouvait plus se livrer à la moindre activité qu'avec lassitude, on apprit que la flotte française s'était sabordée à Toulon pour bloquer le chenal aux Savoyards impériaux.

Une fois encore muré dans son impassibilité, le roi chassa à l'aube avec les gentilshommes de sa chambre et regagna Versailles ravi d'avoir forcé deux cerfs et une biche.

28

1709

La Seine avait gelé pour la quatrième année consécutive et l'on parlait d'un nouvel âge glaciaire qui envahirait l'Europe. Les loups ravageaient les campagnes, poussant l'audace jusqu'à attaquer des paysans isolés qui ramassaient du margotin dans les bois. Au sud de la France, oliviers et châtaigniers avaient été endommagés par le froid, et au nord, il ne restait plus un verger ni une vigne intacts. À Paris, un setier de blé atteignait soixante-quatre livres tournois, un prix jamais vu depuis cent ans. À la fin du mois de janvier, on avait déjà jeté dans les fosses communes de la ville vingt-quatre mille cadavres raidis par le gel.

Par un froid de moins seize degrés[1], aucun tombereau d'approvisionnement n'arrivait plus. Légumes, viandes, tout gelait, le vin devait être débité à la hache. On manquait de bois, de vêtements chauds, d'eau, de lait pour les enfants. Les âmes charitables s'efforçaient d'apporter des secours, toujours insuffisants.

---

1. Fahrenheit (– 26 degrés centigrades).

À Versailles, on vivait enveloppé dans ses fourrures. Le fidèle confesseur du roi, le père de La Chaise, avait trépassé à quatre-vingt-cinq ans et on ne s'était pas bousculé aux obsèques tant le froid dans l'église était mordant. Il était hors de doute que dans les provinces protestantes on chanterait des psaumes pour remercier Dieu de les avoir débarrassées de leur pire ennemi.

La vie était morne. Point de spectacle, point de concert, les musiciens ne pouvant tirer le moindre son de leurs instruments. On se calfeutrait chez soi devant des feux ardents qui brûlaient le visage et laissaient le dos gelé. Certains, malgré tout, faisaient atteler des traîneaux, ou patinaient sur le Grand Canal. On entendait leurs éclats de rire, désormais bien rares au palais. Mais la nourriture, le bois y étaient en abondance. Les pieds dans les chaufferettes, on lisait dans les gazettes en buvant du café brûlant que les loups avaient dévoré le courrier d'Alençon et son cheval, qu'au Mans ils avaient attaqué deux marchands, dont un seul avait échappé de justesse à la mort avec une affreuse blessure au visage. C'était horrible. Il était clair que les seigneurs provinciaux censés tuer ces fauves restaient chez eux au coin de l'âtre.

Selon ce qui semblait être devenu une tradition, Anne-Sophie avait passé les fêtes de Noël avec Marie-Aimée, les trois enfants et le chevalier de Briare, trop heureux de se retrouver, comme il aimait à le répéter, « au sein de sa famille ». Les journées s'écoulaient entre de courtes promenades, de la lecture à haute voix et les repas. Viviane jouait déjà fort bien du clavecin et de la harpe, Éloi apprenait la flûte et Briare, qui avait une belle voix, chantait en duo avec Marie-Aimée dans la chaleur douillette du petit salon. Il attendit la fin du mois pour annoncer à Anne-Sophie la nouvelle : il avait proposé le mariage à Marie-Aimée, qui avait accepté. C'était une chose toute simple, il était célibataire, portait un ancien nom, avait un peu de fortune, Marie-Aimée était une veuve chargée de deux enfants. Adoptés légalement par lui, ils seraient en mesure de faire leur chemin dans un monde hermétiquement clos aux rejetons d'un valet de chambre. Marie-Aimée et lui avaient échangé leurs points de vue et elle s'était laissé convaincre. Elle l'épouserait, à la condition que leur union restât chaste. Il l'entendait bien ainsi et n'avait pas songé un instant à se glisser dans son lit.

Afin de commencer une nouvelle vie, Viviane et Éloi devaient poursuivre ailleurs leur éducation. À Paris, tout le monde savait leur histoire et les langues étaient trop pointues pour que ne se propagent point de propos malveillants. Briare avait songé au collège de La Flèche tenu par les jésuites pour Éloi et à la Compagnie de Marie-Notre-Dame à Bordeaux, fondée par la pieuse Jeanne de Lestonnac, nièce de Montaigne, pour Viviane. Ces établissements prodiguaient un enseignement de qualité aux jeunes gens et jeunes filles des meilleures familles de ces deux régions. Inscrits sous le nom de Briare, enfants du chevalier de Briare, baron de Comines, seigneur de Bonhoure, ils ne porteraient plus trace de leur obscure extraction et pourraient prétendre pour l'un à une carrière dans l'armée, pour l'autre à un beau mariage. Sa fortune leur reviendrait. Modeste mais solide car investie en terres et en fermes, elle leur offrirait une sécurité appréciable. Comme il n'avait ni neveu ni nièce pour attaquer le testament, ils n'auraient pas à subir l'hostilité d'une famille qui, frustrée, aurait tenté de les ruiner.

Paralysée par la surprise, Anne-Sophie ne dit mot, puis elle serra son vieil ami dans ses bras.

— Viviane vous bénit du haut du Ciel, réussit-elle enfin à articuler. À moi aussi vous offrez le plus grand bonheur que je pouvais espérer avant de trépasser.

Déjà Marie-Aimée avait parlé de cette union à ses enfants. Ils avaient de l'affection pour Briare mais voyaient avec réticence un nouveau bouleversement dans leur vie. La Flèche, Bordeaux étaient bien loin de Paris. N'allaient-ils pas dépérir de solitude et de chagrin ? Briare et celle qu'ils appelaient « bonne maman » étaient vieux et fragiles, leur mère sédentaire, toujours à ses broderies ou à ses lectures. Quant à Nicolas, à dix-huit ans il avait trop d'occupations pour se soucier d'eux. Briare et Anne-Sophie les avaient rassurés, ils avaient, à Bordeaux comme à La Flèche, des relations qui les recevraient pour les fêtes et s'efforceraient d'aplanir les éventuelles difficultés qu'ils pourraient rencontrer. Et ils se feraient vite des amis.

Le départ des enfants était arrêté pour les premiers beaux jours. Une gouvernante et un jeune valet les accompagneraient. Ils seraient en sécurité.

En avril, un brusque dégel avait transformé routes et chemins en bourbiers. Paris était un cloaque, la Seine débordait, inondant les maisons construites sur ses berges. La ville restait privée d'approvisionnement dans un moment où les maladies dues aux privations et aux fièvres faisaient des ravages. Les hôpitaux, hospices, orphelinats en étaient réduits à servir à leurs pensionnaires des soupes faites de mousses arrachées aux murs, de suif et de champignons récoltés sur des troncs d'arbres pourrissants. On faisait boire aux nourrissons du lait de jument ou de chienne. Ils mouraient par centaines.

Des émeutes de la faim éclataient dans tout le royaume. Le roi avait ordonné de les mater avec une certaine clémence, mais les soldats, eux-mêmes mis à la portion congrue, devenaient vite agressifs. On dénombrait des dizaines de morts.

Près de la banqueroute, Samuel Bernard ne pouvait plus avancer de fonds au roi, qui avait dû faire fondre sa vaisselle d'or. La guerre de la Succession d'Espagne engloutissait des sommes énormes et, en s'éternisant, commençait à miner le moral des armées.

Pour contenter les jésuites, ses plus sûrs alliés, le roi avait décidé de disperser dès la fin de l'été les dernières religieuses de Port-Royal afin de détruire à tout jamais ce bastion janséniste. Jeanne Guyon isolée dans le Blésois, Fénelon exilé dans son diocèse de Cambrai, les hérétiques allaient être définitivement confondus. Les bâtiments de l'abbaye de Port-Royal seraient rasés afin que nul pèlerin ne puisse venir respirer l'air délétère de leur fausse doctrine.

Le mariage de Briare et Marie-Aimée eut lieu le quinze avril à onze heures du soir dans l'église paroissiale de Saint-Jean, en présence de témoins choisis parmi les villageois. On offrit vin et pâtisseries au château mais nul ne dansa. Afin de respecter la misère du peuple, la famille portait des vêtements ordinaires, la mariée une robe sans falbalas en étoffe de laine gris tourterelle aux pans relevés sur une jupe d'étamine ponceau. Posée sur ses cheveux bruns simplement frisés, une mantille recouvrait ses épaules. L'époux était vêtu d'une veste sans fioritures sur un long gilet de velours vert foncé, d'une chemise à discret jabot, de bas noisette et de chaussures sans talon et dépourvues des ornements qu'il affectionnait. Marie-Aimée s'était montrée catégorique : elle ne souhaitait ni soie, ni brocart, ni nœud de ruban. Invoquant son grand âge, Anne-Sophie avait tenu à garder son manchon et un mantelet à capuche doublé de martre. Elle portait également les perles offertes par Vincent à l'occasion de la naissance de Nicolas. Le soir, les époux regagnèrent chacun leur chambre.

La voiture devait s'arrêter d'abord à La Flèche avant de gagner Bordeaux. Pour atténuer la douleur de la séparation, Marie-Aimée avait promis à Viviane comme à Éloi de les faire revenir à Saint-Jean durant le mois d'août. Le cocher viendrait les chercher. Elle leur écrirait chaque semaine.

La nouvelle mariée restait énigmatique. Les outrages qu'elle avait subis ainsi que sa présente élévation ne semblaient susciter chez elle aucune émotion. Catholique devenue huguenote puis revenue au catholicisme dans des conditions tragiques, épouse sans amour, elle témoignait cependant d'une extrême gentillesse envers un mari qui semblait satisfait des soins qu'elle lui prodiguait. Quant à ses courtes fugues à Paris, elle les acceptait sans poser la moindre question. Mais il avait été entendu qu'aucun compagnon occasionnel ne viendrait à Saint-Jean. En faisant cette promesse, il avait ri. À son âge, il n'avait de relations qu'avec de vieux amis, comme lui rhumatisants et goutteux. Certes, ils aimaient se revoir pour évoquer leurs heureuses dissipations devant quelques bonnes bouteilles, mais la plupart d'entre eux n'auraient pas même eu la force de se traîner à Saint-Jean. Marie-Aimée n'avait rien à craindre.

Lui aussi avait pour la jeune femme de délicates prévenances. Grand amateur de parfums, de colifichets à la mode, il en offrait avec générosité. C'était Anne-Sophie qui en profitait.

Un beau printemps faisait suite à l'effroyable hiver et des fenêtres grandes ouvertes sur le parc montaient des odeurs de lilas et de chèvrefeuille. Quelques biches s'aventuraient sur la pelouse que cernaient des bouquets de noisetiers. Au loin, la Marne se déroulait avec paresse.

— Nous voici comme deux vieux amants, ma chère amie, confiait souvent Briare à Anne-Sophie.

La jeune épousée couchée, ils se retrouvaient avec joie en tête à tête. Ensemble, ils parlaient des enfants, chacun finalement heureux dans son établissement. Viviane était visitée et reçue par un vieil ami des Perret qui avait perdu son fils unique mais était grand-père de cinq petits-enfants, un garçon et quatre filles. Châtelain et vigneron, il avait intégré à sa famille la fillette qui le rejoignait lors de toutes les fêtes carillonnées.

Éloi avait une grande admiration pour ses professeurs et se montrait très pieux. « Un futur jésuite », soupirait le chevalier. Ceux-ci s'étant montrés brutaux envers les huguenots, les jansénistes et les quiétistes, il ne les portait guère dans son cœur. Nicolas, quant à lui, se destinait au métier des armes et excellait dans tous les exercices physiques. À près de dix-neuf ans, il allait rejoindre prochainement le régiment de Noailles et ne cachait pas sa joie. Allait-on envoyer son fils unique en Espagne ? s'alarmait Anne-Sophie. Victoires et défaites se succédaient. Strasbourg était rendu aux Français ainsi que Lille. Dunkerque et Naples étaient démilitarisés. Mais le trône d'Espagne n'était point encore acquis pour les Bourbons. On ne voyait pas le terme de cette guerre et le limogeage de Chamillart, remplacé par Voysin de La Noiraye qui bénéficiait de la protection de madame de Maintenon, ne changerait rien.

Un dimanche de juin, grande fut la surprise des paroissiens de Saint-Jean d'entendre leur curé lire en chaire un appel du roi. Sa Majesté demandait à tous ses sujets de le soutenir jusqu'au bout dans son effort de guerre. Il s'agissait de l'intérêt et de la gloire de la France. En ces moments difficiles, il avait besoin de tous et de toutes. Le courage, la détermination des Français l'emporteraient sur la malveillance et la brutalité de leurs ennemis.

Les fidèles sortirent consternés de leur église. Qu'allait-on encore exiger d'eux ? Ils avaient traversé un hiver effroyable, la nourriture, pain, viande, légumes, était insuffisante et chère, les jeunes garçons étaient enrôlés dans les armées, laissant les fermiers, les éleveurs, les artisans démunis de main-d'œuvre, les jeunes filles sans époux. Que sacrifiait-on, à Versailles ? Rien. Qu'exigeait-on du peuple ? Tout. Si les récoltes n'étaient pas bonnes, la disette ferait une fois encore des ravages.

On rapportait que dans la province lointaine du Vivarais, les huguenots se révoltaient à nouveau. Les bons catholiques ne pouvaient les accabler. Fallait-il prendre fourches et couteaux pour se faire entendre ?

Chez Anne-Sophie, on était inquiet. Le roi devait être mal avisé de la situation de ses sujets. Entouré de courtisans ne pensant qu'à leur intérêt, il vivait dans un total isolement, poussant sur des cartes des soldats de plomb qui lui donnaient une enivrante illusion de puissance.

Anne-Sophie ne se rendait plus à Versailles, ses amies pour la plupart étaient infirmes ou mortes, madame de Maintenon passait comme une ombre, soucieuse de ne jamais déplaire, anxieuse de se réfugier à Saint-Cyr. On donnait encore au château quelques représentations théâtrales comme *Bérénice*, que chacun avait vue dix fois, et *Ariane* de Thomas Corneille, qui déclinait de jour en jour. Rien n'attirait plus Anne-Sophie dans ce monde à part et lointain où elle avait aimé briller. Les femmes alors y étaient insolentes, les hommes charmeurs et cyniques. Personne n'était dupe de personne, mais le jeu en valait la peine.

Autour d'un roi jeune et beau qui aimait les fêtes, danser et séduire, on ne s'embarrassait guère de religion ou de morale bourgeoise. Le souverain collectionnait les maîtresses, son frère les amants. Pour obtenir les sensations fortes que n'apportait plus l'amour, on buvait outre mesure, on se ruinait au jeu. Pour paraître et tenir son rang, on dépensait à pleines poignées. Rien n'était jamais trop beau, atours, bijoux, équipages, livrées des domestiques, il fallait toujours étonner, attirer louanges ou jalousies.

Entre les carrousels, les ballets, les concerts, les feux d'artifice, les longues stations debout afin de voir passer le roi, le saluer, attirer son regard, on ne voyait pas se succéder les jours. Les morts étaient pompeusement enterrés, les jeunes accouchées vite sur pied afin de danser à nouveau. Les rapports sur les épidémies, les disettes ne passaient pas les grilles du palais. On ouvrait sa bourse aux pauvres lorsqu'on était sollicité, que demander de plus ? Les quelques grandes dames qui s'impliquaient dans la charité active étaient certes admirées, mais leur sévère compagnie n'était guère recherchée.

Anne-Sophie n'ignorait rien du fossé qui séparait ce monde, le sien alors, de celui de sa cousine. La vraie vie était-elle à Versailles, les chimères chez ces servantes du Bon Dieu ? Elle n'aurait su en décider.

Un soir d'août, Briare revint très agité de Paris. On se battait dans les rues et il avait eu le plus grand mal à passer la barrière. Toutes les boutiques avaient fermé leurs volets et les portes des maisons étaient verrouillées. Bien qu'à seize et quinze ans ils fussent en âge d'écouter toutes sortes de propos, Marie-Aimée, pressentant que son mari allait leur livrer un récit brutal, expédia Viviane et Éloi dans leurs chambres. Dans quelques jours et pour la dernière fois en ce qui concernait Viviane, ils allaient regagner leurs institutions, voyage que la jeune fille semblait attendre avec impatience. Petite, brune et bouclée, les traits fins, elle était devenue une jolie jeune fille que lorgnaient les garçons du village. Blond roux comme son père, Éloi voulait entrer au séminaire. Sa décision était prise, il serait membre de la Compagnie de Jésus. Comme l'avait redouté Anne-Sophie, Nicolas quant à lui faisait route vers l'Espagne pour rejoindre le régiment du duc de Noailles.

L'hôtel de la rue des Tournelles ayant été vendu quelques mois plus tôt, Anne-Sophie se contentait désormais d'un appartement au premier étage d'un immeuble bâti sur les quais de la Seine, en face de la place Dauphine.

— On parle de plus de quarante morts, reprit le chevalier une fois les deux adolescents sortis. Les grilles du Palais-Royal ont été fermées ainsi que celles des Tuileries. Mais loin de se mettre à l'abri, la population est partout. On se presse aux fenêtres et jusque sur les toits des maisons. Vous imaginez la peur qu'engendre cette foule menaçante. Tout est venu d'une altercation à la porte Saint-Martin où on embauche chaque matin les maçons qui travailleront aux remparts ! D'abord en nombre raisonnable, les postulants devenaient chaque jour plus nombreux, attirés par les trois sous et la miche de pain qu'on leur remettrait après une journée d'ouvrage. Ce matin, il s'en présenta quatre mille, très excités, dit-on, exigeant du travail et du pain. Une femme se mit à hurler d'horribles imprécations contre le chef d'équipe. On la mit au carcan, ce qui plongea la foule dans la plus grande fureur. On bouscula les gardes et brisa le carcan. Aux quatre mille ouvriers s'étaient joints entre-temps tous les désœuvrés des alentours, laquais sans emploi et fainéants de tout poil. L'émeute dégénéra et les meneurs appelèrent au pillage. On dévasta boulangeries, boucheries, crémeries, et quand les soldats de la garde se mirent à tirer, les choses s'envenimèrent davantage. Il fallut l'arrivée du maréchal de Boufflers et du duc de Gramont pour apaiser les émeutiers en promettant du pain et de l'ouvrage pour tous. Ils allaient le soir même s'en entretenir avec le roi. Je pus alors passer la barrière, acheva le chevalier. Confiants dans la parole de si éminents personnages, les émeutiers rentraient chez eux.

Un grand malaise s'empara d'Anne-Sophie. Éteignait-on le feu avec un verre d'eau ? Elle n'ignorait rien des misères du peuple. Patient, celui-ci l'était, mais jusqu'à quand ?

29

1711

La nouvelle ne surprit qu'à moitié Anne-Sophie et Marie-Aimée : Viviane avait été demandée en mariage par le petit-fils de celui qui avait été son protecteur à Bordeaux. D'une honorable famille, seul héritier d'un joli château depuis la mort au champ de bataille de son père, élevant avec habileté un vin de renom, il était fort amoureux et voulait conclure un mariage dès le printemps. Âgé et impotent, le grand-père ne pouvait venir en personne demander la main de Viviane au chevalier de Briare et déléguait son meilleur ami, lui-même viticulteur près de Bordeaux.

Afin de le recevoir avec dignité, Anne-Sophie fit repeindre son salon, acheta de nouveaux meubles plus confortables pour la chambre destinée au visiteur. On installa même une nouveauté : un cabinet « à l'anglaise », plus salubre que les chaises percées.

Fin mars, tout était prêt. En parcourant sa jolie demeure, Anne-Sophie ne pouvait s'empêcher de penser à l'incommodité du château familial où se débarbouiller était un pari difficile et, en hiver, fort pénible. Son père ne s'était jamais lavé que le visage et les mains et ne pensait aucun bien des excentriques qui plongeaient dans la rivière.

Le Bordelais les avait charmés. Plein de gaieté, intelligent, gourmet, il évoqua la vie qui serait celle de leur délicieuse enfant dans cette belle région de Gironde. Viviane y trouverait une société élégante, cultivée, qui réunissait viticulteurs, hauts dignitaires religieux et membres d'une vieille noblesse attachée à ses terres. Quantité de jeunes femmes formaient un cercle accueillant où leur fille serait reçue à bras ouverts. D'abord surpris, le messager se résigna finalement au silence de Marie-Aimée pour s'entretenir avec Blaise de Briare et Anne-Sophie de Perret qui, bien qu'étrangère par le sang à la future épousée, se considérait comme sa grand-mère. Son séjour se conclut par la visite du notaire du chevalier qui avait fait connaître le montant de la dot et les espérances de la jeune fille. La comtesse de Perret fournissait le trousseau et prenait à sa charge les frais d'un mariage qui, selon la volonté des fiancés, se déroulerait au château du promis.

Afin de préparer un si prompt voyage, toutes les habitudes d'un paisible quotidien furent bouleversées. Les malles descendues du grenier s'accumulaient dans les chambres, les couloirs, jusque dans les salons. Il fallait quantité de linge, des atours convenant aux divers événements de leur séjour bordelais, empaqueter un trousseau acquis à grands frais chez les meilleurs fournisseurs parisiens et quelques cadeaux pour la famille du fiancé. À plus de soixante ans, Anne-Sophie était accablée. Elle devait courir les boutiques, houspiller les couturières, surveiller les domestiques responsables des bagages, organiser la vie au château durant une absence qui pouvait durer un mois. Il fallait en outre penser à emporter diverses herbes et onguents médicinaux, l'huile de cacao venant de Guadeloupe et le baume du Pérou qui soulageaient ses douleurs articulaires ainsi que la goutte de Briare. Comme il serait impossible de visiter les apothicaires de Bordeaux, on devait tout prévoir. Lorsqu'elle rentrait le soir, elle observait avec irritation Marie-Aimée qui brodait ou lisait, impassible au coin d'une fenêtre. Toute joie de vivre, tout enthousiasme semblaient brisés en cette jeune femme. Elle mariait sa fille à un gentilhomme fortuné et n'exprimait aucune satisfaction, aucune reconnaissance envers celui qui l'avait épousée. L'apathie de sa femme ne semblait pas, par ailleurs, contrarier Briare qui pouvait ainsi jouir de la compagnie exclusive d'Anne-Sophie. Leur vieille amitié, l'affection qu'ils avaient l'un pour l'autre en faisaient bien plus des époux que le sacrement du mariage.

Sociable, il se réjouissait de cette escapade à Bordeaux et bien que la dot de Viviane ait retranché le luxe superflu de sa vie, il s'était offert un chapeau emplumé d'autruche, un gilet de soie brochée, deux paires de souliers ornés de rubans de soie et quatre paires de bas vermillon. Il devait faire honneur à sa fille et ne pas passer pour un maraud aux yeux de l'élégante société bordelaise.

De son côté, Anne-Sophie avait fait retoucher quelques robes pour les mettre à la mode. On aimait désormais les manches moins gonflantes, les corsages plus décolletés que les femmes de son âge portaient sur une pièce de fine dentelle attachée au creux des seins par un nœud de ruban ou une fleur de soie. Larges manchettes et collets étaient bannis. Avec de jolies mantilles, elle rivaliserait avec les élégantes douairières bordelaises et pourrait même se prévaloir d'un air de cour qui leur faisait défaut.

Par miracle, le départ put se faire en temps voulu. L'ami ambassadeur du fiancé ayant regagné une semaine plus tôt la Gironde, ils n'étaient que cinq dans la voiture en comptant les deux femmes de chambre. Dieudonné, le valet de Blaise de Briare, voyageait à côté du cocher. Une voiture suivait avec les bagages, conduite par un domestique choisi pour son adresse manuelle et son aisance à s'adapter à toutes les circonstances. On ferait un détour par le séminaire du Mans pour prendre Éloi.

Le beau temps rendait le voyage presque agréable. On faisait halte de temps à autre pour se promener, se délasser le long d'un bois ou d'une rivière. Aux relais, on sortait les paniers de provisions et boudait la nourriture trop grasse offerte par les aubergistes. On se régalait de jambon persillé, de veau en terrine, de petits pâtés aux cailles, de radis noirs comme en Bretagne et des dernières pommes qui avaient passé l'hiver dans le fruitier du château. Les carafons de vin circulaient entre maîtres et domestiques assis à quelques pas.

Au relais de Poitiers, tard dans l'après-midi, ils s'étonnèrent de voir arriver à bride abattue un courrier couvert de poussière. Où se rendait-il ? De quelle nouvelle suffisamment importante était-il porteur pour crever un cheval ? L'homme répondit qu'il gagnait Bordeaux afin de remettre un pli au gouverneur de la Gironde et, devant l'air étonné des voyageurs, il prononça avec importance :

— Monseigneur le Dauphin a expiré hier matin de la petite vérole.

L'auberge ne pouvait offrir que deux chambres. Comme Marie-Aimée avait refusé avec la dernière énergie de partager le lit de son mari, Briare s'était couché dans celui d'Anne-Sophie qui bien volontiers l'avait accueilli. Ils allaient pouvoir causer à leur aise. La mort du Grand Dauphin poussait le duc de Bourgogne au premier rang de la succession, ce qui devait fort réjouir le clan des Chevreuse et des Beauvillier comme monsieur de Cambrai et madame Guyon. Leur espoir de voir enfin un monarque chrétien juste, charitable et bon devenait plus concret. Le roi avait soixante-treize ans, il était sujet à des infections, des maux d'estomac, des douleurs articulaires et la prédiction de la bonne madame Guyon qui avait vu en songe Bourgogne installé sur le trône de France pouvait se réaliser bientôt. Chevreuse, Beauvillier et Fénelon seraient alors tout-puissants et feraient triompher des idées si justement exprimées par monsieur de Cambrai dans ses *Aventures de Télémaque*.

Anne-Sophie avait peu connu le Grand Dauphin. Timide, un peu hautain, il ne se mêlait pas volontiers à la cour de son père, résidant surtout à Meudon avec celle qui était, affirmait-on, son épouse morganatique, Marie-Émilie de Choin. Au temps même où il était encore marié à Marie Anne Christine de Bavière, son tempérament maussade et pessimiste l'éloignait des joyeux jeunes gens qui alors entouraient le roi. Le fils de celui-ci ne serait guère pleuré, hormis par le roi et madame de Maintenon.

— Ce mariage me soulage de la corvée des obsèques, remarqua Anne-Sophie en soufflant la chandelle. Les messes de requiem se succéderont et en avril on attrape facilement froid dans les églises. La princesse Palatine, qui déteste les interminables offices, doit être au désespoir. Elle va encore expédier quelques lettres bien poivrées à sa parenté allemande.

Vêtue d'une robe de soie brodée de fleurs, la mariée était délicieuse. Son expression, son sourire révélaient un bonheur qui rejaillissait sur toute l'assemblée. Le vieux comte de Pontivy prononça un charmant discours et, au son des violons et des flûtes, on dansa après le repas. Une vraie noce de campagne à laquelle étaient conviés les paysans des environs. Briare et Anne-Sophie étaient heureux de voir enfin se dérider Marie-Aimée.

Élégante, bien coiffée, portant les perles offertes par son mari, elle dansa même une gavotte avec lui. Seul Éloi restait réservé. Il trouvait le sourire de sa mère crispé, son entrain forcé, le ton de sa voix trop enjoué. Que dissimulait-elle au plus profond d'elle-même depuis leur retour de Marseille ? Encore un enfant alors, il avait été inquiet de son apathie. À l'instant où elle avait appris la mort dramatique de son mari, elle si courageuse, si active, si gaie s'était métamorphosée. Son affection pour ses enfants demeurait, mais elle semblait jouer un rôle, être devenue un fantôme. Qu'elle soit maltraitée ou honorée, huguenote ou catholique, tout désormais lui semblait sans importance. C'était pour Viviane et lui qu'elle s'était remariée, Éloi ne l'ignorait pas.

Le lendemain des noces, il y eut encore un banquet pour les hommes et les femmes qui travaillaient aux vignes. Le vin coula en abondance et l'arrivée des jeunes mariés suscita des applaudissements. Bien volontiers ils vidèrent leurs verres, mangèrent une part de brioche aux fruits confits. L'été serait ensoleillé et la récolte bonne, promit Antoine de Pontivy. Comme chaque année, les membres de sa famille seraient les premiers à vendanger. Les convives poussèrent des hourras. L'épousée était charmante, pas fière et assez solide pour mettre au monde une ribambelle de petits vignerons.

Anne-Sophie reprit la route sans grande joie. De retour, il lui faudrait se rendre à Versailles pour présenter ses condoléances à la nouvelle Dauphine et à sa belle-sœur, la duchesse de Berry. Elle espérait pouvoir éviter madame de Maintenon. On disait qu'au palais, la vie quotidienne était d'une tristesse infinie. La monotonie de l'étiquette, l'âge des courtisans, le caractère maussade du roi étouffaient toute innovation, toute hardiesse, cette impertinence propre à la jeunesse qui remettait en cause des habitudes ou idées devenues caduques. Au milieu des ors et des cristaux, des draperies et de la marqueterie, on étouffait. Le château de conte de fées était devenu un tombeau.

En prévision d'une arrivée tardive à Saint-Jean-les-Deux-Jumeaux, les domestiques avaient préparé un repas froid et allumé un feu dans la cheminée du petit salon où une table avait été dressée.

Avec consternation, Briare et Anne-Sophie virent Marie-Aimée gagner sa chambre sans vouloir toucher à aucune nourriture. Durant le voyage, elle n'avait consenti à absorber que quelques cuillerées de confiture et un peu de lait.

— Le chagrin de savoir sa fille mariée au loin, suggéra Briare. Marie-Aimée est forte, cela lui passera.

Appelés à son chevet quelques jours plus tard, les médecins levaient les bras au ciel. Ils ne pouvaient obliger une personne à s'alimenter. Et Marie-Aimée refusait d'avaler pilules ou potions censées ouvrir l'appétit. Il était clair que cette dame désirait mourir. Mieux valait faire venir des prêtres.

Anne-Sophie se gardait de prévenir Viviane et Éloi qui s'alarmeraient. Elle voulait croire encore à une passagère tristesse, une crise de mélancolie que les douceurs du printemps chasseraient. En ce mois de mai, le parc était dans toute sa splendeur. Une clarté blonde perçait des trouées dans l'allée des tilleuls qui menait vers une terrasse dominant la vallée de la Marne ; dans les parterres, les premières roses embaumaient et les bancs de la charmille invitaient à la lecture ou à la rêverie. Marie-Aimée y venait souvent avec sa broderie. Maigre, le teint blafard, elle ne pouvait pousser plus loin sa promenade, remonter comme autrefois l'allée, passer la petite grille donnant sur un chemin de terre bordé de fleurs sauvages et de ronciers. Elle restait là un moment avant de regagner sa chambre, soutenue par sa petite servante, une fille de Meaux, condamnée au carcan pour le larcin d'un pain, qui lui avait été recommandée par un prêtre. À six heures, elle se couchait pour ne se relever que tard dans la matinée. À ce moment seulement, elle acceptait un bol de lait et un biscuit.

En juin, Marie-Aimée était devenue si faible qu'Anne-Sophie prit la décision d'écrire aux enfants, choisissant des mots rassurants pour Viviane qui se soupçonnait enceinte. Elle répondit aussitôt : un voyage à Paris était trop fatigant pour qu'elle puisse l'entreprendre, mais elle souhaitait des lettres hebdomadaires afin d'être tranquillisée.

Éloi était accouru du Mans. Sans illusion, il tenait longuement compagnie à sa mère mais évitait les discours religieux qui, il le devinait, l'auraient irritée. Jour après jour, le jeune homme tentait de lui montrer les beautés de la vie, un lever de soleil, l'odeur des premières fraises, celle des roses après les courtes ondées du printemps, les oiseaux nouvellement nés qui prenaient maladroitement leur envol. Elle l'écoutait sans mot dire mais pas indifférente. Peut-être avait-elle trop âprement bataillé au cours de sa vie et était si lasse qu'elle voulait s'endormir.

Briare faisait lui aussi de son mieux. Dépassé par le cours que prenait cet insolite mariage, peu familier des turbulences de l'âme féminine, il avait pris le parti d'offrir son affection sans poser la moindre question ni tenter d'argumenter. Souvent désemparé, découragé, il se tournait alors vers Anne-Sophie pour être réconforté. Mais celle-ci, plongée dans le plus extrême désarroi, se sentait impuissante à faire figure de femme forte. Avait-elle commis une erreur qui aurait poussé Marie-Aimée à une telle extrémité ? Si tel était le cas, pouvait-elle la découvrir afin d'y remédier ? Sa cousine comme elle-même avaient élevé avec amour cette fillette sans mère, lui avaient donné une bonne éducation, rêvé pour elle d'un honnête bourgeois qui l'épouserait pour ses hautes qualités et son indépendance financière. Que pouvait-on leur reprocher ?

Après beaucoup d'hésitations, Anne-Sophie s'ouvrit à Éloi, seul parmi eux à traverser cette tragédie avec force et dignité. Le jeune homme demanda un temps de réflexion avant de livrer ses sentiments. Il voulait méditer pour élargir ce cas particulier, lui trouver un sens.

— Depuis toujours, prononça Éloi d'une voix douce, ma mère nourrit en elle une colère jamais exprimée. Ce silence l'a fait beaucoup souffrir.

— Mais grand Dieu, s'exclama Anne-Sophie, à qui pourrait-elle en vouloir ! À sa mère adoptive, à moi ?

Encore en tenue du matin, un bonnet à bavolets de dentelle sur la tête, Anne-Sophie arrangeait des roses dans une aiguière de terre vernissée quand Éloi l'avait rejointe. Marie-Aimée dormait encore. Elle était entrée dans sa chambre sur la pointe des pieds pour vérifier que tout allait bien et l'avait trouvée dans son lit. Durant son sommeil, elle avait rejeté ses draps et, avec effroi, Anne-Sophie avait découvert des jambes et des cuisses d'une extrême maigreur. Quelle espérance de vie pouvait-elle avoir ?

— Sa route n'a jamais été droite comme vous le pensiez, je présume. Maman s'est toujours sentie très seule. Ignorante de ses ancêtres, hantée par le geste de sa mère qui, sans doute désespérée, l'avait posée sur le seuil de l'hospice des Enfants-Trouvés, elle se serait crue un monstre en vous révélant ses souffrances. Docile à vos volontés, elle n'a pu, le jour où elle a rencontré mon père, se maîtriser davantage et a fui. Elle a fait le choix d'aimer qui elle voulait.

Sur les tiges des roses, la main d'Anne-Sophie s'immobilisa. Que prétendait Éloi ? Que Marie-Aimée se sentait prisonnière de la tendresse qu'on lui vouait ?

— En fuyant, poursuivit-il du même ton maîtrisé, maman savait qu'elle allait beaucoup souffrir, bien plus qu'en demeurant auprès de vous. C'était son choix. Elle a été bénie par Dieu finalement. Je me souviens d'une phrase étrange qu'elle a un jour prononcée devant moi : « Assurément je suis sans doute la première de ma famille à vivre une existence heureuse depuis la nuit des temps. Ce bonheur sera votre plus bel héritage. »

Un court moment, l'émotion contraignit Éloi à se taire.

— Sa mission est accomplie, reprit-il. Richesse ou sécurité ne l'intéressent pas. Elle n'a ni désir ni peur et trouve la paix dans la perspective de sa mort ici, à la campagne, avec le soleil, les ondées. Elle sait qu'il pleuvait à verse le jour où les religieuses l'ont trouvée sur le pas de leur porte. Ses vêtements dégouttaient d'eau.

— Cela est vrai, murmura Anne-Sophie, la religieuse a même dit : « Si tu avais été un garçon, ma petite, nous t'aurions nommée Noé. »

Éloi sourit. La vie était un miracle.

À la mi-juin, Marie-Aimée s'éteignit comme une bougie. On célébra la messe de requiem dans l'église de Saint-Jean et elle fut enterrée à côté de Viviane de Kerdélant et Vincent de Perret.

Anne-Sophie et Briare se retrouvaient seuls.

— Nous attendrons ensemble la mort, avait déclaré philosophiquement le chevalier. Mais auparavant, ma chère amie, il faut profiter de nos derniers beaux jours.

30

1712

L'année précédente s'était achevée avec la destruction de Port-Royal. Le roi pouvait désormais oublier l'épine janséniste qui l'avait si longtemps écorché et mettre ce qui lui restait d'énergie à obtenir enfin une paix honorable concluant la guerre d'Espagne. Le Trésor était vide et l'État avait dû encore recourir à l'emprunt. Le seul banquier ayant pris le risque de succéder à Samuel Bernard, ruiné, était Crozat qui avait déjà avancé deux cents millions de livres, soit plusieurs fois les recettes fiscales annuelles.

Le roi semblait surmonter la perte de son fils. Il chassait beaucoup et avait demandé à Vivaldi de jouer ses concertos à Versailles. L'étiquette interdisait tout relâchement. Mais dès le début du mois de février, le malheur s'abattit à nouveau sur les Bourbons, si imprévu que les courtisans d'abord, les Parisiens ensuite, puis le royaume tout entier furent frappés de stupeur. On plaignait le vieux roi ou bien on trouvait que justice était enfin faite. Joyeuse, espiègle jusqu'à l'impertinence, la petite duchesse de Bourgogne était le seul rayon de soleil qui égayait encore Versailles et réchauffait le cœur du vieillard qu'était devenu le souverain. Soudain souffrante, elle s'était alitée. La fièvre montait et les médecins se perdaient en conjectures : était-ce une rougeole, la variole ? Il fallait soigner, purger, extraire les humeurs pernicieuses qui avaient investi son jeune organisme. Fort amoureux de sa femme, le Dauphin ne quittait pas son chevet et il était touchant de voir ce jeune ménage se donnant la main comme de simples bourgeois.

La petite Dauphine se mourait. On avait prié son mari de s'éloigner pour administrer les derniers sacrements dans un climat de paix propice à l'ultime départ. La duchesse de Bourgogne avait ensuite reçu la visite de ses deux fils survivants, les ducs de Bretagne et d'Anjou, âgés de cinq et deux ans. En larmes, les petits avaient voulu embrasser leur mère, mais, par crainte de la contagion, on les avait écartés. Enfin, le Dauphin puis le roi étaient venus faire leurs adieux. Voir trépasser une charmante jeune femme de vingt-sept ans était trop cruel pour pouvoir contenir son émotion. Tous deux avaient versé d'abondantes larmes. Marie Adélaïde s'éteignit paisiblement le douze février. La Cour était en deuil, le roi muré en lui-même, le Dauphin désespéré.

Fiévreux à son tour, ce dernier dut s'aliter dès le lendemain. Il était clair qu'il avait contracté la maladie de sa femme et que sa vie était en danger. Au plus vite, il fallait saigner et purger. Et, comble de malheur, le petit duc de Bretagne avait lui aussi de la fièvre. Le Dauphin expira le dix-huit février, une mort édifiante, chrétienne, qui achevait une vie de probité. Son fils aîné le suivit de près dans la tombe et le plus jeune, le petit duc d'Anjou, n'eut la vie sauve que grâce à la détermination de sa gouvernante, madame de Ventadour, qui avait absolument interdit aux médecins de l'approcher. Tenu au chaud, nourri légèrement, le petit garçon de deux ans était désormais l'héritier du trône de France.

Nul, hormis le roi, n'était plus affecté par le décès du Dauphin que les membres de la petite Église. Depuis que Fénelon l'avait instruit, tous attendaient son règne avec une vive impatience. Avec un tel souverain, la France serait devenue un modèle pour l'Europe, non par ses ambitions et ses guerres, mais par la justice et la prospérité qui y régneraient.

Très affaibli lui-même, un pied dans la tombe, le duc de Chevreuse tint à informer ses amis Fénelon et Jeanne Guyon de la mort du Dauphin. S'il lui avait été facile de deviner la disposition affective de monsieur de Cambrai qui perdait un élève admiré et chéri, celle de Jeanne posait une interrogation. Tant de fois leur vénérée amie avait vu l'heureux avènement sur le trône de France du duc de Bourgogne qu'une mort aussi soudaine ne pouvait que la décontenancer. Mais la volonté de Dieu devait être acceptée.

Leur amie, par ailleurs, avait quitté sa petite maison de campagne pour s'établir à Blois où elle recevait de nombreuses visites. Si elle écrivait encore, elle ne publiait plus et avait cessé toute correspondance avec le malheureux père Lacombe qui, devenu fou, allait être transféré de sa prison dans un asile d'aliénés. Des diables lui apparaissaient sous la forme de femmes qui le harcelaient et qu'il repoussait avec horreur. Sans doute à cause des soutanes qu'ils portaient, il refusait qu'aucun prêtre l'approchât.

Marié très jeune, chaste, père de cinq enfants, Charles Honoré d'Albert de Luynes, duc de Chevreuse, n'avait aucune idée des hantises charnelles. Sur les mœurs irréprochables de son amie Jeanne, il ne nourrissait aucun doute. Avaient-ils eu cependant, Lacombe et elle, des pensées impures ? Le bon duc ne voulait pas le savoir. Envers le barnabite, Jeanne avait dû se comporter en enfant, pleine de fraîcheur, de spontanéité, et Lacombe avait pu être abusé.

L'embastillement de leur égérie, la condamnation et le bannissement de Fénelon n'avaient pas ôté aux michelins leur combativité. Peu après le décès du Grand Dauphin, Fénelon et Chevreuse avaient publié un recueil qu'ils avaient intitulé *Les Tables de Chaulnes*, proposition d'un gouvernement idéal tel que l'un et l'autre le concevaient, gouvernement où le roi renonçait à son absolutisme, s'appuierait pour diriger la France sur une noblesse vivant frugalement des revenus de ses domaines. L'impôt serait juste et réparti sur tous les citoyens, des états généraux seraient convoqués régulièrement. Rompant avec la gallomanie, le roi rendrait au pape le pouvoir de nommer les évêques, ceux-ci promus selon leurs mérites mais principalement selon la dignité de leur naissance. Il en serait de même pour les officiers supérieurs que le roi choisirait exclusivement parmi l'aristocratie ; on n'achèterait plus son régiment. Les bons bourgeois qui se croyaient gentilshommes devraient rester à leur juste place. Les valeurs médiévales et chrétiennes renaîtraient de leurs cendres avec le sens du devoir, de l'obéissance, des responsabilités, la décence et la modestie des mœurs.

Avec l'âge, Jeanne devenait indifférente aux affaires du monde. Elle appréciait le cercle d'amis qui l'entourait, pour la plupart des huguenots. Leurs âmes étaient à l'unisson. Ils chantaient des psaumes puis gardaient le silence, abîmés dans des oraisons durant lesquelles Jeanne voyait souvent un océan qui l'absorbait, elle, petite goutte d'eau, infime partie de l'immensité. Ce qu'elle avait vu, entendu, aimé ou admiré n'était qu'apparence. Les notions d'être ou de non-être étaient sans signification. La Vérité ne dépendait pas des hommes.

Ses souvenirs ne la hantaient plus constamment. Elle savait les remettre à leur juste place, celle de pages définitivement tournées : l'indifférence de sa mère, l'hostilité de sa belle-mère, la lâcheté de son mari, la mort de deux de ses enfants, son départ pour rejoindre Lacombe à Gex en passant sur le corps de son plus jeune fils, le visage, le sourire, la voix de Lacombe même ne la blessaient plus. Ces moments, ces êtres ne lui apportaient désormais ni émotion ni souffrance. Elle avait été blessée pour avoir réagi avec amour-propre. D'espoirs, d'ambitions, elle n'en avait plus. Elle aimait le silence de sa petite maison de Blois, ses promenades, le retour des saisons, ses rêves où elle voyait des montagnes, de paisibles étangs, des cours d'eau bondissant sur les cailloux, des vols d'oiseaux migrateurs, des champs de fleurs sauvages inclinées par le vent. Ils lui offraient un profond bonheur, la paix, une harmonie que la mort seule rendrait éternels.

Lorsque, quelques mois plus tard, Beauvillier lui apprit le décès de Chevreuse, Jeanne resta sereine. Tous deux étaient unis à jamais, elle encore une vaguelette, lui déjà absorbé par l'océan infini. La mort ne séparait pas ceux qui s'aimaient, bien au contraire.

Anne-Sophie, en revanche, fut bouleversée par le décès de son vieil et cher ami. Qui allait animer ces michelins désormais réduits à une poignée de fidèles ? Beauvillier était usé par les ans ainsi que la duchesse de Béthune-Charost, Fénelon ne quittait plus guère Cambrai, madame de Miramion était morte depuis longtemps, Jeanne quasi oubliée à Blois. Ces idéalistes qui avaient rêvé du Royaume de Dieu sur terre s'étaient-ils abusés ?

La mémoire de Chevreuse, féru de géographie, l'avait poussée à s'intéresser à la Basse-Louisiane, partie de la Nouvelle-France, qui prospérait. Un commerce actif s'était établi avec la France et de grandes exploitations agricoles naissaient, qui produisaient du riz, de l'indigo, du tabac. Mais le climat chaud et humide n'était pas favorable aux Européens. On pensait faire venir des Africains pour travailler la terre. Les premiers négociants en ce qu'on nommait le « bois d'ébène » traitaient déjà au Sénégal avec les potentats locaux. C'était un mal pour un bien, car, dès leur arrivée, ces malheureux seraient catéchisés puis baptisés.

Charles avait été inhumé dans le territoire des Indiens Natchez, sa tombe avait certainement disparu. Les Vieilleville morts sans descendance, sans neveu mâle, le nom était éteint, leur hôtel détruit pour agrandir les jardins d'un couvent voisin. Anne-Sophie était-elle responsable de ce désastre ? Elle ne voulait pas s'attarder sur cette pensée. Tout s'enchaînait, tout avait un sens, elle n'était qu'un aléa dans le destin de cette famille.

À Bordeaux, Viviane avait accouché d'un petit garçon. La vie continuait, bien plus puissante que sa propre existence.

31

1714

Mettant fin à la guerre de succession, les préliminaires de la paix d'Utrecht avaient été enfin signés quelques mois plus tôt et on en attendait la ratification lors d'un congrès prévu à la fin du mois de janvier. La baie d'Hudson, l'Acadie et Terre-Neuve étaient cédées aux Anglais, la France conservait ses nouvelles conquêtes comme la vallée de l'Ubaye, mais devait reconnaître Anne Stuart comme seule et légitime reine d'Angleterre, ce qui impliquait l'exil du prétendant qui résidait à Saint-Germain. Par ailleurs, Philippe V de Bourbon, roi d'Espagne, renoncerait pour toujours au trône de France et céderait à l'Empire les possessions espagnoles en Italie et aux Pays-Bas.

Après tant d'années de violences, de destructions, cette paix était bien accueillie dans le pays. On la célébrait à Versailles comme dans les villages les plus reculés. Enfin les hommes allaient rentrer chez eux, retourner aux champs ou dans leurs ateliers. Si Dieu épargnait au royaume un nouvel hiver de glace, on aurait du pain, de l'ouvrage, on ferait des enfants qui repeupleraient des régions dévastées par la famine.

Pour célébrer la paix, la duchesse du Maine, épouse du fils aîné du roi et de madame de Montespan, donna dans son château de Sceaux un bal masqué qui enchanta les plus blasés eux-mêmes. Ces mascarades étaient fort à la mode chez les jeunes gens qui s'ennuyaient à Versailles. Elles commençaient à minuit et se prolongeaient bien au-delà de l'aube. On y dégustait des mets rivalisant d'originalité et buvait sans retenue. Mal conformé, boiteux mais beau de visage, intelligent, le duc du Maine se savait proche du trône. Le roi son père avait le projet de les mettre, son jeune frère et lui, dans l'ordre de succession derrière son petit-fils Berry, écartant ainsi la branche des Orléans, à la grande fureur de la princesse Palatine. Avec une farouche énergie, elle avait refusé que le duc du Maine épousât sa fille. Celui-ci avait été uni finalement à une fille du prince de Condé, une femme fantasque, capricieuse et ambitieuse qui faisait son malheur.

De si nombreuses torchères longeaient les allées du parc de Sceaux qu'en dépit de la nuit hivernale, on pouvait s'y promener comme en plein jour. Le château éclairé *a giorno* offrait à l'admiration des invités des bouquets de fleurs introuvables à Paris avant le printemps, roses, tulipes, résédas, mimosas, jasmins d'Espagne dont les arômes sucrés se mêlaient aux parfums capiteux des invités. Dans la galerie, une estrade avait été dressée où l'orchestre avait pris place. Tout autour étaient disposés fauteuils et chaises pour le repos des danseurs.

Sous les lustres, les robes des femmes ornées de pierres précieuses ou semi-précieuses scintillaient. On avait pu enfin, après le long deuil observé à Versailles, tirer des garde-robes ses vêtements de velours damassé, de soie brochée, ornés de fleurs fraîches, de rubans, de perles, de joyaux, de plumes exotiques. Pour les hommes, la mode s'était assagie et les jeunes gens boudaient désormais les rubans et bijoux ostentatoires. Les vestes étaient soutachées de galons, les gilets brodés, mais les talons n'étaient plus de mise et l'on portait ses souliers plats, décorés de boucles d'argent. Les perruques elles-mêmes s'étaient allégées. On les avait raccourcies et elles tombaient en boucles souples à la hauteur des épaules. Certains même préféraient leur propre chevelure savamment ondulée et couvrant le front de légères frisettes.

On dansa le branle, la courante, la sarabande. La gavotte qui réunissait les couples était prisée des jeunes, comme le rigodon, une danse pleine d'entrain inaccessible aux plus âgés. Dans la galerie, il faisait si chaud qu'on avait entrouvert quelques fenêtres près desquelles les couples venaient respirer l'air du parc.

À deux heures du matin, les portes s'ouvrirent sur la grande salle à manger où les buffets avaient été disposés, une table pour les mets, une autre pour les desserts, la troisième pour les vins, ceux de Champagne rafraîchissant dans des seaux en argent frappés des armes de France. Le duc et la duchesse du Maine s'étaient encore une fois montrés fort prodigues et l'on se bousculait autour des gigots, des chapons truffés, du veau en gelée, des cascades de langoustes, des terrines de gibier présentées avec poils et plumes. Des tables volantes avaient été disposées près des chaises dorées, mais beaucoup des invités mangeaient debout, près du buffet, afin de pouvoir aisément se resservir. Sans cesse les domestiques montaient de la cave de nouvelles caisses de vin. Les trois cents bouteilles de champagne avaient été bues en moins d'une heure.

À l'aube, harassés, repus, las des danses, ils parlèrent de la fameuse bulle *Unigenitus*. Il était sûr qu'on forcerait le Parlement à la signer. Beaucoup de parlementaires dont le cœur restait janséniste avaient refusé leur aval et le pape Clément XI pressait le roi de conclure. Il fallait en finir une fois pour toutes avec les hérétiques. L'oratorien Pasquier Quesnel, qui avait publié des *Réflexions morales* empestant le jansénisme, était l'un d'eux. Certains craignaient une division du clergé. C'était un risque à prendre. Combien de temps un évêque tiendrait-il tête au roi s'il savait ruiner son avenir ?

Au petit jour, on servit du chocolat et des pâtisseries dans l'Orangerie. Hommes et femmes avaient le teint blafard, les yeux creux. Certains, à moitié ivres, titubaient dans les allées sablées bordées de plantes exotiques et de bégonias. Les fleurs des corsages avaient fané, les dos des plus âgés se voûtaient. Il était temps de rentrer. Depuis longtemps, le duc et la duchesse du Maine avaient regagné leurs appartements respectifs. Sept grossesses avaient fragilisé la santé de la fille du prince de Condé qui, à trente-sept ans, se plaisait à éprouver des langueurs lui permettant de se refuser à un époux qui du reste la remplaçait aisément.

Avec amusement, Anne-Sophie écouta Nicolas lui narrer cette mémorable soirée. À soixante-six ans, elle n'avait plus aucun goût pour la danse, n'aimait plus veiller et la pensée même de revêtir de pesants falbalas, de sortir ses bijoux des cassettes, de se faire coiffer la fatiguait. C'était à son fils de parader désormais à la Cour.

Nicolas était rentré fort content de sa campagne militaire en Espagne et avait été félicité pour sa conduite par le duc d'Orléans. Le métier des armes décidément lui plaisait et il comptait y faire carrière. Anne-Sophie songeait à le marier. Avec Briare, elle avait de longues conversations sur les possibles prétendantes. Lui favorisait la fortune, elle les qualités morales et physiques, le prestige familial ; il ne la fallait en outre ni trop jeune ni provinciale ; elle-même avait souffert suffisamment en arrivant à seize ans de sa Bretagne natale.

— Que diable ! grommelait Briare. Une fille de plus de vingt ans, parisienne, douce, jolie, de bonne lignée et vertueuse, voilà une vraie gageure et je parierais que vous ne trouverez pas aisément ce mouton à cinq pattes !

Anne-Sophie restait optimiste. Son Nicolas était beau et riche, le plus bel avenir l'attendait. Il pouvait se montrer ambitieux.

Au printemps, alors que le jeune homme s'apprêtait à partir pour le Bordelais visiter celle qu'il considérait comme une sœur et faire la connaissance du petit garçon dont il était le parrain, on apprit la mort soudaine à Marly du duc de Berry, des suites d'un accident de chasse. Tout le monde le pleurait. Bon, simple, généreux, il passait pour moins brillant que ses aînés Bourgogne et Anjou. À vingt-huit ans, il avait déjà une tendance à l'embonpoint, héritage de son père, le Grand Dauphin.

Il laissait sa femme Marie Louise Élisabeth d'Orléans, petite-fille de la Palatine, veuve à un mois d'accoucher. Mais l'enfant était-il seulement de Charles de Berry ? Elle passait d'un amant à l'autre, incapable de maîtriser ses pulsions érotiques. Les mariages consanguins des Bourbons avaient de lourdes conséquences.

Le roi était maintenant un vieillard. À soixante-seize ans, il n'avait plus de dents, ses yeux se creusaient, sa peau se parcheminait. Comme un enfant, il s'obstinait à maintenir d'injustifiables ordonnances, comme celle de laisser aux galères des protestants ayant refusé d'abjurer. Ils étaient trois cents à Marseille, certains dans les chaînes depuis plus de cinq ans. Les souverains réformés envoyaient protestations sur protestations. Avec la paix d'Utrecht, il serait probablement contraint d'obtempérer.

On était également dans la plus grande incertitude sur le nom du régent qui gouvernerait en attendant la majorité du petit Louis. La raison imposait le duc d'Orléans, fils unique de son frère, mais poussé par madame de Maintenon, le roi s'entêtait à ne pas éliminer le duc du Maine, qu'elle aimait tendrement.

Après avoir enterré toute sa famille, le roi était terrifié par l'idée de sa propre fin. Tout-puissant, maître absolu sur terre, que pouvait-il espérer ?

De Bordeaux, Anne-Sophie reçut une lettre enthousiaste de son fils qui se plaisait infiniment dans la société de cette ville. Viviane était une épouse heureuse et une mère très attentive. Elle attendait un deuxième enfant pour la fin de l'été, au moment des vendanges, et ne pourrait sans doute pas se plier à la vieille tradition qui voulait voir couper les premières grappes par l'épouse du maître.

La dernière ligne laissa Anne-Sophie perplexe. Nicolas mentionnait une amie de Viviane, une certaine Marguerite de Saint-Mazeuil, jeune fille qui jouait du clavecin et dessinait à ravir. L'allusion faite à cette jeune personne révélait-elle une attirance ? Plus encore ? Il était impensable que Nicolas fît, sans la consulter, un projet de mariage.

Par la duchesse de Beauvillier, elle mena sa petite enquête. Les Saint-Mazeuil étaient d'une honorable noblesse girondine. Père de quatre filles, le baron ne les doterait que peu, mais elles passaient pour pieuses, fort bien élevées et éduquées. Elles étaient très appréciées par leur entourage.

— Voilà donc votre oiseau rare, se moqua Briare. Une provinciale sans fortune ! Il nous reste à connaître son âge. Je parierais pour quinze ou seize ans.

Nicolas regagna Paris à la fin du mois de juin. La mine florissante, il ne pouvait cacher son bonheur. Oui, il était amoureux et ne doutait pas un instant du satisfecit de sa mère. Que pourrait-elle reprocher à sa future épouse qui, à tout juste dix-huit ans, réunissait la beauté, le charme et une bonne instruction ? Il comptait sur le chevalier de Briare, son parrain, pour aller faire sa demande officielle dès la fin de l'été. Si son colonel le lui permettait, il l'accompagnerait.

Anne-Sophie était bouleversée. Tout lui échappait. Depuis la nuit des temps, les parents choisissaient l'époux ou l'épouse qui leur paraissait le mieux convenir à leurs enfants. Ceux-ci s'inclinaient. Mais les jeunes gens d'aujourd'hui voulaient aimer. Quelle utopie !

Toute sa vie elle avait été dominée, par ses parents, par les Vieilleville, par Gaston, par Vincent même, auquel leur différence d'âge attribuait le rôle d'un protecteur. Et maintenant Nicolas ne tenait nul compte de ses projets. Le petit garçon câlin et soumis s'était changé en homme qui agissait selon son bon vouloir.

Souvent elle se levait morose. Son fils venait rarement à Saint-Jean et toujours en coup de vent. À la paisible bourgade provinciale, il préférait Paris et n'allait à Versailles que lorsque son service l'y appelait. Il voulait acheter sa propre maison près des Tuileries et de la Seine. Les magnifiques jardins du palais dessinés par Le Nôtre étaient un lieu de promenade que Marguerite apprécierait et le quartier voyait chaque mois de nouveaux chantiers de construction. Boudant le Marais où ses plus proches amis résidaient.

Anne-Sophie s'égarait dans les projets de son fils. Avait-elle vieilli à ce point ?

— Les enfants, assurait Briare, ont toujours échappé à leurs parents. Étiez-vous préoccupée des vôtres lorsque vous êtes arrivée à Paris ?

— Certes pas, répliquait-elle, mais j'ai quitté ma famille pour en rejoindre une autre. Qui parlait alors d'indépendance ? Voilà, il me semble, un mot fort dangereux qui ouvre les portes de l'abbaye de Thélème[1]. Je n'ai pas été éduquée ainsi et lorsque mon père m'a annoncé que j'allais épouser Charles de Vieilleville,

1. Dans *Gargantua* de Rabelais, abbaye dont la devise était : « Fais ce que voudras. »

je n'ai pas songé un instant à remettre cette décision en question.

— Une erreur du passé, ma chère amie. Ces unions, une fois sur deux, devenaient, comme fut la vôtre, fort malheureuses. Un miracle m'a épargné un mariage forcé, ma promise étant morte de la rougeole un mois avant cet hymen qui, pour toutes les raisons que vous savez, me faisait horreur. Acceptez cette enfant. Elle rendra plus heureux notre Nicolas qu'une Mortemart ou une Rohan-Guéméné.

Le mariage bordelais eut lieu dans une petite église à la fin des vendanges. Il ne réunit que les familles et de proches amis. Afin de faire bonne figure, Anne-Sophie s'était fait confectionner quelques robes plus à la mode que ses anciens atours et avait ouvert sa cassette. La plupart de ses bijoux devaient appartenir désormais à sa belle-fille. Elle ne garderait que la bague de fiançailles offerte par les Vieilleville et les quelques pierres qu'elle tenait de Vincent.

Les fêtes des noces furent délicieuses. Les Saint-Mazeuil reçurent dans leur petit château de l'Entre-deux-Mers, au milieu des vignes et des arbres fruitiers. Anne-Sophie apprécia tout de suite sa belle-fille. Après tout, les temps modernes offraient peut-être aux jeunes époux de meilleures chances de bonheur et il était évident que les mariés ne voyaient pas s'approcher avec hantise leur nuit de noces ; Anne-Sophie en était heureuse et bouleversée. Pourquoi l'avait-on privée du bonheur d'aimer son époux, de se donner librement à lui ? Pourquoi faisait-on alors vivre les jeunes filles sur un nuage, avant de les précipiter sur terre sans leur donner le moindre conseil pour qu'elles ne se blessent pas trop ? Son malheur avait été de partager le lit d'un homme aussi gauche qu'elle. Deux enfants terrifiés, gênés, sur la défensive : quel bonheur pouvaient-ils espérer ?

Plus sereine, elle regagna Saint-Jean-les-Deux-Jumeaux. Son Nicolas serait heureux, elle le pressentait, et Viviane lui avait offert le tableau charmant d'une épouse et d'une mère comblée. Elle pouvait maintenant tenter de trouver la paix dans cette demeure qu'elle aimait, garder en mémoire des souvenirs heureux, ceux partagés avec ses amis, les vivants comme les défunts. Juste avant son départ à Bordeaux, elle avait appris la mort de Beauvillier à Vaucresson. Un homme d'une droiture exceptionnelle qui avait exercé avec compétence et honneur sa charge de gouverneur des princes, Bourgogne et Anjou d'abord, puis du duc de Berry. Il avait accordé sa confiance à Fénelon, jamais il ne s'en était repenti ni ne lui avait tourné le dos.

Avec le décès de Beauvillier, le groupe des michelins se trouvait décimé. Trop décrépits, les derniers survivants de la petite Église ne se réunissaient plus. Bien qu'âgé seulement de soixante-trois ans, monsieur de Cambrai déclinait dans son archevêché et Jeanne, de trois ans son aînée, était devenue une vieille dame toujours vêtue de noir aux cheveux blancs comme neige. Elle déclarait ne rien vouloir sinon la présence de disciples devenus des amis. Ses enfants ne s'inquiétaient pas d'elle et elle avait renoncé à solliciter leur présence. Bien que sans descendance, sa Jeanne-Marie, heureuse sans doute avec son mari, restait à Vaux-le-Vicomte.

Au terme de sa vie, le roi devait constater avec satisfaction l'aboutissement de ses efforts. Port-Royal était rasé et les jansénistes en disgrâce, pourchassés, condamnés. Ceux qui sympathisaient avec le quiétisme gardaient pour eux leurs convictions, les protestants ramaient aux galères ou avaient quitté le royaume. On lui avait rapporté d'innombrables conversions dont il tirait grand orgueil sans chercher à savoir si, extorquées, elles avaient la moindre sincérité. La conscience tranquille, il pouvait envisager de comparaître devant Dieu.

La succession laissait mille doutes. La régence irait-elle au duc d'Orléans ou le duc du Maine s'emparerait-il légalement du pouvoir ? On s'épiait, on colportait chaque phrase, chaque mot de ses ennemis en leur donnant la plus mauvaise interprétation possible. À Fontainebleau seulement, lors de la saison des chasses, on respirait un peu, mais à Marly et à Versailles, on étouffait.

32

1715

Anne-Sophie avait appris en même temps la grossesse de sa bru et le décès de Fénelon. Bien qu'éloignée de Jeanne depuis longtemps, elle lui avait aussitôt écrit, cette mort devait profondément l'affecter. Envoûté par sa philosophie de l'anéantissement, du rien, de l'illusion, Fénelon avait tout perdu : l'amitié du roi, sa place à Versailles, jusqu'à la société d'un élève qu'il avait aimé. Aussitôt son précepteur condamné par le pape, le duc de Bourgogne, sur ordre de son grand-père, avait cessé de le voir. Mais ils s'écrivaient et l'archevêque de Cambrai conservait l'espoir de jours meilleurs pour le royaume de France.

Celle qui usait à son égard de petits mots charmants comme « Saint Bon » ou « Bibi », qui lui avait insufflé la certitude d'avoir à remplir à son côté la mission d'influencer la future politique du royaume, n'avait pas réagi à sa disparition avec le désespoir qu'Anne-Sophie craignait. Briare avait-il vu juste en lui déclarant tout net qu'après avoir abandonné ses fils, puis le père Lacombe, elle saurait se détacher de celui qu'elle avait longtemps considéré comme son double ? Pour

Jeanne, les êtres humains n'étaient-ils pas que d'éphémères insectes vivant dans l'illusion ? Dans sa réponse, la recluse de Blois insistait sur la paisible existence qu'elle menait. Sans crainte, elle attendait la mort, sûre que de ses oraisons terrestres elle parviendrait à la béatitude divine. L'Épouse se fondrait dans le sein de l'Époux. On l'avait condamnée mais point ôtée de l'Église à laquelle elle appartenait de toute son âme, une Église céleste où se retrouveraient les cœurs qui s'étaient consumés d'amour.

En repliant la lettre, Anne-Sophie soupira. Cette extraordinaire personne était-elle une sainte, la prisonnière de son imagination ou une femme tout à fait libre ? Entre deux transports mystiques, ses psalmodies ou prières de soumission, ne considérait-elle pas quelquefois sa vie comme une suite d'injustices et de chagrins ? Ne dégringolait-elle pas de temps à autre de son échelle céleste ? Pour sa part, Anne-Sophie se contentait de suivre les préceptes élémentaires de sa religion, ceux que Bossuet avait défendus avec acharnement face à Fénelon.

En mai, le roi fit princes du sang ses fils légitimés. Maine et Toulouse devenaient les égaux des Condé, Conti, Orléans et du petit Dauphin, dernier survivant des Bourbons.

Son fils chéri ayant épousé une des filles bâtardes du roi et de madame de Montespan, la princesse Palatine, pourtant si méprisante envers les descendances illégitimes, n'avait point émis de critique. Elle les réservait à son ennemie jurée, cette « vieille ordure » de madame de Maintenon, à qui elle attribuait les rumeurs suggérant que Berry était mort empoisonné par son cousin Orléans. C'était infâme et tout à fait digne de cette vipère.

Le mois de juin fut doux et ensoleillé. Briare, qui avait eu à faire à Versailles, dépeignit à Anne-Sophie la beauté du parc. Le marbre rose et le porphyre du Grand Trianon prenaient des teintes enchanteresses à la tombée du jour et il était désolant de le savoir presque toujours vide. Parfois, le duc de Chartres s'y rendait, ainsi que la princesse de Bourbon. Les plantes vivaces, les tubéreuses empotées pour permettre aux jardiniers d'agencer sans cesse de nouvelles palettes de couleurs entouraient les trois bassins ronds où quantité d'oiseaux venaient s'abreuver.

Sous la colonnade, il avait longuement causé avec le duc de Valentinois. Le duc allait épouser la fille aînée d'Antoine Grimaldi, prince de Monaco qui, sans descendance mâle, lui laisserait son titre. Qu'allait devenir la France à la mort du roi ? La régence revenait de droit à Philippe d'Orléans, mais madame de Maintenon, qui ambitionnait le pouvoir pour le duc du Maine, ne baisserait pas facilement les bras. Et les conseillers du roi, tous faibles et pour beaucoup incompétents, ne sauraient se décider. On disait le Dauphin de constitution fragile, sujet aux rhumes et aux infections. Conseillée par son confesseur Godet-Desmarais, madame de Maintenon avait confié à un chanoine de Chartres, l'abbé Pérot, le soin de sa première éducation. Opposé aux jansénistes comme aux quiétistes, il saurait orienter la conscience du petit prince dans la bonne direction. Sa gouvernante, madame de Ventadour, ne cessait de solliciter les conseils de son amie madame de Maintenon. N'avait-elle pas élevé les enfants du roi et de la marquise de Montespan ? Madame de Maintenon prônait une certaine tolérance alliée à une stricte discipline : le Dauphin devait apprendre à garder les secrets, ne jamais mentir, être compatissant, ne pas chercher à dominer quiconque par des larmes ou des caprices. On l'appelait, avait confié Valentinois en riant, le « prince Nécessaire », nom donné en Perse à l'héritier de la couronne.

— Ces propos, conclut Briare en se servant un verre de vieux porto, révèlent combien on est inquiet à Versailles. Orléans et surtout sa redoutable mère ne se laisseront pas dépouiller, mais le duc du Maine a pour lui madame de Maintenon et sa clique... Le roi semble tout ignorer et, en dépit de ses multiples maux, conserve une inaltérable majesté. On peut ne pas l'aimer mais il faut bien l'admirer. Sur une autre matière, je vous livre des informations qui pourraient vous intéresser : j'ai appris la mort du père Lacombe chez les frères de Charenton. Il avait tant perdu la tête et se débattait si bien dans son agonie qu'il fallut quatre hommes pour le maîtriser. Ce pauvre barnabite aurait mieux fait d'éviter Montargis au temps de sa jeunesse. Il n'aurait pas rencontré madame Guyon qui, l'ayant pris pour saint François de Sales, a tout quitté pour devenir sa Jeanne de Chantal avant de lui tourner le dos !

— Vous êtes injuste ! se récria Anne-Sophie. La vie l'entraînait dans un monde auquel Lacombe n'appartenait plus !

— Vous dites vrai, ma belle amie, car je suis persuadé qu'elle a mis ses ambitions au-dessus de ses sentiments. Devenir l'intime de madame de Maintenon, des duchesses de Beauvillier et de Chevreuse, de Fénelon valait bien le sacrifice de ce pauvre bougre.

Août était chaud et Anne-Sophie faisait la sieste quand son fils arriva de Paris au grand galop. Pris par la gangrène, le roi se mourait. Les médecins baissaient enfin les bras et on n'infligeait plus au mourant de saignées ou de lavements. Se sentant à toute extrémité, le roi venait de recevoir le petit Dauphin conduit par madame de Ventadour. Il lui avait fait un beau discours pour l'inciter à éviter les guerres, trop souvent entreprises par vanité. Puis il avait recommandé l'enfant à sa chère gouvernante et à son confesseur. Le Dauphin avait quitté en larmes la chambre de son arrière-grand-père.

— Nous allons apprendre d'un jour à l'autre le décès de notre souverain, conclut Nicolas. Revenez de toute urgence à Paris, ma mère. Notre famille doit être présente pour rendre ses devoirs au nouveau roi de France.

— Et pour la régence, interrogea Anne-Sophie, a-t-on un nom ?

— Celui du duc d'Orléans semble s'imposer, en dépit des souhaits de madame de Maintenon. Le roi décédé, elle quittera sans aucun doute Versailles où sa position serait inconfortable. Vous savez fort bien qu'elle n'y compte pas que des amis.

— Le duc d'Orléans a lui aussi beaucoup d'ennemis, soupira Anne-Sophie. On l'accuse de tant de choses !

— Certes, ma mère, voilà pourquoi on émet à Versailles l'idée d'un Conseil de régence auquel participeraient Maine et Toulouse. Maine pourrait bien être nommé tuteur du petit roi.

Avec le roi, c'était sa jeunesse qu'Anne-Sophie enterrait, les soirées de danse, de musique, de comédies, les intrigues amoureuses légères comme les bulles de champagne que le génie de Dom Pérignon faisait pétiller depuis vingt ans, les promenades *al fresco* dans le parc les soirs d'été, les médianoches sous les charmilles. Elle avait soixante-sept ans et bien qu'elle jouisse encore d'une bonne santé, la mort pouvait venir à tout instant la chercher.

Le trente août, on annonça un léger mieux. Louis avait reçu l'extrême-onction et avait pu prendre un peu de bouillon. Affolés, les courtisans ne savaient plus vers qui se tourner : le roi ? le duc d'Orléans ? le duc du Maine ? Des rumeurs toujours changeantes faisaient couler leur flot vers l'un ou l'autre appartement. À la suite de l'une d'elles suggérant la prédominance de Maine sur Orléans, ce dernier avait vu ses quartiers désertés. Son esprit sarcastique faisait alors merveille. Lui au moins ne se faisait aucune illusion sur la sincérité des affections humaines.

Madame de Maintenon, disait-on, avait un comportement fort édifiant. À quatre-vingts ans, elle voyait se tourner la page qui avait justifié son existence : un dévouement inaltérable envers le roi qui ne l'avait pas toujours traitée selon ses mérites. Mais qui, à la Cour, pouvait prétendre l'avoir été ? Le roi ne se souciait guère de la délicatesse des cœurs. Sans attendre la mort de celui qui avait été son mari devant Dieu, elle avait quitté Versailles dans le carrosse du duc de Villeroy pour se rendre à Saint-Cyr où elle allait vivre désormais. Du duc d'Orléans qui, elle en était sûre, présiderait le Conseil de régence, elle n'avait rien à attendre. Et le peuple la haïssait. À son âge, elle n'était plus capable de lire d'odieuses lettres anonymes, d'entendre sur son compte des chansons grivoises. Pour la protéger d'ultimes outrages, Villeroy avait fait poster des gardes sur le chemin emprunté par le carrosse. Saint-Cyr serait son refuge et son tombeau.

Le premier septembre, Nicolas apprit à sa mère le décès du roi. Orléans était régent. Il entendait bien casser le testament qui lui imposait un Conseil pour prendre seul, au nom de Louis XV, les rênes du gouvernement.

Anne-Sophie revêtit ses vêtements de deuil pour aller à Versailles saluer le petit roi. En parcourant les galeries, les salons d'apparat inchangés, comme pétrifiés, elle eut l'impression d'être un fantôme. Les rares personnes qui l'avaient connue autrefois la saluaient, lui glissaient quelques mots sur le ton grave imposé par les circonstances. On chuchotait, on se déplaçait avec une dignité qui aurait porté à rire dans une autre conjoncture. Un peu effaré mais étonnamment digne pour un enfant si jeune, le nouveau roi, vêtu de violet, un crêpe à son chapeau, tendait sa main à baiser, adressait un signe de tête amical à chacun. Quelle enfance allait-il avoir, entouré de courtisans, sans frère ni sœur pour l'égayer et partager les jeux de son âge ?

La messe de requiem célébrée dans la chapelle de Versailles attira tant de monde qu'il fallut fermer les portes. Il ne manquait ni un prince, ni une princesse, ni un seul membre de la Cour. Épuisé, soumis à de trop fortes émotions, le petit prince fut pris le surlendemain de coliques. L'air de Versailles ne lui réussissait pas, craignait-on. Les médecins pressèrent le duc de Villeroy, son gouverneur, et madame de Ventadour d'installer l'enfant à Vincennes. On l'y transporta le jour même où le convoi funèbre menant la dépouille mortelle du défunt roi à Saint-Denis quittait le palais.

33

1720

Anne-Sophie avait accueilli avec joie le premier enfant de Nicolas, mais son esprit était ailleurs. L'arrivée à Paris de l'Écossais John Law avait précédé le décès, dans une quasi-indifférence, de Jeanne Guyon à Blois. Cette femme qui avait accaparé toutes les conversations à la Cour, mis madame de Maintenon en difficulté, contribué à la disgrâce de Fénelon, s'était éteinte au milieu d'une poignée de fidèles en prononçant : « Rien, rien. » Elle demeurait une énigme. D'une éloquence douce mais extrêmement persuasive, étant à la fois soumise et dominatrice, modeste et fort ambitieuse, elle avait rêvé, à travers Fénelon et le duc de Beauvillier, de régner sur la conscience du duc de Bourgogne qu'elle avait vu assis sur le trône de France. Déçue dans ses espérances, traquée par Bossuet, embastillée de longues années, elle avait supporté tout cela avec patience. Obéissante ? Obstinée ? Nul ne le savait. Brillante étoile filante, elle regagnait l'ombre, quand celle de Law montait au firmament.

Celui-ci avait surgi dans un moment fort morose. En juillet 1719, la duchesse de Berry, fille du Régent, était morte des suites d'un accouchement laborieux. Idolâtrée par son père, elle avait sombré, du vivant même du duc de Berry, dans la beuverie et la débauche. Désespéré par ce décès, le Régent avait dû faire face à d'autres épreuves. Un début d'été trop chaud avait favorisé, une fois encore, l'éclosion d'épidémies meurtrières dans les quartiers de Paris où survivaient les misérables. Au mois de juin, on comptait déjà cinq mille morts de la variole, de la dysenterie et du typhus. Aux Enfants-Trouvés, on enterrait chaque jour plusieurs nourrissons. Combien de morts compterait-on avant le début de l'automne ? On craignait le pire. En outre, de nouvelles révoltes éclataient en Bretagne, conduites par les plus grandes familles, les Pontcallec, les Montlouis, les Couëdic et le marquis de Talhouët. Le Régent voulait leur arrestation et leur exécution afin de prouver que, même sans la couronne, il détenait l'autorité. Tout autant que visà-vis du Parlement, il montrait une grande fermeté envers des jansénistes qui restaient actifs et influents en dépit des innombrables persécutions subies. On soupçonnait la présence de l'hérésie jusqu'à Versailles.

Face à une France écrasée par sa dette, le Régent avait prêté une oreille attentive à Law, tout juste arrivé à Paris. Cet économiste fortuné l'avait entretenu sur le système révolutionnaire qu'il avait élaboré : l'or et l'argent, moyens d'échanges, devaient être relayés par des billets de banque, beaucoup plus souples à utiliser dans les opérations financières. Cette nouvelle monnaie pouvait être imprimée selon les besoins de l'État et contribuer à lancer de grands projets dont les bénéfices profiteraient à tous. Possesseurs de billets, les plus modestes pourraient emprunter et faire fonctionner la machine économique. Son système, il en était persuadé, allait redonner souffle au commerce et à l'industrie, permettre l'embauche d'ouvriers, développer l'artisanat de luxe. Une banque générale échangerait l'or contre du papier-monnaie sans frais de courtage. Le succès avait été immédiat et, dès 1717, Law créait la Compagnie d'Occident après avoir racheté celle du Mississippi qui contribuait au développement de la Louisiane. En achetant des actions de la Compagnie, les épargnants participeraient à cette énorme et profitable entreprise. Les bénéfices promettaient d'être considérables. Alléchés par le gain, une foule de Français l'avaient suivi et en 1718 Law avait créé la Banque royale.

Anne-Sophie s'était enthousiasmée. Placer sa fortune pour développer la Louisiane, dernière patrie de Charles, ajoutait un pouvoir émotionnel intense à la préoccupation de faire fructifier son bien afin d'enrichir ses petits-enfants. En dépit des réserves de Briare qui restait sur la défensive et s'avouait trop conservateur pour risquer son petit magot dans des aventures qu'il ne maîtrisait point, elle avait acheté des centaines d'actions qui, à sa grande satisfaction, avaient pris beaucoup de valeur après le rachat par la Compagnie d'Occident de la Compagnie de Chine et de celle des Indes orientales, réunies désormais en une Compagnie des Indes dont le commerce se faisait depuis le port de Lorient. Les actionnaires réinvestissaient leurs bénéfices avec allégresse. La Louisiane se peuplait. Six mille Français et trois mille esclaves africains y étaient établis, des êtres industrieux, clamait John Law, qui allaient transformer ces terres *a priori* hostiles en pays de cocagne.

Actionnaire majoritaire de la Compagnie avec un emprunt de plus de un milliard de livres au taux de trois pour cent, l'État français se voyait émerger du bourbier financier dans lequel le feu roi l'avait laissé. Le Régent pouvait respirer. Aux Pays-Bas, en Angleterre, l'industrie et le commerce prospéraient, la France ne pouvait se laisser distancer. Et les profits des actions permettaient un remboursement aisé de la dette publique.

Formés à la vieille école, certains financiers restaient sceptiques : qu'adviendrait-il si des actionnaires jetaient des paquets de valeurs sur le marché contre de l'or ? Que ferait alors le génial John Law ? C'était l'avis de Briare, qu'Anne-Sophie refusait de partager. Que les Conti décident de brader leur portefeuille pour du métal, on trouverait mille personnes pour racheter les actions ! La solidité de la Compagnie des Indes ne pouvait être mise en doute.

— Mais que ferez-vous de vos beaux billets s'il en circule plus que leur équivalent en or ? insinuait Briare.

Anne-Sophie se moquait. Son ami était un vieux garçon frileux.

— La Compagnie perçoit désormais les impôts directs et c'est elle qui émet la monnaie. Où voyez-vous le moindre risque ? Les institutions de Law détiennent aujourd'hui tout pouvoir sur le système fiscal et sur notre commerce extérieur. Et voilà l'homme promu contrôleur général des Finances.

— C'est trop, beaucoup trop, mon amie. Je vois un cheval qui s'emballe et va bientôt s'abattre.

Le parc du château de Saint-Jean était délicieux à la tombée du jour. Anne-Sophie y avait fait creuser un bassin agrémenté d'un jet d'eau et on avait agrandi la roseraie. À soixante-douze ans, elle se sentait l'énergie d'embellir sa demeure de la cave au grenier.

Les soucis ne manquaient pas cependant. À la suite d'une grande imprudence, une épidémie de peste avait ravagé Marseille : un navire marchand, le *Grand-Saint-Antoine*, qui avait à bord un nombre alarmant de malades, s'était vu autorisé après une série de manigances à jeter l'ancre dans le port. Rien ne semblait pouvoir arrêter la propagation du mal et on enterrait les morts par centaines. La même chose pourrait-elle arriver à Bordeaux où vivait la famille de Viviane ? Elle entretenait avec elle une correspondance régulière. La jeune femme, mère de trois garçons, et son mari menaient de front l'ordonnance de leur maison, l'administration du domaine viticole et l'organisation de la vie des ouvriers qui travaillaient dans les vignes. Était-ce par respect envers la mémoire de son père ? Elle avait avoué à Anne-Sophie qu'elle employait de préférence des réformés. Tolérés par le Régent, ceux-ci restauraient les temples, fondaient de petites écoles et leurs propres œuvres de charité. Éloi allait régulièrement visiter sa sœur et la famille venait d'apprendre qu'il partirait avant la fin de l'année dans une mission fondée par les jésuites au Siam. Il laisserait un grand vide.

— Privée de l'exemple de son frère, ma fille va redevenir huguenote, plaisantait Briare.

Anne-Sophie se signait. La famille de Marie-Aimée avait connu assez de malheurs. En revenant à la religion prétendue réformée, Viviane ruinerait son mariage. Dieu merci, elle aimait et respectait trop son père adoptif pour vouloir lui donner ce chagrin. En trois ans, Briare s'était rendu deux fois à Bordeaux, les bras chargés de cadeaux pour « ses » enfants. Cet attachement à une famille qu'il avait fondée sans partager le lit d'une épouse touchait Anne-Sophie. Il s'était démené pour qu'Éloi puisse voyager dans de bonnes conditions jusqu'au Siam et lui avait remis une bourse pleine d'or pour ses missions.

— Si je vous avais imitée, ma belle amie, en changeant mes louis contre des billets, notre pauvre jésuite serait parti les mains vides, avait-il ironisé. Je doute que les Siamois fassent confiance à la Banque royale !

Pour embrasser sa sœur et ses neveux une ultime fois, Éloi embarquerait à Bordeaux. Si Dieu et la mer le voulaient bien, il serait à Ayutthaya, la capitale du Siam, cinq mois plus tard.

Briare et Anne-Sophie avaient accompagné Éloi au départ du coche pour Bordeaux. En ce début de juillet 1720, les bruits les plus contradictoires agitaient Paris. Beaucoup s'affolaient. De gros détenteurs de billets avaient voulu les échanger contre de l'or. La Compagnie pourrait-elle les satisfaire tous ? On parlait de banqueroute.

Anne-Sophie refusait de se laisser gagner par la panique. Le Régent, le ministre Dubois soutenaient fermement Law et avaient des mots très durs pour le prince de Conti et le duc de Bourbon, fils de Condé, qui orchestraient la panique par volonté de détruire un système qui les avait considérablement enrichis. Repus, ils laisseraient les autres le ventre vide.

On arrêtait les auteurs de faux bruits, mais on ne pouvait faire taire tout le monde. Dans ses bureaux de la rue Quincampoix, l'Écossais gardait la tête haute. En faillite, la Compagnie des Indes ? C'était absurde. Tout juste Law reconnaissait-il que la Louisiane ne se développait pas aussi vite qu'il l'avait espéré. Le climat, les terres marécageuses... Mais de grandes plantations déjà prospéraient et les petits fermiers suivraient. Les récoltes de coton étaient excellentes ainsi que celles de la canne à sucre. On espérait pouvoir planter bientôt du riz. Et par le Mississippi où les Français étaient solidement implantés, l'accès au Nord avec ses riches plaines était facile. Le Nouveau Monde représentait une source inépuisable de trésors et les Français avaient la chance d'y exercer une grande influence. Mais la confiance des actionnaires était ébranlée.

Mi-juillet, installée à Paris et enfin convaincue de vendre une partie de son portefeuille, Anne-Sophie fit atteler pour se rendre chez son homme d'affaires, quand Bastien, un de ses valets, se présenta devant elle, essoufflé.

— Madame la comtesse ne doit pas sortir ! haleta-t-il. On se bat rue Quincampoix, le quartier n'est pas sûr !

— Rue Quincampoix, au siège de la Compagnie des Indes ?

— Oui, madame la comtesse. On dit que la banque de monsieur Law est en faillite. Les gens s'affolent. Par miracle, j'ai pu échanger mes billets contre de l'or, mais tous n'auront pas ma chance.

Anne-Sophie était interloquée. Ses domestiques, qui eux aussi avaient espéré un prompt enrichissement grâce à Law, risquaient de s'en tirer mieux qu'elle !

— Louise Marie, la cuisinière, a vendu le mois dernier ses actions, précisa le valet, ainsi que Jeannette, votre femme de chambre. Sans vouloir offenser les oreilles de madame la comtesse, je dirais que nous avons eu une chance de cocu.

Indécise, Anne-Sophie se demanda si elle devait écouter les conseils de Bastien et rester chez elle, ou tenter par tous les moyens d'entrer en relation avec son homme d'affaires pour qu'il puisse enrayer un désastre. Elle décida d'écrire un mot le priant de courir, dès sa réception, rue Quincampoix et de négocier au mieux la vente des actions que celui-ci détenait en son nom. Les billets de banque étaient chez elle, mais il fallait parer au plus pressé.

— Courez, Bastien, vous aurez un louis si vous êtes chez monsieur Renard dans moins d'une demi-heure. Mettez-lui s'il le faut son chapeau sur la tête et poussez-le dans la rue !

Moins de quarante minutes plus tard, Bastien était de retour.

— J'ai mérité mon louis, madame la comtesse. La lettre a été remise en mains propres voilà un moment déjà à monsieur Renard. Il a filé aussitôt, non sans me charger de vous dire que ses chances de succès étaient minces, mais qu'ayant des relations solides rue Quincampoix, il espérait sauver les meubles.

L'après-midi fut interminable. Les quais étaient calmes, quelques promeneurs flânaient, suivis de valets, des femmes entraient et sortaient des commerces de luxe qui proposaient éventails peints, gants, boîtes à poudre et autres colifichets à la mode. Comment imaginer qu'on s'étripait de l'autre côté de la Seine ? Incapable de se livrer à une activité quelconque, Anne-Sophie restait plantée devant une des fenêtres de son salon. Allait-elle voir accourir Renard porteur de mauvaises nouvelles ? Était-il possible qu'elle puisse tomber dans la gêne après avoir voulu faire la fortune de ses petits-enfants ? Il faudrait alors vendre son château de Saint-Jean. Cette éventualité lui déchirait le cœur.

Ce fut Briare qu'elle aperçut traversant le Petit-Pont aussi vite que ses vieilles jambes le lui permettaient. De son passé d'homme coquet, il avait gardé un port de tête conquérant et n'avait pas renoncé aux perruques d'un châtain tirant sur le roux. Jamais cet homme généreux ne lui avait failli.

— Vite, vite, mon ami !

À peine Bastien l'eut-il débarrassé de son chapeau et de sa canne qu'elle le poussa dans sa chambre. Là, ils causeraient tranquilles.

— Ah, ma chère, ma chère, répétait le chevalier, le feu aux joues.

Il était visiblement si bouleversé qu'Anne-Sophie lui servit elle-même un verre de vin de Madère.

— On se tue rue Quincampoix. J'ai vu des cadavres de mes propres yeux, souffla-t-il enfin après s'être essuyé les lèvres avec son mouchoir bordé de dentelle.

Assis près de son amie, il s'était emparé de ses mains.

— Des centaines de personnes veulent forcer les portes des bureaux de monsieur Law. Certains portent des sacs ou des sacoches pleins de billets dont ils se servent pour écarter ceux qui obstruent leur route. Les vieillards, les femmes sont les plus acharnés. Une vénérable douairière a même griffé le visage d'un employé qui, devant la porte du bureau, voulait lui en interdire l'accès ! Une abomination ! Et tout juste peut-on évacuer les blessés pour leur permettre de respirer. J'ai moi-même tiré un petit enfant tombé à terre qui hurlait en réclamant sa mère. En hâte les commis de la Compagnie ont bloqué les portes de l'immeuble avec des barres de fer, les volets sont fermés et ces malheureux, arrivés trop tard, se comportent en bêtes sauvages à l'idée de se trouver ruinés.

— Avez-vous aperçu monsieur Renard ? balbutia Anne-Sophie.

— Votre homme d'affaires ? S'il est entré, ce ne pourrait être que par une porte dérobée. Manquant d'être moi-même piétiné, je me suis enfui et me voilà.

— Des dizaines de morts, dites-vous ?

— Certainement. On porte les cadavres dans les jardins du Palais-Royal pour les mettre sous le nez du Régent que l'on tient pour responsable de ce désastre. Law s'est sauvé, dit-on, avant que son carrosse ne soit mis en pièces par la foule, et son ami le bon abbé Dubois ne met plus le pied dehors.

Anne-Sophie gardait un mince espoir. Si Renard n'était point chez elle, c'était qu'il avait réussi à pénétrer dans les bureaux. Elle l'attendrait jusque tard dans la nuit s'il le fallait.

L'homme d'affaires se présenta après le crépuscule. Le ciel était clair et la lune donnait aux eaux de la Seine des reflets argentés.

Aimable et froid, jamais Renard ne témoignait la moindre émotion devant ses clients, mais ce soir, avec sa perruque de travers et son débit de voix haché, il semblait avoir oublié tous ses principes de retenue.

Avant même d'y être autorisé par Anne-Sophie, il s'effondra dans un fauteuil et, à l'aide d'un large mouchoir à carreaux, s'épongea le visage.

— Quelle journée, madame la comtesse, quelle journée !

D'un trait il but le verre de vin qu'elle lui tendait.

— Je vous ai servie au mieux des circonstances, madame, qui sont, comme vous ne l'ignorez pas, fort difficiles.

La main tremblante, il tendit son verre. Anne-Sophie le resservit.

À la dérobée, l'homme d'affaires observait sa cliente. Lorsqu'il l'avait vue un mois plus tôt, il s'était émerveillé qu'une dame d'un âge aussi avancé puisse garder un tel charme. Élégante avec ses cheveux blancs ondulés couverts d'un léger voile bordé de dentelle, la taille encore mince, le regard vif, elle paraissait réfractaire à la déchéance physique. Mais aujourd'hui, le teint blafard, des mèches de cheveux blancs s'échappant d'un bonnet, elle avait pris dix ans.

Briare, qui voyait Anne-Sophie à la torture, s'impatienta.

— Eh bien, dites-nous, mon ami, où en est la situation de madame la comtesse ?

— Moins bonne que je l'avais espéré, mais meilleure que je ne le craignais. J'ai pu liquider la moitié du portefeuille avant la grande culotte. Quant aux billets de banque, il faut attendre. Il n'y a plus d'or ni même d'argent dans les caisses de la Compagnie, mais le Régent n'abandonnant pas monsieur Law, la confiance peut revenir et des investisseurs hardis changer à nouveau du métal contre des billets.

— Le croyez-vous vraiment, monsieur ?

— Je ne perds pas toute espérance. Mais pour le moment, aucun marchand ni même domestique n'acceptera d'être payé en billets. Ne vous alarmez point cependant, madame la comtesse, vous avez de quoi attendre des jours meilleurs.

— Combien de temps ? s'alarma Anne-Sophie.

— Qui pourrait le dire ? Je vais me mettre au travail dès demain et vous présenterai un bilan exact de votre fortune. Je crains, hélas, qu'il vous faille réduire votre train de vie.

— Vendre mon château ?

— Cela est possible.

En voyant pleurer son amie, Briare eut le cœur déchiré. À son âge, le chagrin était dévastateur.

— Nous ferons bourse commune, ma chère amie, ne vous inquiétez point. Monsieur Renard et moi aurons demain un entretien sérieux et j'espère pouvoir vous apporter aussitôt de bonnes nouvelles.

L'homme d'affaires soupira. La pauvre comtesse n'aurait plus qu'une modeste fortune, mais à son âge, ne pouvait-elle se contenter de trois ou quatre domestiques ? Ces grandes dames avaient trop de vanité. Celle-ci les rendait-elle plus heureuses que le commun des mortels ? À défaut de diamants, la comtesse pourrait toujours se parer d'un beau nom. Tout n'était donc pas perdu. Après tant d'années passées à exercer son métier, Renard n'avait plus le cœur trop sensible.

Le lendemain, Briare revint préoccupé de son entretien. Ce qu'il avait appris confirmait ses craintes d'une demi-ruine. Il faudrait soit se séparer du logement parisien, soit vendre le château et ne garder que le cocher, la cuisinière, un valet et une femme de chambre. Renard l'avait mis en garde contre le projet d'une bourse commune : désirait-il lui aussi se ruiner après une sage administration de sa fortune ? Le château aurait bientôt besoin d'une nouvelle toiture, les murs des écuries devaient être renforcés, le beau bassin, caprice d'Anne-Sophie, fuyait. Il avait deux enfants, trois petits-enfants auxquels il ne laisserait alors que leurs yeux pour pleurer.

— Éloi est jésuite, avait-il mollement objecté.

— Il fera ce qu'il voudra de son héritage, mais vous ne pouvez pas l'en priver.

Briare avait hâtivement réfléchi. Jamais il ne laisserait dans le besoin sa vieille amie, mais, en effet, il ne pouvait envisager de se voir ruiné.

— Mon conseil, monsieur le chevalier, est de vendre le château et de garder la résidence parisienne qui nécessite beaucoup moins de frais et de domesticité. Et le comte de Perret vit à Paris, n'est-ce pas ? Madame la comtesse profitera ainsi davantage de sa famille.

— Vendre Saint-Jean lui brisera le cœur.

— Au cours de ma longue carrière, monsieur le chevalier, j'ai vu bien des cœurs en miettes qui se réparaient vaille que vaille avec le temps. On doit savoir se séparer des biens de ce monde avec élégance. N'est-ce pas une règle de l'aristocratie ? Comme disait monsieur de Montesquieu, « l'argent est très estimable, quand on le méprise ». Vous l'approuvez, n'est-ce pas ?

34

1722

Le mot « banqueroute » courait sur toutes les lèvres. Soutenue durant plusieurs mois grâce à l'appui inconditionnel du Régent et de l'abbé Dubois, la Compagnie de Law rendait finalement son dernier soupir. Durant sa factice survie, la spéculation avait été fiévreuse. Investir gros pouvait laisser espérer une immense fortune. Certains joueurs misaient sur leur chance. Ne passaient-ils pas leurs nuits autour d'une table de pharaon où l'on pouvait gagner une montagne d'or ou la perdre en une nuit ? La vie n'en avait que plus de sel.

Environ deux millions de personnes avaient fait confiance à l'Écossais, pour la grande majorité de modestes déposants qui tous avaient été remboursés. Seuls les gros porteurs, à l'exception de princes comme Condé ou Conti, voyaient leur placement sérieusement écorné. Ayant eu recours sans vergogne aux manœuvres les plus indélicates pour tenter de tirer profit des dépouilles des autres, ils n'étaient plaints par personne.

Anne-Sophie faisait partie de ces derniers. Non pas ruinée mais appauvrie, elle s'était finalement décidée à se séparer de son château. Les meubles ordinaires furent vendus aux enchères et elle ne ramena à Paris que des objets personnels, des bibelots, des pendules, des tapis, des peintures et aquarelles que l'on entassa dans deux voitures.

— Au moins, soupira-t-elle, je garde ma concession au cimetière et y reposerai à côté des miens.

Au bras de Briare, elle fit un dernier tour du parc, s'arrêta chez les deux fermiers pour leur faire ses adieux. Il bruinait. Sur ce banc, elle s'était assise avec Vincent un soir d'été, dans ce bosquet, elle avait joué à colin-maillard avec Nicolas, Viviane et Éloi. Chaque allée, chaque clairière lui rappelait des souvenirs. Dans l'écurie, elle eut l'impression de revoir Capitaine et Prince, des chevaux de selle morts depuis longtemps. N'y demeuraient plus que les deux genets châtains qui tiraient sa nouvelle voiture. Le vieux carrosse était hors d'usage. Le souffle court, la poitrine oppressée, elle demanda à Briare de la ramener au château. Sa chambre ainsi que son boudoir étaient démeublés mais le salon restait intact. L'acheteur, un tonnelier que la spéculation avait enrichi, souhaitait garder le mobilier. Renard s'était occupé de tout.

Dans la voiture, Anne-Sophie ne put retenir ses larmes. Elle voulut baisser la vitre, regarder une dernière fois l'élégante bâtisse au bout de l'allée, mais Briare l'en empêcha. Elle devait désormais penser aux jours à venir. Sa demeure parisienne était charmante, elle conservait de fidèles domestiques, avait un fils, une bru et deux petits-enfants qui vivaient à deux pas. Était-elle si malheureuse ? Anne-Sophie tenta de sourire. Briare ne comprenait pas que, plus qu'une maison, elle pleurait sa jeunesse, le souvenir de Vincent, celui de Nicolas, petit garçon affectueux alors qui savait encore nouer ses bras autour de son cou, de sa cousine Viviane, de Marie-Aimée et de ses enfants. À Saint-Jean, elle avait vécu les plus belles années de sa vie, pleine d'entrain, heureuse de se rendre à Paris pour quelques jours, ou à Versailles pour quelques heures.

Aujourd'hui, le petit roi vivait aux Tuileries et le Régent au Palais-Royal. Versailles était tombé dans le silence. Seuls quelques vieux courtisans y demeuraient, sans autre but que d'arpenter le parc et de radoter entre eux. Tous les amis d'Anne-Sophie étaient morts. Madame de Maintenon s'était éteinte trois ans plus tôt à Saint-Cyr, vieille dame pieuse et sèche qui ne montrait plus d'intérêt que pour ses pensionnaires. Retirée dans son château de Saint-Cloud, la princesse Palatine était très affaiblie, la banqueroute de Law, les difficultés rencontrées par son fils bien-aimé le Régent ayant ruiné ce qui lui restait de santé. Fort grosse, elle continuait, en dépit des avertissements de ses médecins, d'engloutir ses mets allemands et d'ingurgiter quantité de bière. Mais elle avait survécu malgré tout à son ennemie jurée, la « vieille ordure », et en éprouvait beaucoup de satisfaction.

À Paris, Anne-Sophie se sentit plus calme. Elle avait laissé tant de demeures derrière elle, son château familial en Bretagne, l'hôtel de Vieilleville, celui de la rue des Tournelles, le petit château qui avait abrité sa disgrâce ! Rien n'avait empêché la vie de continuer. À Paris, elle ouvrirait son salon une fois par semaine pour recevoir une nouvelle génération un peu frondeuse et pleine de vie, les amis de Nicolas et de Marguerite qui nourrissaient de grandes espérances pour le règne de Louis XV. Ce roi jeune et beau saurait transformer la France. Dès l'été, celui-ci s'installerait de nouveau à Versailles. On lui avait donné comme fiancée une charmante petite infante, mais encore si jeune qu'il ne pourrait l'épouser avant des années. Louis ne se montrait pas enchanté. À douze ans, il éprouvait déjà un certain intérêt pour les femmes et ce bébé de trois ans ne lui inspirait aucune sympathie. Majeur à treize ans, il prendrait en main le gouvernement, écartant ainsi son oncle qui redeviendrait simple prince du sang après avoir gouverné la France pendant plus de sept ans avec l'abbé Dubois. Le fidèle ministre allait recevoir un chapeau de cardinal en remerciement de ses bons services.

Tout en pansant ses plaies, la France attendait avec bonheur ce nouveau règne. La peste faisait toujours des ravages à Marseille et une partie de la population avait fui dans les bourgades alentour. On installait des barrières sanitaires, exigeait des mises en quarantaine. De nombreux réfugiés périssaient sans soins dans les granges où on les avait entassés. La disette, la ruine de beaucoup de petits fermiers et artisans saignés par l'impôt avaient en outre jeté sur les chemins des ouvriers agricoles, des apprentis prêts à tout pour ne pas mourir de faim.

On venait de rouer vif, trois mois plus tôt, le trop célèbre bandit Cartouche. Séduisant, brave, galant avec les dames, ce fils de marchand de vin parisien, embrigadé à seize ans dans une bande de bohémiens qui lui avaient enseigné, avec les tours de cartes, l'art de couper les bourses, avait employé son adresse à tricher pour gagner de grosses sommes au jeu. Assez habile pour disparaître avant d'être appréhendé, il avait réuni une petite bande de vauriens en Normandie. Arrêté, Cartouche n'avait dû sa liberté qu'en acceptant de devenir informateur pour la police, puis sergent recruteur dans les armées du roi. Redevenu civil et rentré à Paris, il avait pu convaincre quelques-uns de ses anciens camarades, hommes de troupe comme lui, de le prendre comme chef et de mettre leur art de se battre comme celui de fuir en temps opportun au service de leurs propres intérêts. Une centaine avaient répondu présent et Cartouche n'avait point tardé à les jeter dans l'action : cambriolages, chantages et détroussages, la plupart du temps accompagnés de violences. Son réseau efficace de receleurs, d'armuriers et d'indicateurs octroyait à sa bande une redoutable efficacité. Déjà le nom de Cartouche courait sur toutes les lèvres. Quand le Régent débarrasserait-il les Parisiens de ce bandit et de sa racaille ? Les petites gens cependant s'amusaient. Cartouche ne s'attaquait qu'aux riches et savait se montrer généreux envers les gueux, ses frères. Ayant volé un jour une épée que le Régent s'apprêtait à offrir et s'étant aperçu que celle-ci était factice, il n'avait pas hésité à la rendre à Philippe d'Orléans avec un mot : « Au premier voleur du royaume qui a tenté de faire tort à Cartouche, son confrère. » Dans les quartiers pauvres, dans les débits de boissons des faubourgs, on riait de sa verve, de son toupet. En 1720, il avait réussi à voler un million trois cent mille livres d'actions dans les bureaux de John Law rue Quincampoix ! Une opération hardie qui vengeait ceux que l'Écossais avait dupés. Séduites par sa galanterie, les belles dames chez lesquelles il était entré par effraction lui avaient volontiers pardonné. La marquise de Bauffremont à laquelle il venait d'« emprunter » quelques bijoux avait même partagé une bouteille de vin de Champagne avec lui. Le trouvant médiocre, il lui en avait fait livrer une caisse du meilleur cru dès le lendemain.

Mais le filet se resserrait. Cet homme qui glissait entre les doigts de la police comme une anguille ne pourrait plus narguer les honnêtes gens bien longtemps. Le Régent lui-même s'impatientait. Il lui fallait Louis Dominique Cartouche, mort ou vif. On l'avait attrapé par surprise dans une maison où il avait passé la nuit auprès d'une belle. Enfermé au Châtelet, le bougre avait réussi à séduire la fille qui lui portait ses repas. Comme un beau diable, elle s'était défendue, jurant que le célèbre bandit l'avait menacée et à moitié étranglée pour qu'elle lui ôtât ses fers. Le juge était resté sceptique. Mais on ne repartait pas tout à fait de zéro. Des dénonciations pleuvaient sur le bureau de l'exempt de police : anciens complices qui en voulaient à leur chef, personnes avides de toucher la prime promise pour sa capture, et filles vite séduites et vite abandonnées qui ruminaient leur vengeance.

L'ultime dénonciation d'un proche, qui espérait ainsi sauver sa propre tête, eut raison du bandit. Le vingt et un octobre 1721, Cartouche fut arrêté dans un cabaret et enfermé dans une cage de fer au Châtelet. Le Tout-Paris était venu contempler ce héros populaire qui avait si bien nargué les nantis. Parfumées, bruissantes de soie et de taffetas, les grandes dames se divertirent à dévisager ce joli garçon aux yeux de velours : la maréchale de Boufflers, madame de Parabère, la princesse Ragotzki, de nombreuses comédiennes aussi du Théâtre-Français et des cantatrices de grand renom. Le Régent lui-même fit une brève visite au prisonnier et l'on prétendit qu'ils avaient bu à leur « bonne fortune » réciproque.

Transféré à la Conciergerie, il fut soumis à la torture et roué vif le vingt-huit novembre. Un supplice qui consterna les esprits éclairés. Comment pouvait-on faire preuve d'une telle cruauté au XVIIIe siècle ? Entendant Anne-Sophie partager leur indignation, Briare haussa les épaules.

— L'âme humaine n'a point changé et ne changera pas, mon amie. Voir souffrir un homme est un excitant puissant qui fait oublier un moment l'ennui, la rancune, le désespoir. Cruauté et bêtise sont jumelles, et hélas fort bonnes amies avec beaucoup d'entre nous.

— Mais le supplice de la roue, s'obstina Anne-Sophie, dépasse l'entendement ! Rompre à coups de barre de fer les jambes, les cuisses, les bras et la poitrine d'un condamné avant de le laisser mourir à petit feu ! Et pourquoi, s'il vous plaît, cette horreur serait-elle l'apanage des gens de basse naissance ?

— Vous oubliez, ma chère amie, le comte de Horn, parent du Régent, qui a subi ce supplice voici un an. Les Parisiens avaient appris avec satisfaction la sentence.

Anne-Sophie se souvenait en effet de la vague de protestations ou de joie suscitée en mars 1720 par l'exécution en place publique de ce jeune aristocrate de vingt-deux ans, un mauvais sujet par ailleurs qui, aidé de deux complices, avait poignardé un Juif enrichi dans la spéculation : dès sa création, ce dernier avait investi gros dans la Compagnie des Indes et n'avait pas eu à le regretter. Son erreur avait été de porter sur lui de fortes sommes, secret si bien éventé que Horn en avait eu promptement connaissance. Après s'être jetée aux pieds du Régent pour obtenir sa grâce, la famille n'avait pu qu'arracher à Philippe d'Orléans la promesse d'une décollation dans la cour de la prison. C'était un moindre mal. Mais le Régent n'avait point tenu parole et le comte de Horn avait été torturé puis roué vif en place de Grève, devant une foule surexcitée par la vue d'un aristocrate périssant comme un gueux. Le soir, les marchands de vin des faubourgs s'étaient frotté les mains.

En dépit des spectaculaires exécutions, on n'osait plus se promener dans Paris après la tombée de la nuit. Les dernières émeutes rue Quincampoix dispersées, la Compagnie dissoute, Law en exil, on ne craignait plus que des bagarres de rue, des vols avec violence. La police prenait des mesures drastiques, disproportionnées parfois avec la gravité des méfaits. Le lieutenant général avait donné des ordres stricts que suivaient à la lettre les inspecteurs et commissaires de police. Le peuple haïssait le Régent. Nul n'ignorait ses débauches et celles de son entourage au Palais-Royal. Il fallait bien vite que le petit roi prenne en main le gouvernement. Si Philippe d'Orléans demeurait au pouvoir ne serait-ce qu'un an de plus, de sérieux troubles étaient à craindre.

Son administration avait cependant été pacifique et sage. Il avait restitué le rôle du parlement de Paris, fait la paix avec l'Angleterre en exilant les Stuarts qui se considéraient comme les seuls héritiers du trône. En protégeant John Law et ses investissements, il avait fait prospérer le commerce et l'industrie. Mais accusé d'impiété et, pis, d'athéisme, il avait été abandonné par l'Église, à l'exception de Dubois qui, devenu cardinal, était arrivé au terme de ses ambitions.

Triomphante, l'Église catholique s'imposait comme la branche maîtresse de l'arbre royal. Jansénistes et quiétistes étaient, pensait-on, éliminés et des personnages de premier plan comme le Grand Arnauld, Fénelon, madame Guyon rejetés dans les ténèbres extérieures. Tolérés, les protestants s'étaient regroupés dans certaines régions et ne faisaient point parler d'eux. Sous cette ombre rassurante, les passions demeuraient. L'Église proposait des valeurs, des rites qui étaient, elle en était persuadée, indiscutables et éternels, mais qu'un nombre de plus en plus important de chrétiens contestait.

— Je n'irai certainement pas à Reims pour le couronnement ! répéta Anne-Sophie à son fils. Réalisez-vous que j'aurai bientôt soixante-quatorze ans ? Vous seriez fort embarrassé de me voir trépasser au bord de la route. Briare n'ira pas plus que moi.

Par Dammartin-en-Goële, Villers-Cotterêts, Soissons et Fismes, le roi gagnerait Reims où on l'attendait le vingt-deux octobre. Bien qu'on ne fût qu'au début du mois, le branle-bas de combat précédant le sacre était lancé. On astiquait les carrosses, dépoussiérait les uniformes, fourbissait les épées d'apparat.

Déjà le marquis de Dreux, grand maître des cérémonies, était à Reims, se démenant pour que la cérémonie se déroulât sans le moindre faux pas, mais aussi pour loger princes, dignitaires ecclésiastiques et officiers de la maison du roi. Nicolas étant colonel dans les gardes françaises, il aurait droit à un appartement. Le régiment bivouaquerait aux portes de la ville avec les gardes suisses. Outre le logis, il fallait prévoir l'approvisionnement, une énorme tâche que les officiers de la bouche tentaient d'accomplir au plus vite. On réquisitionnait dans les fermes bétail, volailles, porcs, œufs, beurre et fromage. Les moulins tournaient sans interruption et les boulangers de la ville se voyaient contraints de travailler jour et nuit. On devait aussi penser au fourrage et aux abris pour les chevaux, aux remises pour les carrosses, aux logis pour les innombrables domestiques et un public accouru parfois de fort loin. Une armée de couturières était rassemblée pour les dernières retouches, les ajustements de dernière minute et une multitude de coiffeurs et friseurs attendaient leurs clients.

Nicolas n'insista pas. Il aurait aimé voir sa mère parée une ultime fois comme aux plus beaux jours de sa jeunesse. Au soir de leur vie, Anne-Sophie et Briare s'accompagnaient mieux que beaucoup de vieux ménages, ils avaient l'un pour l'autre des attentions inspirées par l'amitié. Le chevalier, qui vivait près de Saint-Germain-l'Auxerrois, venait tous les jours à pied la visiter et se tenait à ses côtés quand elle ouvrait son salon une fois par semaine. Certes, son cercle passait pour démodé. Bien que vive, curieuse et tolérante, elle appartenait à une autre génération et les jeunes femmes ne se montraient guère, à l'e tion de celles dont les grands-mères avaient ét amies, mais aucune ne s'attardait. D'autres hôtes plus jeunes et joyeuses, les attendaient. Poésie bouts-rimés n'étaient plus de mise et on ne se vait plus ces pâtisseries rustiques dont elle avait d rapporter les recettes de Bretagne. À nouveau roi, nouveaux temps. On ne portait plus de lourdes perruques bouclées qui tombaient au-delà des épaules, mais des rouleaux poudrés dits « en aile de pigeon » de chaque côté du visage, qui se prolongeaient en une queue-de-cheval nouée par un ruban sur la nuque. Les vestes se pinçaient à la taille, les gilets se permettaient mille fantaisies tant en couleurs qu'en broderies et les culottes étaient attachées sous les genoux, laissant la part belle à la finesse des jambes gainées de bas de soie. Les femmes appréciaient désormais les tissus doux et légers à motifs fleuris, et seules les douairières restaient attachées aux couleurs prune, violine ou noisette qui avaient fait les beaux jours de la fin du règne de Louis XIV. Paniers pour arrondir les jupes, ombrelles, escarpins ou mules en soie étaient de rigueur, ainsi que les éventails peints par les artistes les plus renommés. Des bonnets de mousseline garnis de fleurs, de plumes, de rubans laissaient échapper des cheveux soigneusement ondulés et poudrés qui encadraient joliment les visages, adoucissaient les traits.

L'installation définitive du roi à Versailles après le sacre rassemblerait une cour jeune et avide de plaisirs. Nicolas savait fort bien que sa mère n'y paraîtrait plus. Mais il viendrait lui dépeindre les nouveaux visages, les nouvelles mœurs, lui narrerait des anecdotes, ne lui cacherait rien des luttes feutrées pour le pouvoir. Avec son fin sourire elle lui dirait sans doute : « Mais rien n'a changé, mon fils. »

35

1725

Le Régent et le cardinal Dubois étaient morts depuis deux ans. À Versailles, on ne pensait plus qu'à l'avenir avec ses fêtes, ses rivalités d'élégance, d'équipage, de folles dépenses pour être remarqué, envié, déclaré à la mode. Le jeune roi donnait l'exemple. Beau, satisfait d'être désormais le seul maître de la France, heureux d'avoir réintégré le palais de son arrière-grand-père, il s'était séparé sans regret de la trop jeune infante d'Espagne, renvoyée chez son père, et s'apprêtait à épouser la fille du roi de Pologne détrôné, Stanislas Leszczyński, de deux années plus âgée que lui. On reprochait à la princesse une naissance peu prestigieuse, mais elle pourrait vite donner un Dauphin à la France. Enivré par sa liberté toute nouvelle, le roi chassait avec une passion entretenue par son grand-oncle, le comte de Toulouse, grand veneur de France, qui l'accueillait volontiers dans son domaine de Rambouillet.

Caressé, flatté, le très jeune prince, que l'on disait beau comme l'amour quand il dansait, héroïque lorsqu'il chassait, travailleur exemplaire et éclairé quand il se penchait sur des dossiers, restait lucide et on décelait même chez lui de l'embarras lorsqu'il était loué à l'excès. Intéressé par les sciences, en particulier l'astronomie et la géographie, il se reposait des tumultes de la Cour en s'enfermant dans un cabinet particulier qu'il s'était fait aménager en entresol au-dessus de ses appartements. Peu de ses amis y étaient admis.

À Paris, on avait sorti la châsse de sainte Geneviève pour que cesse la pluie qui tombait depuis la fin du printemps. Les cultures potagères comme céréalières pourrissaient. Les vignerons s'alarmaient. En dépit des processions, prières et cantiques, des torrents d'eau noyaient le pays jusqu'à la Loire et les fêtes du mariage du roi en souffrirent.

D'elle-même, Anne-Sophie avait décidé d'assister au Te Deum chanté à Versailles après le retour au palais du jeune couple uni à Fontainebleau. Plus que des retrouvailles, c'était pour elle un adieu. Elle savait qu'elle franchirait les hautes grilles fermant la cour d'Honneur du château pour la dernière fois. Podagre, Briare avait déclaré forfait.

Se faire confectionner une robe de cour était une gageure qui occupait l'esprit de la vieille dame depuis des semaines. Fallait-il céder à la mode des paniers ? À son âge, ceux-ci risquaient de la ridiculiser. Mais se vêtir à l'ancienne attirerait tout autant la moquerie. Elle ne pouvait donc faire rafistoler des atours vieux de vingt ans. Conseillée par son fils, elle avait opté pour une robe de soie prune damassée de fils d'argent. Afin de ne pas souligner sa taille, elle porterait un caraco assez ample de la même étoffe, aux manches ourlées de la dentelle qui en agrémenterait l'encolure.

Blancs désormais, ses cheveux n'auraient nul besoin de poudre et elle avait décidé de les couvrir d'une mantille de blonde. Les diamants des Perret entoureraient son cou et seraient montés en barrette sur le caraco.

Sa femme de chambre l'habilla avec les gestes délicats que l'on offre aux enfants. Il fallait serrer le corset, enfiler les bas de soie, passer les jupons qui donneraient de la tenue à la robe, lacer celle-ci, boutonner le caraco. Le coiffeur attendait dans l'antichambre avec ses fers à friser, son huile parfumée destinée à donner du brillant aux cheveux. La femme de chambre insista pour qu'Anne-Sophie accepte du rouge à joues, c'était indispensable si on voulait « avoir du teint ». Elle céda, mais refusa énergiquement les mouches, ridicules à son âge. Enfin coiffée, parée, elle enfila des souliers de satin noir ornés de nœuds de gros grain où étaient piqués deux petits rubis.

— Vous êtes divine, complimenta Briare qui était venu en carrosse public, soutenu par son valet.

— Je suis heureuse, mon ami, voilà tout. Comme avant un beau coucher de soleil. Je n'aurais pu mourir, voyez-vous, sans admirer une ultime fois un palais que j'ai vu construire. Venez demain vers onze heures partager mon repas. Je ne vous cacherai rien.

Tout d'abord, Anne-Sophie éprouva le bonheur qu'elle avait espéré. L'avenue menant à la première grille était encore belle en dépit d'un automne déjà bien avancé. Tout au bout, la perspective était grandiose. Cent fois elle avait senti battre son cœur en approchant de ce lieu magique, un univers en réalité où étaient résumées les grandeurs et les bassesses humaines. Elle y avait vu un roi jeune et sémillant harcelé par les coquetteries des femmes rêvant de retenir son cœur, puis un homme vieillissant, autoritaire et seul, hanté par la mort, des maîtresses triomphantes ou désespérées, une épouse morganatique ambitieuse, discrète et calculatrice, un prélat tout-puissant, un autre banni. Elle s'était tenue aux côtés d'un Gaston dominateur et cruel, d'un Vincent de Perret que recherchaient les courtisans cultivés et philanthropes.

Il y avait foule déjà dans la cour d'Honneur et les valets faisaient circuler les carrosses afin d'éviter les encombrements. Chaque invité se voyait accorder moins d'une minute pour descendre de voiture et certaines dames, encombrées par l'ampleur de leurs paniers, y parvenaient avec peine. On cherchait fébrilement qui son éventail, qui sa boîte à pilules ou à mouches, qui son petit flacon de parfum que l'on glisserait dans une manche. Les chevaux piétinaient, les cochers perdaient patience. Ce brouhaha, qui, autrefois, avait amusé Anne-Sophie, aujourd'hui l'étourdissait.

Devant la chapelle, le maître des cérémonies saluait chaque arrivant et le confiait à un gentilhomme qui le menait à son banc. Anne-Sophie eut le plaisir de vanité de se voir bien placée, juste derrière les princes et premiers gentilshommes de la chambre.

Avidement, elle cherchait dans l'assistance un visage connu. Cette douairière pouvait-elle être la princesse de Rohan-Guéméné ? Cet homme mûr, monsieur d'Aguesseau ? Mais aucun ne semblait prêter attention à elle. Le cœur d'Anne-Sophie se serra. Comptait-elle encore dans cette assemblée un seul témoin de sa jeunesse ? Était-elle aussi isolée qu'au cœur d'un désert ?

On se leva pour l'entrée du roi. Il tenait par la main sa jeune épouse. Les orgues tonnaient, les fumées d'encens noyaient l'autel d'une vapeur douceâtre. Anne-Sophie fut agréablement surprise par la reine : grande, mince, le teint clair, de beaux yeux, Marie semblait heureuse, épanouie aux côtés d'un mari devenu vite un homme très aimé. Beau, souriant mais toujours réservé, le roi portait à merveille son habit de cour, le cordon bleu du Saint-Esprit et la croix de Saint-Louis. Partout où passait son carrosse, on l'acclamait. Il était le « Bien-Aimé », un souverain choisi par Dieu pour offrir le bonheur à ses sujets.

À la sortie de la chapelle, chacun se hâta vers la galerie des Glaces où des tables avaient été dressées pour offrir victuailles et boissons aux membres de la Cour. Sur les nappes damassées, au milieu des couverts et flambeaux, on avait arrangé dans des vases en vermeil de grands bouquets de roses et de lys mêlés au feuillage d'automne.

Anne-Sophie sollicita l'aide d'un page pour la mener de la chapelle au château. La tête lui tournait un peu, la foule, le bruit, l'émotion aussi la désorientaient. À peine arrivée dans le palais, elle fut submergée par une poignante nostalgie. Elle était devenue une étrangère chez elle, une vieille dame inutile, oubliée, un rebut. Cette certitude d'être désormais invisible ne soulevait pas de colère en elle, mais une immense tristesse. Elle était un fantôme surgi du passé, une morte vivante. Y avait-il un âge où l'on cessait d'exister ? Les sociétés rejetaient-elles les vieillards comme on vomit des mets avariés ? Les ancêtres, prétendait-on dans sa jeunesse, détenaient la sagesse, savaient écouter, guider, on les respectait. Qu'en était-il aujourd'hui ? Anne-Sophie voyait autour d'elle des jeunes gens qui l'observaient avec une curiosité cruelle avant de se détourner sans façon. Sa jolie robe prune semblait sinistre au milieu des soies fleuries, des taffetas flambés, l'écharpe de blonde nouée sous son menton attestait son statut de douairière. Est-ce bien moi ? se demanda-t-elle devant un haut miroir.

Des valets circulaient entre les groupes, présentant des verres de vin de Champagne. Elle saisit une coupe, y trempa les lèvres. La fraîcheur du breuvage lui fit du bien. Elle avait tant apprécié ce vin lors des soirées dans le parc, lorsqu'on dînait sur l'herbe ou dansait dans les bosquets au son des violons. Gaston, puis Vincent, Briare enfin l'avaient accompagnée. Les hommes lui adressaient alors des mots galants, les tout jeunes gens avaient pour elle des regards admiratifs. Était-ce si lointain ?

Un vieillard portant une perruque à l'arrière-mode la rejoignit. Elle le comprenait avec peine. Enfin, s'apercevant qu'elle ne le reconnaissait pas, il se nomma :

— François d'Harcourt, chère comtesse, un de vos fidèles soupirants.

Anne-Sophie était saisie. Cet être cacochyme, ridé comme une pomme, le fringant commandant des gardes du corps qui, à la suite d'un pari, était monté sur le toit de la chapelle pour y faire sa déclaration d'amour à une belle rougissant de plaisir ? Celui qui jouait si bien du violon que monsieur Lully lui avait fait son compliment ? L'infatigable danseur des fêtes d'été données sur la terrasse face au spectacle des grandes eaux ? François d'Harcourt l'entretint un instant de ses petits-enfants, de son château où il faisait restaurer l'orangerie, de la faiblesse de sa mémoire. Elle eut envie de fuir pour ne plus se voir elle-même dans le miroir de la déchéance qui se tenait devant elle. Elle ne se sentait ni le cœur ni la tête séniles, avait encore l'envie d'apprendre, de découvrir, d'être heureuse. Si les jeunes personnes qui se détournaient d'elle faisaient l'effort de l'écouter ne serait-ce qu'un instant, elles découvriraient que ceux qu'elles considéraient comme des revenants pouvaient encore avoir de la conversation et de l'esprit.

Pour échapper au monologue du vieux duc, Anne-Sophie se dirigea vers le buffet des desserts. Les pièces montées étaient dévastées, les grappes de raisin de muscat picorées. Alors qu'elle tendait la main pour prendre un morceau de gâteau à la frangipane, une jeune femme la devança prestement. Pourquoi suis-je ici ? se demanda-t-elle soudain. Ces lieux m'ont appartenu autrefois, ils sont maintenant la scène sur laquelle les jeunes gens jouent leur propre comédie. Avec un roi de quinze ans, comment pourrait-il en être autrement ? Ils apprendraient vite que le temps ne se déroulait pas comme un ruban mais revivait jour après jour, neuf, plein de joies potentielles, de moments de grâce. Les eaux des rivières s'écoulaient et celles qui caressaient les berges à leur tour n'étaient pas plus libres et limpides que celles arrivées à l'océan. Jouer aux dominos avec ses petits-enfants, marcher un matin ensoleillé dans le jardin des Tuileries, savourer une tasse de café, entendre de la musique, admirer une œuvre d'art étaient des joies dont nul ne pouvait la priver.

Et si la grande vieillesse la clouait dans son fauteuil, ne lui resterait-il pas la conversation, la lecture, la musique ? Elle avait la chance de n'être point trop sourde et de pouvoir lire à l'aide de lunettes. À son âge, elle devait vivre chaque journée comme une existence tout entière, ne plus s'imposer d'obligations ennuyeuses, ne pas ruminer le passé. Elle avait eu tort de revenir à Versailles, quel bonheur avait-elle eu l'illusion d'y pouvoir trouver ?

— Faites avancer le carrosse de la comtesse de Perret, je vous prie, demanda-t-elle à un page.

Elle revint chez elle.

À Briare elle cacha le désarroi qui, la veille, l'avait fait fuir. Il la harcelait de questions auxquelles elle répondait en souriant. Tout était beau là-bas, comme immortel. Les jeunes gens rivalisaient d'élégance et d'impertinence, les mets étaient exquis.

— En fait, nota Briare, rien n'a changé depuis notre jeunesse.

Anne-Sophie ne répondit rien.

À la fin du mois de novembre, par Briare au courant des moindres potins, elle apprit la mort de Gaston de Liancet. Cet homme qui se prenait pour un dieu avait péri de la façon la plus prosaïque et stupide qui puisse être en se piquant le doigt à une épine de rosier. La petite plaie s'était infectée et la gangrène avait gagné la main, puis le bras droit, qu'on lui avait coupé au prix de terribles souffrances. Mais rien n'avait pu arrêter la progression du mal. Veuve à soixante-quinze ans, sa femme, qu'on disait autoritaire et acrimonieuse, songeait déjà à reprendre époux.

Anne-Sophie avait du mal à admettre l'amour qu'elle avait porté à Gaston. La passion devait être une maladie aussi grave que la peste ou le choléra. Affaibli, privé de toute clairvoyance, celui ou celle qui en était frappé souhaitait s'enfoncer plus profondément encore dans un marécage qui cependant l'étouffait. La passion était un puits sans fond qui engloutissait les illusions, la dignité, l'estime de soi-même, un monstre avide jamais rassasié. Les réveils, le plus souvent brutaux, conduisaient à la violence ou à l'indifférence. Elle avait connu les deux états, l'un après l'autre. Aujourd'hui, à peine se souvenait-elle du visage de son ancien amant. Ce qui restait intact dans sa mémoire étaient le son de sa voix, son regard lorsqu'il l'accablait de son arrogance ou de son mépris. Pourquoi l'avait-il prise comme victime ? Parce qu'il l'avait sentie plus vulnérable que lui ?

Avait-elle trop tardivement, à défaut d'amour, éprouvé de la tendresse pour Charles ? Sans doute, mais celle-ci, excluant toute attirance physique, était difficile à manifester. Prononçait-elle un mot gentil, il se méprenait aussitôt et elle regrettait de l'avoir dit.

Son seul amour avait été Vincent. Il lui avait redonné confiance en elle, l'avait gâtée, admirée, écoutée. Avoir raison ou tort lui importait peu, son orgueil tenait à sa foi, au rang tenu par sa famille depuis des siècles, pas à sa propre personne. Il accomplissait son devoir sans rien exiger des autres. À nouveau père, il avait su élever Nicolas avec gaieté et tendresse, lui inculquant tout à la fois le sens de l'humour et de l'honneur. Leur fils était devenu un gentilhomme dont il aurait été fier.

La nuit tombait. Briare et elle allaient partager au coin du feu un repas léger accompagné d'un verre de vin de Bordeaux venant du domaine de leurs enfants. Tous les ans, le jeune ménage expédiait deux tonnelets de leur meilleur cru, un pour le chevalier, l'autre pour elle. Ils ne pouvaient en boire sans penser à eux, à leur bonheur autour de trois garçons dans un domaine qui prospérait. Souvent Anne-Sophie s'interrogeait sur le sens du destin. Viviane, contre son avis, avait recueilli Marie-Aimée, l'avait aimée sans jamais lui adresser le moindre reproche. Profondément catholique, elle avait accepté une fille huguenote, avait volé à son secours lorsque le malheur l'avait frappée. Se doutait-elle en adoptant Marie-Aimée qu'elle tirerait de l'ombre toute sa lignée ? Éloi était heureux au Siam. Il parlait maintenant parfaitement la langue des habitants, les missions s'installaient, ouvraient des écoles, des centres de soins. Si Dieu le voulait bien, il reviendrait en France pour plusieurs mois dans deux ou trois années. Éloi réalisait-il que son père et elle allaient avoir quatre-vingts ans ?

Souvent Briare et elle se penchaient sur une mappemonde. Leurs doigts longeaient les courbes du Siam, descendaient vers l'ancien Empire khmer dominé par les Thaïs, cherchaient la capitale Oudong où la mission jésuite était implantée. Puis Anne-Sophie faisait pivoter la mappemonde pour trouver la Louisiane où la Compagnie des Indes prospérait. John Law avait vu juste et, sans les spéculations effrénées, il aurait pu triompher. La monnaie était bien basée sur les ressources d'un pays, son commerce, son industrie. En développant ceux-ci, les épargnants s'enrichissaient. Et les Français continuaient à remonter vers le Nord. Monsieur de Bourgmont, avec un détachement de soldats, avait remonté le fleuve Missouri, exploré le Kansas et parlementé avec les Indiens Comanches qui lui avaient laissé le passage. Plus de trois mille Français et cinq mille esclaves africains étaient désormais solidement installés dans ce pays où Charles était arrivé en pionnier.

Après le souper, Briare somnolait jusqu'à ce que son valet vienne le prendre par le bras pour le ramener chez lui, soit en carrosse à cinq sols si le temps était mauvais, soit à pied quand le ciel était clément, un quart d'heure à petits pas que le chevalier appréciait.

Jamais Anne-Sophie n'avait proposé à son ami de s'installer chez elle. Ces retrouvailles quotidiennes à la fin du jour leur apportaient tant de plaisir qu'il aurait été absurde d'y mettre fin.

— Vous avez fait souffrir bien des hommes, ma belle amie, plaisanta un soir Briare en prenant congé. Moi aussi, peut-être. Qui sait ?

— Les souffrances sont souvent nobles, mon cher, et les joies mesquines. Souffrent ceux qui aiment, sont joyeux les égoïstes et les médiocres. Nous avons eu, vous et moi, beaucoup d'amoureux en effet. Dieu merci, point les mêmes. Ils nous auraient brouillés. Aucun homme ne méritait ce malheur. L'amitié est de l'amour avec en prime la gaieté et la liberté.

— L'amitié est un art, ma très chère comtesse, l'érotisme un besoin d'humilier l'autre et soi-même en même temps. Nous avons mis plus de soixante ans à faire notre choix, mais c'est le bon. Nous ne pouvons de toutes les façons plus en changer. Alléluia !

36

1730

— Laissez le passage !

En dépit de ces retentissantes injections lancées par les porteurs, la civière progressait avec peine. La foule était si compacte que l'on se serait cru place de Grève le jour de l'exécution de la marquise de Brinvilliers ou du bandit Cartouche. Depuis la veille il pleuvait, le ciel était bas, la lumière grise, le haut du clocher de l'église Saint-Médard enfoui dans les nuages.

De la couverture de laine verdâtre jetée sur la civière, on voyait émerger une tête coiffée d'un bonnet d'où s'échappaient quelques mèches et des pieds chaussés de forts souliers de cuir. La malade ne bougeait pas, avait-elle encore sa conscience ? Ou invoquait-elle en esprit le diacre Pâris ? Dans la foule, beaucoup priaient à voix haute, certains entonnaient des cantiques. La plupart, les yeux écarquillés pour ne pas perdre une miette des événements, gardaient le silence. À quel prodigieux spectacle allait-on assister ? Verrait-on cette malheureuse infirme sauter sur ses pieds, cette fille qui ne pouvait plus articuler un mot chanter les louanges du Seigneur ?

Plus la civière progressait, plus était palpable l'exaltation collective.

À l'abri sous le porche qui s'ouvrait sur le cimetière de Saint-Médard, appuyée sur une canne, Anne-Sophie scrutait la foule. Ce que la société ne tolérait pas s'opérait sous ses yeux, naturel, évident : des dames de la noblesse côtoyaient des bourgeoises, des ouvriers et des magistrats se tenaient épaule contre épaule depuis le matin, des domestiques se pressaient contre les élégantes qui donnaient le ton à Paris, des religieuses étaient quasiment étreintes par des filles publiques. Dans un coin du cimetière, rassemblés dans l'espace réservé aux enfants morts sans baptême dont ils piétinaient les minuscules tombes, s'entassaient les malades que l'on disait contagieux, des hommes et des femmes affligés d'infirmités horribles, certains échappés de l'Hôpital général. Leurs faces pestilentielles, leurs corps difformes faisaient horreur. Ces malheureux ne méritaient-ils pas eux aussi un miracle ? pensa Anne-Sophie. Mais les fidèles d'un saint janséniste ne s'intéressaient qu'aux leurs. C'était aisé à comprendre. Pourquoi espérer la bienveillance de Dieu envers ceux auxquels Il avait refusé Sa grâce ? Mort, le diacre Pâris restait janséniste. Quel constat d'échec pour les efforts de Louis XIV, se dit Anne-Sophie : le jansénisme restait vivant, les protestants étaient bien implantés en France et le quiétisme gardait d'ardents adeptes.

La civière n'était plus qu'à quelques pas de la tombe. Du diacre Pâris, Anne-Sophie savait qu'il n'avait connu dans sa courte vie que des travaux harassants, de terribles mortifications et de longues oraisons, une existence vouée entièrement à son Dieu qui l'avait rappelé à Lui à trente-sept ans. Issu d'une famille aisée qui le destinait à la magistrature, il avait fui ses parents pour se réfugier au séminaire, se consacrer au travail et à la prière. Ordonné diacre, il avait refusé de devenir prêtre afin de vivre solitaire dans la plus grande pauvreté, se nourrissant de légumes crus, mortifiant sa chair en portant ceinture de fer, chemise de crin et cilice, se vêtant de haillons, trouvant son contentement à être misérable. De telles austérités ne pouvaient que le tuer. Un suicide religieux, pensa-t-elle, le plus impitoyable de tous parce que accompli avec béatitude.

Les porteurs avaient déposé la civière devant la tombe du diacre et la tension montait. Allait-on assister à des scènes d'hystérie collective ? Anne-Sophie les redoutait. Les êtres humains perdaient alors tout sens de la raison, toute décence. Simple élément de la multitude, chacun était capable en un instant d'écharper ce qu'il venait d'adorer un moment plus tôt. Elle avait connu cette folie lors de la chute de Law.

Un jeune abbé ôta la couverture qui recouvrait l'infirme, dévoilant un corps tordu, des bras recroquevillés sur la poitrine. Afin que l'on puisse mieux observer la malheureuse créature, les porteurs s'emparèrent à nouveau de la civière qu'ils hissèrent sur le tombeau de marbre noir surmonté d'un dais à l'épitaphe de Pâris, que l'archevêque de Paris, monsieur de Noailles, favorable à la cause janséniste, avait fait hâtivement graver.

Tétanisée par l'attente, la foule gardait le silence. On n'entendait que l'eau ruisselant des gouttières, le roulement lointain d'un tombereau qui remontait la rue des Bourguignons où, dans une ignoble masure, s'était éteint François Pâris.

Soudain le corps qui gisait inerte sur la civière frémit, un frisson léger, le tressaillement provoqué par un coup de vent froid ou une émotion subite. Les mains de l'infirme se déplièrent, lentement, douloureusement peut-être. Elle ouvrit les paupières, sembla vouloir se redresser. Ses yeux roulèrent dans les orbites, la bouche grande ouverte comme pour exprimer une souffrance ou un infini bonheur. Qui pouvait le savoir ?

Quand les tressaillements devinrent des spasmes, la foule, d'une seule voix, entama le magnificat.

Anne-Sophie ne put retenir ses larmes. Quelque chose se passait ici, dans le petit cimetière de Saint-Médard, plus fort que la raison, que l'ordre naturel des choses. Catholique pratiquante, elle avait cependant toujours douté de la présence des démons, cette longue litanie d'anges maléfiques qui avaient habité le corps et l'esprit des hommes : Asmodée, Léviathan, Balaam, Isacaron, Eazaz, Caron, Zébulon et tant d'autres dont elle avait oublié les noms. Ils avaient tourmenté des religieuses, hanté des ecclésiastiques, semé le désarroi dans des pensionnats de jeunes filles. L'ennui, les frustrations, des rêves jamais réalisés, une docilité constante à des autorités oppressives, le manque d'amour, la privation de toute volupté s'emmagasinaient chez les possédées, arrivaient à maturité comme d'effroyables fœtus et venaient enfin au grand jour en les déchirant. Les monstres dont elles accouchaient étaient le fruit de leurs entrailles de femmes, des chimères mûries dans les répressions familiales et sociales.

Ses parents lui avaient narré l'affaire de Loudun, le procès du père Urbain Grandier, torturé puis brûlé vif en 1634 parce que sept nonnes d'un couvent d'ursulines et leur supérieure, mère Jeanne des Anges, disaient avoir été ensorcelées par lui. Séduisant, séducteur, le curé avait attiré la convoitise de Jeanne des Anges qui l'avait sollicité pour être le confesseur de sa communauté. Après son refus, une haine implacable l'avait littéralement habitée.

Des mois durant, elle-même puis toutes les sœurs avaient eu d'effroyables convulsions, avaient exposé sans pudeur leurs parties intimes, s'étaient mises à baver, à hennir, à aboyer, à se contorsionner, possédées, clamaient-elles, par une armée de démons. Les exorcistes appelés à l'aide, tout aussi hantés que les malheureuses, n'étaient parvenus à rien. Tous haïssaient Grandier qui s'était montré hautain au temps où il occupait le haut du pavé à Loudun. En outre, le malheureux curé avait, quelques années plus tôt, commis un pamphlet contre le cardinal de Richelieu. Celui-ci ne pardonnait jamais. Quoique certain de l'innocence de Grandier (il ne croyait guère aux démons), le cardinal avait voulu l'écraser, le faire souffrir, l'anéantir. Juges et témoins avaient été soigneusement sélectionnés, les amis de Grandier ou ceux susceptibles de témoigner à sa décharge expulsés de Loudun.

Mais quand le corps du prêtre avait été réduit en cendres, après d'inhumaines tortures afin d'obtenir des aveux qu'il n'avait jamais signés, les démons, sans doute satisfaits chez les ursulines, avaient refusé de quitter la place. Il avait fallu l'intervention d'autres exorcistes et surtout la puissance du temps pour faire décamper la horde infernale. Jeanne des Anges qui, par son hystérie, avait conduit un innocent à la plus atroce des morts, était désormais considérée comme une sainte. Le roi Louis XIII, la reine, Gaston d'Orléans l'avaient reçue. Elle jubilait. On la comparait aux plus hauts mystiques. Une vie réussie en dépit de la violence qui lui avait été faite, des années plus tôt, par des parents désireux de la fourrer dans un couvent alors qu'elle n'avait nulle vocation mais un grand goût pour les hommes. Tout finissait bien.

Lorsque son père évoquait les « bonnes religieuses de Loudun », un sourire sarcastique aux lèvres, sa mère fronçait les sourcils. Quel genre de chrétienne allait-il faire de leur petite Anne-Sophie si on ridiculisait devant elle les gens d'Église ? Mais de ce scepticisme, la fillette avait tiré grand profit. Certaines fausses apparences brouillaient le jugement, il fallait rester lucide. À la Cour, cette défiance, ce sens de la dérision lui avaient beaucoup servi.

Soumise à une douloureuse, presque insupportable tension, la malade respira à grandes goulées, un peu de salive coula sur son menton. Sa tête roula de droite à gauche, elle sembla concentrer ses efforts pour sortir vainqueur d'une lutte sans merci. Fixant l'infirme, le prêtre brandit un crucifix et Anne-Sophie crut entendre un craquement comme peut en produire un vieux meuble malmené, mais ce ne pouvait être qu'une illusion car la foule entonnait un bruyant *Veni Creator*. La pluie redoublait, mais qui s'en souciait ? Rien n'avait plus de réalité que cette force surnaturelle qui galvanisait la foule, cette énergie inconnue donnant à l'infirme la force de raidir son corps, de déplier ses bras.

Bon nombre parmi les spectateurs étaient tombés à genoux, d'autres levaient les mains vers le ciel. On entendait des alléluias, des hosannas.

La grabataire se redressa. Aux grimaces, à la coulée de salive succéda un sourire presque céleste. On la posa sur le sol et lui tendit des béquilles. Le corps bien droit, elle fit quelques pas et, s'apercevant qu'elle se soutenait, jeta les bâtons et avança vers la grille du cimetière à travers la foule qui s'écartait pour la laisser passer. À bout de nerfs, des femmes hurlaient ou se trouvaient mal. Il pleuvait à verse.

— Puisse l'œuvre de Dieu ramener à Lui tous les cœurs ! clama un prêtre.

Une immense ovation lui répondit.

Pensive, Anne-Sophie demanda à son valet de faire avancer sa voiture. Dieu était-Il intervenu ou les liens obscurs liant un individu à son environnement s'étaient-ils rompus ? Elle allait en parler le soir même à Briare qui, en dépit de ses infirmités, passait le pont en chaise pour lui rendre visite tous les jours. Elle imaginait déjà ses arguments : « Ma chère amie, la prière dégage une énergie spirituelle et matérielle. Le corps de cette pauvre femme a décidé soudain de réagir parce qu'on lui ordonnait de le faire. La volonté de Dieu, de la foule, du prêtre, une force au-delà de celles que nous connaissons ? Qui sait ? »

Depuis plus de soixante-cinq ans, Anne-Sophie savourait la franchise intellectuelle, la liberté avec lesquelles s'exprimait son ami. Il avait assisté à son premier mariage en décembre 1664, jour où, petite

Bretonne arrivée trois jours plus tôt à Paris, elle avait été unie à Charles de Vieilleville seigneur de Montgeron, fils du marquis du même nom, gentilhomme de la chambre du roi. La porterait-il en terre ou serait-ce à elle de lui rendre les derniers devoirs de l'amitié ? Ils ne pourraient bien longtemps vivre l'un sans l'autre. Briare reposerait à Saint-Jean-les-Deux-Jumeaux. Tout près d'elle. Ainsi pourraient-ils aisément poursuivre leur longue conversation.

Du même auteur :

Aux Éditions Albin Michel

Les Dames de Brières

1. LES DAMES DE BRIÈRES

2. L'ÉTANG DU DIABLE

3. LA FILLE DU FEU

LA BOURBONNAISE

Le Crépuscule des rois

1. LA ROSE D'ANJOU

2. REINES DE CŒUR

3. LES LIONNES D'ANGLETERRE

LORD JAMES

LE GARDIEN DU PHARE

Le Roman d'Alia

Les Années Trianon

Merveilleuses

La Bête

Chez d'autres éditeurs

Le Grand Vizir de la nuit,
prix Femina 1981, Gallimard

L'Épiphanie des dieux,
prix Ulysse 1983, Gallimard

L'Infidèle, prix RTL 1987, Gallimard

Le Jardin des Henderson, Gallimard

La Marquise des ombres, Olivier Orban

Un amour fou, prix des Maisons de la Presse 1991,
Olivier Orban

Romy, Olivier Orban

La Piste des turquoises, Flammarion

La Pointe aux tortues, Flammarion

Lola, Plon

L'Initié, Plon

L'Ange noir, Plon

Le Rivage des adieux, Pygmalion

George Sand. Les carnets secrets d'une insoumise,
XO éditions

Le Livre de Poche s'engage pour
l'environnement en réduisant
l'empreinte carbone de ses livres.
Celle de cet exemplaire est de :
400 g éq. CO_2
Rendez-vous sur
www.livredepoche-durable.fr

PAPIER À BASE DE
FIBRES CERTIFIÉES

Composition réalisée par INOVCOM

Imprimé en France par CPI
en novembre 2015
N° d'impression : 3014024
Dépôt légal 1re publication : décembre 2015
LIBRAIRIE GÉNÉRALE FRANÇAISE
31, rue de Fleurus - 75278 Paris Cedex 06

19/1118/9